소비에트 러시아의
신체문화와 스포츠

소비에트 러시아의
신체문화와 스포츠

박원용 지음

산지니

* 이 책의 일부 장은 학술지에 발표된 다음의 논문을 기반으로 작성되었고, 책의 흐름에 맞게 논문의 일부 내용을 수정하였습니다.

「'소비에트 인간형'의 창조: 네프기 '신체문화' 정책을 중심으로」, 『러시아연구』 16호(2006), 213~243.

「'신체문화'에서 '선수 양성공장'으로: 소비에트 러시아의 체육정책 변화」, 『서양사론』 91호(2006), 193~220.

「1930년대 러시아 스포츠 관람문화: 축구를 중심으로」, 『역사와경계』 92권 (2014), 403~437.

「소련의 1952년 하계 올림픽 참가」, 『서양사론』 127권(2016), 9~42.

「냉전기(1950-1975) 올림픽에서의 미국과 소련의 이미지 전쟁」, 『중소연구』 40권(2016), 285~312.

들어가며

러시아는 한반도의 정세에 지대한 영향을 미치는 4대 강국 중의 하나이다. 냉전 시대 때 국제 정치무대에서의 영향력과 비교할 때 현재 러시아의 위상은 떨어졌다고 주장할 수도 있겠지만, 러시아는 분명 한반도의 미래에 영향을 미칠 수 있는 잠재력을 가지고 있다. 그렇지만 우리 사회의 러시아에 대한 인식수준은 일본과 비교했을 때도 매우 낮은 상태이다. 일본은 자신들이 '북방영토'라고 부르는 쿠릴열도 상의 영유권 문제 해결을 위해 다방면에서 러시아 전문가를 양성하고 있다. 러시아 역사인식의 확대에 기여하는 많은 저서들이 일본의 독자들과 만나고 있음은 물론이다. 필자 역시 학회지를 통해 러시아 역사의 심층적 이해에 기여하는 글들을 발표해 왔지만 소수의 독자들에게만 유통되는 학회지의 글이 우리 사회의 러시아에 대한 인식확대에 얼마나 기여할 수 있을지 회의적이었다. 좀 더 많은 독자들을 만나기 위해서는 흥미 있는 소재로써 러시아 역사에 다가갈 수 있는 연구서를 출간해야 한다는 생각을 떨쳐 버릴 수 없었다.

정치사회적 배경을 기반으로 러시아 역사를 서술해 나간다면 지난 시대의 전반적 상황을 전달할 수는 있지만 독자들의 흥미를 유발하기는 어려워 보였다. 독자들이 생소하게 느낄 수 있는 지난 시대의 러시아 정치인, 사회기구 등을 중심으로 러시아 역사를 재구성하는 것보다 친숙한 소재를 기반으로 독자들에게 다가갈 수 있는 방법을 모색하고 싶었다. 그렇다고 흥미만을 내세워 시간의 흐름에 따른 러시아의 전반적 사회상의 변화를 제시하지 못하는 우를 범할 수는 없었다. 정치사회적인 변화의 과정과도 연결시킬 수 있는 소재 선택이 중요했다.

소비에트 사회의 스포츠라는 소재는 이러한 목적을 달성하는 데 유용하게 활용될 수 있을 것 같았다. 자본주의 사회의 스포츠가 개인의 자유의지에 따라 선택되는 여가활동이었다면 사회주의 체제의 스포츠는 그렇지 않았다. 경쟁을 통해 승자와 패자를 가르는 자본주의 체제의 스포츠문화를 갓 출범한 소비에트 러시아에서 그대로 수용할 수는 없었다. 혁명정권의 수립을 부정하는 백군 세력과의 내전에서 승리했지만 소비에트 체제가 견고한 기반을 구축했다고 단언할 만한 상황은 아니었다. 체제의 핵심 원군으로 규정되었던 노동자 · 농민들은 체제의 기본 이념에 대해 여전히 무지했고 체제 수호에 기여하는 '강인한 전사'로 성장하는 데 필요한 생활여건을 확보하지 못하고 있었다. 개별적 경쟁을 강조하는 스포츠 문화가 아니라 집단정신을 고취할 수 있는 스포츠 문화, 여가시간의 단순한 소비가 아닌 체제 기반 구축에 기여하는 스포츠 문화가 볼셰비키 정부에게는 더 필요했다. 소비에트 사회의 스포츠는 이렇게 현재의 우리에게 일상적으로 다가오는 여가문화의 한 형태이면서 체제 태동기의 정치사회적 환경과 연결시킬 수 있는 문화적 양태이다. 부연하자면 스포츠를 중심 소재로 한 러시아 혁명 이후의 역사서술은 러시아 역사에 보다 쉽게 다가갈 수 있도록 하는 유인을 제공함과 동시에 체제의 정치적, 사회적 환경변화도 바라볼 수 있게 해 준다.

　스포츠를 중심으로 한 서술은 소비에트 체제의 변화과정을 간접적으로 드러내는 것에만 머물지 않는다. 냉전기의 올림픽 무대가 미국과 소련의 치열한 각축장이었다는 사실을 우리는 잘 알고 있다. 두 거대 강국은 체제의 우월함을 증명하는 장소로 올림픽을 활용하려고 했기 때문에 상대방의 우세가 드러나면 그것을 그대로 바라보고 있지만은 않았다. 즉 올림픽무대는 승자의 지위를 확보하기 위한 미국과 소련의 치열한 경쟁을 확인할 수 있는 무대였던 것이다. 소련의 올림픽 참가를 저지하기 위한 미국의 시도, 올림픽 참가 이후 메달 수에서 미국을 앞서나가는 소련에 대한 미국의 대응, 사회주의권 최초의 모스크바 올림픽을 저지하기 위한 미국의 시도 등 냉전기 올림픽에서 미국은 소련의 입지확대를 막기 위해 총력을 기울였다. 당연히 소련의 대응도 치열했다. 서방언론이 퍼뜨리는 소련 선수들의 부정적 이미지 완화를 위해 스포츠에 대한 순수한 열정을 지닌 존재로 자국 선수들을 홍보하였고 모스크바 올림픽이 세계의 긴장완화에 기여하는 명실상부한 세계인의 축제가 될 것이라고 주장했다. 한마디로 냉전기 올림픽은 미국과 소련의 '열전'의 무대로서 냉전기 '문화전쟁'을 또 다른 각도에서 보여준다.

　스포츠를 중심 소재로 한 논문을 2006년에 처음 발표했을 때는 연관 논문을 지속적으로 발표하여 책으로 펴내기 위한 기초 작업을 계속해 나갈 수 있을 것 같았다. 그렇지만 주변에서의 다양한 제안을 수용하다 보니 책을 내는 데 필요한 연구주제에 집중할 시간을 확보할 수 없었다. 주제에 집중할 수 있는 강제적 수단을 확보한다는 의미에서 2015년 연구재단의 학술서적 출판사업에 응모하여 선정되었다. 2017년까지의 연구기간을 마무리하고 이제야 책으로 내게 됐으니 성실하지 못했던 지난 시간의 나태함을 고백하는 셈이다. 그럼에도 불구하고 이 책을 통해 독자들이 앞에서 얘기했던 의미와 즐거움을 찾을 수 있다면 나태함에 대한 아주 미미한 변명거리는 될 듯하다.

인문학 서적에 대한 한국의 상황을 생각할 때 적지 않은 도움을 이 책이 나오기까지 받았음은 물론이다. 산지니의 강수걸 사장은 출판계의 어려운 사정에도 불구하고 지역에서의 인문학 확산과 독서문화의 확산을 위해 기꺼이 출판에 동의해 줬다. 책의 가치에 대한 신념을 포기하지 않는 그의 열정에 존경의 마음을 금할 수 없다. 이은주 편집자 또한 책의 구성과 원만한 전개를 위해 많은 도움을 주었다. 출판의 직접적 과정에 도움을 주었던 이들 이외에 나의 버팀목이라고 할 수 있는 가족들의 도움도 언급하지 않을 수 없다. 영면하신 아버님은 모자란 아들을 위해 격려의 말을 아끼시지 않으셨다. 아버님의 따뜻한 격려가 없었으면 나의 현재는 존재하지 않았을 것이다. 어머니 또한 아들의 건강을 늘 걱정하시면서 따뜻한 말을 전해주셨다. 두 분 모두에게 이 책을 바친다. 마지막에 언급하지만 부모님 이상으로 나에게 큰 도움을 주었던 아내에게도 고마움을 전한다. 그녀는 사회적 능력이 부족한 남편을 사랑으로 감싸주며 나에게 공부할 수 있는 여건을 마련해 주었다. 그녀가 없었더라면 이 책은 또한 가능하지 않았을 것이다.

공부는 혼자 하는 것이라고 이전에 말하곤 했지만 이렇게 책이 나오기까지 도움을 주었던 이들을 떠올리다 보니 이 시대에 인문학 공부는 혼자 하는 것이 아닌 것 같다. 사람의 삶과 인생을 얘기하는 인문학 공부는 여러 사람과 함께 해야 만들어지는 것이 아닌가 한다. 이 책이 그러한 함께 하는 삶을 위한 작은 소재로 활용된다면 지금까지의 삶에 대한 큰 위로가 될 듯하다.

2019년 2월
새학기의 시작을 앞둔 연구실에서

차례

1부 스포츠와 신체문화
소비에트 신인간형 창조과정의 긴장

2부 올림픽 '열전'의 실제
소련의 올림픽 참가부터 개최까지

프롤로그

자본주의 체제와 사회주의 체제의 여가

역사가로서 나는 과거의 사회를 설명할 수 있는 핵심 주제어를 여러 가지 방식으로 모색해 왔고, 그것을 통해 현 사회를 해명할 수 있는 단서를 찾아보고 싶었다. 한때는 '계급'의 개념이야말로 그러한 목적에 잘 부합하는 도구로 생각한 적도 있었다. 계급 간의 역학관계, 계급의 헤게모니를 유지하기 위한 전략이야말로 예나 지금이나 사회의 작동원리를 설명할 수 있는 핵심 도구로 생각하였던 것이다. 그렇지만 계급이라는 분석 틀만으로 다양한 인간 군상의 집합체인 사회를 담아내기란 한계가 있어 보였다. 역사의 무대에 나타난 구체적 사례를 통해 볼 때 사회는 계급의 개념에 근거하여 분리된 집단 간의 역학관계만으로 설명되는 것 이상으로 훨씬 더 복잡한 관계를 맺고 있었다. 적대적 계급으로 치부되던 상대 진영의 인물들과 자신의 이익을 위해 협력하는 사례도 있었고 이와 같은 적극적 태도가 아니라면 방관이라는 소극적 방식을 통해 자신의 이익을 관철해 나가는 경우도 볼 수 있었다. 계급보다는 사회 구성원 개개인의 행동방식과 사고방식을 보다 포괄적으로 설명할 수 있는 수단을 찾고 싶었다.

사회 구성원의 생활방식과 정신영역의 창조활동 등을 포함하는 문화를 통한 접근방법은 사회를 보다 다채롭게 볼 수 있는 가능성을 제공하는 듯 보였다. 정치권력의 직접적 통제로부터 어느 정도 벗어나 있는 일상생활의 영역, 시각 이미지를 통해 권위주의 체제에 내재해 있었던 이념적 원칙과 현실적 필요 사이의 갈등 등을 다룬 나의 연구 성과들은 이러한 생각을 반영한 것이었다.[1] 물론 내가 이러한 연구를 수행할 수 있었던 것은 포스터, 문학 작품, 영화 등과 같은 구체적 문화 산물을 통해서 과거 사회의 일단을 이해하려는 기존 연구 성과의 도움도 컸다.[2]

문화라는 광범위한 소재를 활용하여 과거 사회를 설명하고자 할 때 설명의 방식은 이렇듯 매우 다양하다. 그런 다양한 소재 중에서 내가 여기서 선택한 소재는 '스포츠'이다. 현대인의 일상생활에서 스포츠가 갖는 영향력은 결코 작지 않다. 대중에게 인기가 높은 스포츠 경기는 경기가 열리는 장소로 많은 관중을 끌어들일 뿐 아니라 TV와 같은 매체를 통해서도 전 세계인을 하나로 묶는다. 월드컵, 올림픽, 프로야구에서 나타난 이러한 관심을 기업의 이윤과 결부시키기 위한 마케팅 규모는 오늘날 엄청나게 성장해 있다. 한 마디로 스포츠 산업은 자본주의 체제에서 이윤을 창출하는 중요 산업 중의 하나이다.

현대 사회에서 스포츠의 의미는 이윤 창출의 수단만으로 축소되지 않는다. 국가의 명예를 걸고 벌이는 국제시합은 국가 구성원들을 일시적으로 단결하게 만든다. '저들'에 대한 '우리' 팀의 승리 앞에 구성원 모두는 환호하고 즐거워한다. 승리는 우리 '민족'의 우수성을 전세계에 증명하는 순간처럼 보인다. 스포츠는 이 순간 '민족의식'을 드높이는 좋은 수단으로 활용된다. 공간을 축소하여 지역을 기반으로 하는 스포츠 팀 간의 경기에서는 민족의식과는 다른 형태의 유대감을 확인할 수 있다. 자신의 지역을 대표하는 팀이 참가한 국가 리그에서의 우승은 나의 우승과 동일시되며 내가 살고 있는 지역의 자부심을 증가시키는 순간이다. 이윤 창출의 면에서나 사회적 동질성의 형성에 있어서 스포츠는 결코 가볍게 볼 수 없는 문화현상이다. 스포츠 사회학의 선두 주자인 에릭 더닝이 스포츠의 이러한 파급력을 인식하여 자신의 저서 제목을 『문제는 바로 스포츠야 *Sports Matters*』라고 정한 것은 매우 적절한 선택이었다.[3]

사회적 측면의 기능 이외에 스포츠는 현대인의 생계를 위한 필요성이나 의무에서 벗어나 스스로 만족을 얻고자 자유 시간에 행하는 활동을 지칭하는 '여가'에서 적지 않은 부분을 차지한다. 물론 스포츠를 생계수단으로 삼는 '직업 운동선수'에게 스포츠가 여가의 주된 수단일 수는 없지만 그들 역시 직업 운동선수로서 시즌을 마감한 다음에는 자신들의 주 종목을 벗어난 다양한 스포츠 활동에 참여하기 때문에 스포츠가 그들의 여가활동에서 완전히 배제되었다고 할 수는 없다.

스포츠를 수단으로 하는 현대인의 여가 활용 형태는 크게 두 가지로 대별할 수 있다. 하나는 스포츠에 직접 참여하면서 그것을 즐기는 방법이고 다른 하나는 매체나 경기장에서의 관람을 통해 간접적으로 즐기는 방법이다. 여가 시간에 스포츠에 직접 참여하든 간접적으로 참여하든 이러한 활동으로 개개인은 긍정적인 효과를 얻을 수 있다. 일에서 생기는 일상의 의무감에서 잠시 해방되어 심리적 긴장을 완화할 수 있고 육체적으로 지친 몸을 회복하여 활력 있게 일터로 복귀할 수 있다. 수동적으로 스포츠를 관람하는 여가의 소비형태가 과연 이러한 긍정적인 효과를 가져다줄 수 있는지에 대한 반론도 물론 존재한다. 마르크스주의적 관점에서 스포츠의 관람행위는 바람직한 여가활동으로 규정될 수 없었다. 즉 그것은 노동대중을 사회의 구체적 문제에 대한 관심으로부터 유리시켜 지배계급의 위치를 다지기 위해 고안된 여가활동의 형태였다. 로마시대의 황제들이 콜로세움의 검투사 경기를 개최하여 로마 시민들의 정치의식을 마비시켰던 역사의 선례가 있듯이 그러한 관중문화의 등장은 지배계급의 의도대로 노동대중을 순치시키는 결과만을 초래할 뿐이었다. 마르크스주의자의 관점에서 바람직한 여가활동은 수동적인 관람행위가 아니라 그들의 의식을 발전시키는 데 도움을 주는 적극적인 참여를 수반하는 것이어야 했다. 이러한 관점은 사회주의 체제를 출범하였던 소련에서 특히 강력했다.

관중문화를 이렇게 부정적으로 보는 시각에 대한 반론도 만만치 않았다. 자본주의 체제와 사회주의 체제 모두에서 그것은 사회적 응집을 가능케 하는 바람직한 여가활동의 형태라는 평가이다. 자본주의 사회에서 관중문화는 경쟁을 통한 우승자의 가치를 확인하게 함으로써, 자본주의 체제의 중요한 작동원리 중의 하나, 즉 능력에 따른 사회적 유동성에 대한 믿음을 일반 대중에게 은연중에 심어 준다. 사회주의 체제에서 관중문화는 일정한 규율과 통제 아래에서 움직이는 운동선수들을 관중에게 보여 줌으로써 당의 지도에 필요한 질서와 통합의 원리를 인민에게 전파한다.

체제 유지에 필요한 가치의 전파 이외의 측면에서 관중문화의 긍정적 측면을 강조한 시각도 있다. 『문명화 과정』의 저자인 노르베르트 엘리아스는 스포츠는 문명화의 과정, 즉 사회의 가치와 지배적인 이념을 획득해 가는 과정이라고 규정하였는데 그러한 스포츠를 관람하는 행위는 결국 사회 구성원들을 또 다른 차원에서 통합해 가는 과정이라고 하였다. 그에 따르면 근대사회의 구성원들은 스포츠가 제공하는 경쟁을 관람함으로써 "여가생활을 누리지 못하는 데서 오는 긴장, 그리고 지루한 일상에서 해방"되는 카타르시스적 효과를 경험한다는 것이다.[4]

스포츠를 관람하는 행위가 심리적인 만족감을 얻을 수 있다는 엘리아스의 주장을 피스크(John Fiske)는 다른 각도에서 보강한다. 피스크는 관람행위로서 스포츠가 인기를 얻는 이유를 "작업현장의 규제적 메카니즘을 역방향으로 돌릴 수 있기" 때문이라고 지적했다. 즉 스포츠 관람행위는 경기장의 팬들이 자신들의 작업장에서의 울분을 '화풀이 인형'으로 전화한 선수들에게 쏟아 놓을 수 있는 기회를 제공한다고 피스크는 주장했다. 경기장은 자신들의 행동이 감시되고 완전히 노출된 작업장과 달리 관중이 선수들 개개인의 움직임을 완전히 파악하는 '전도된 파놉티콘'의 장소로 기능한다는 것이다.[5] 감시받는 대상에서 일시적이나마 감시하는 주체로 변화하는 즐거움을 누리고자 사람들은 경기장에 모여든다.

'통제를 하는 사람'과 '통제를 당하는 사람'으로 사회 구성원을 대별하여 이를 스포츠 관람행위에 연결시킨 피스크의 시각은 발상의 참신성은 돋보이지만 전적으로 수용하기는 어렵다. 작업 현장에서 '통제를 당하는' 위치에 있던 사회 구성원일지라도 가정으로 돌아가면 가장으로서 '통제하는' 위치를 회복하기 때문이다. 직장의 위계 서열에서도 최고 경영자에 의해 '통제받는' 중간 관리자는 그 중간 조직에서는 자신의 조원을 '통제하는' 힘을 가진다. 현대의 자유민주주의 사회에서 이렇듯 통제를 하면서도 통제를 당하는 이중적 위치의 구성원은 이 밖에도 다양하기 때문에 피스크의 시각을 스포츠 관람문화 확산을 설명하는 데 적극적으로 활용하기에는 한계가 있어 보인다. 그럼에도 불구하고 그의 시각을 여기서 거론하는 이유는 사회 구성원 전반에 대한 통제의 정도가 강했던 소비에트 체제에 대해서는 일정 정도 이상의 통찰력을 제공해 주기 때문이다.

사회주의 러시아에서 스포츠를 통한 여가활동은 체제 출범 초기 사치처럼 보였다. 혁명과 연이은 내전으로 스포츠를 위한 제반 여건은 거의 전무한 상태였다. 사회간접자본이 상당부분 파괴된 상황에서 소비에트 권력은 여가활동을 위한 시설 및 공간 확충에 국가재정을 투자할 만한 여유가 없었다. 인민의 대다수도 일상의 생존 자체가 위협받는 상황에서 여가활동에 마음을 쓸 만한 여유를 가지기 힘들었다. 내전이 소비에트 권력의 승리로 종결되고 정치사회적 안정을 위한 신경제 정책6이 시행되면서 여가활동에 대한 관심이 살아나기 시작했다.

상황이 다소 나아지면서 도시의 대중이 손쉽게 접근할 수 있는 여가활동의 한 형태는 작업장별로 벌이는 운동시합이었다. 운동시합 중에 축구는 가장 인기 있는 종목이었다. 공간과 축구 공, 골대를 확보하면 경기를 벌일 수 있다는 편이성 때문에 축구는 사실 혁명 이전에도 대도시와 외국인들과 접촉이 많았던 항구도시에서 인기가 높았다.7 체제가 안정기에 접어들자 혼란기에 즐길 수 없었던 축구시합을 통해 공장의 노동자들뿐만 아니라 도시의 보통 사람들은 일상에서 오는 긴장을 다소나마 벗어나려고 했다. 그렇지만 소비에트 권력이 상정한 여가활동 내용은 자본주의 체제의 그것과는 달랐다. 여가활동을 수행하는 주체에게 국가권력은 강력히 개입했던 것이다. 국가권력은 '사회주의적 여가'의 개념을 제시했다. 이에 따르면 올바르게 조직된 휴가 체제는 "노동자 혹은 집단농장의 농민들을 활력 있게 만들어야 하며 노동에 대한 그들의 의지를 강화시켜야 한다. 동시에 그것은 유희, 경기, 매력적인 활동들을 그들의 정치, 생산 기술 지평의 확대뿐만 아니라 총체적 문화지평의 확대와 올바르게 연결"시켜야 했다.8 체제 구성원 일상의 세세한 영역이라고 할 수 있는 여가활동을 소비에트 권력이 통제하며 이를 통해 정치적 목적을 달성하려는 전체주의적 의도를 드러내고 있었던 것이다. 이러한 의도가 구체적 현실에서 얼마나 관철될 수 있는가는 물론 별개의 문제였다.

스포츠 관중과 관련하여 앞서 언급한 피스크의 주장이 나에게 와닿은 것도 바로 이 지점이다. 앞으로 언급하겠지만 축구를 중심으로 하는 관람 스포츠 문화는 1930년대에 들어와 확대되고 있었다. 당시의 보통 사람들이 경기를 관람하기 위해 스타디움에 모인 이유는 여러 가지를 거론할 수 있겠지만 일상에 만연했던 통제와 감시의 대상에서 벗어나고픈 의지의 표현이었다고 보고 싶은 것이다. 실제로 스탈린 시대의 관중은 스타디움을 권력이 기대했던 바와 같이 소비에트 사회의 규율과 가치를 체득하는 장소보다는 자신들의 억눌렸던 감정을 분출시키는 공간으로 활용했다. 이렇게 시간과 공간상으로 제한을 받기는 했지만 스포츠 관람을 통해 소비에트의 인민은 선수들의 행동에 대해 통제하는 주체로서의 기회를 누렸고 권력의 통제로부터 벗어나는 즐거움을 경험했다. 소비에트 체제 관람 스포츠 문화의 이러한 내재적 특성은 체제의 본질을 해명하는 하나의 단초를 제공할 수 있다.

부분적 조망에서 전체적 조망으로 이끄는 역사인식

혁명 이후 러시아 사회를 전체주의 체제로 규정할 수 있는가의 문제와 관련하여 상당한 연구가 축척되어 있다. 냉전 시대의 연구들은 전체주의 체제로서 소련사회를 규정하려는 경향이 강했다. 이에 따르면 소련의 인민은 권력의 의지에 철저히 복종하여 살아갈 수밖에 없는 자유의지가 없는 존재였다. 자유민주주의 체제의 활력은 소비에트 체제에서 기대할 수 없는 것이었다. 이러한 시각의 반대편에는 이데올로기에 경도되어 소련 사회의 구체적 모습을 보지 못했다고 비판하는 연구자들이 있었다. 일상생활의 영역까지 소비에트 권력의 통제는 미치지 못했고 일부 노동자들은 자신들의 구체적 이익을 지키기 위해 권력에 대한 저항까지 주저하지 않았다고 이들은 주장했다.[9] 광범위한 사료의 발굴을 통해 소비에트 체제의 역동성을 주장했던 '수정주의적 해석'은 역사학계에서 한때 우월적인 지위를 누리기도 했지만 소비에트 체제가 무너진 이후 여러 각도에서 도전을 받아 왔다. 중앙권력에 대한 절대적 종속이야말로 러시아 역사의 특수성이고 이러한 상황은 스탈린 체제에서도 달라지지 않았다는 전체주의적 해석의 부활을 도모하는 역사가도 있었다. 또한 위로부터의 통제나 사회적 유동성 어느 한편만을 강조하는 관점을 버리고 두 요소를 종합적으로 수용하자는 의견[10]도 나왔다. 역사가가 속해 있는 현실이 고정적이지 않기 때문에 과거를 바라보는 시각은 변하기 마련이다. 소비에트 러시아사의 경우 과거에는 접근 불가능한 사료들에 대한 역사가들의 접근이 보다 용이해짐에 따라 역사해석의 절대성을 주장하기는 더욱 어려워진다. 내가 이 책에서 스포츠와 같은 여가활동의 영역에 개입하는 국가권력과 이에 대한 민중의 반응을 면밀히 검토한 결과로서 제시하는 체제의 본질도 절대적인 것은 아니다. 그것은 어떤 면에서 또 다른 논의를 위한 하나의 제안이라고 할 수 있다.

이 책이 드러내고자 하는 또 하나의 영역은 인간을 새롭게 창조해 낼 수 있다는 전제 아래 실시된 소비에트 권력의 정책 검토이다. 체제의 발전과 유지에 기여하는 '호모 소비에티쿠스'라는 새로운 인간형의 창조는 갓 출범한 소비에트 권력에게 이념적 차원의 문제만은 아니었다. 정치권력을 획득하긴 했지만 체제가 제시하는 이념과 방향을 내부 구성원들이 전적으로 포용하고 있다고 말할 수는 없었기 때문이다. 이는 혁명 직후 볼셰비키 권력이 직면하였던 내전에서도 드러나는 바였다. 전제정 시대의 관습과 가치를 버리고 새로운 이념을 체득한 인민의 창조는 체제의 유지와 발전을 위해 필요한 과정이었다. 혁명의 필요성을 노동자·농민에게 확산시켜 혁명을 위한 원군을 만들어 냈듯이 체제를 수호하고 발전시키는 데 기여할 신세대 양성은 이러한 맥락에서 결코 방치할 수 없는 문제였다. 구시대의 가치와 제도를 재생산하는 교육제도 아래에 '호모 소비에티쿠스'의 창출은 기대할 수 없었다. 체제의 가치와 이념을 강화할 수 있는 교육제도를 확립하여 신세대 양성의 산실로 활용할 필요가 있었다.

교육제도의 개혁으로 체제를 이끌어 갈 신엘리트층을 일정 정도 만들어 내는 데 성공했지만[11] 인민의 절대 다수가 '소비에트 인간형'으로 재탄생한 것은 아니었다. 소비에트 인간형이 가져야 할 가치 중의 하나가 러시아 인민의 삶과 오랜 기간 동안 밀접하게 연결되어 있었던 종교를 버리고 새로운 이념으로 무장하는 것이었다. 혁명 이후 태어난 신세대에게 '종교는 아편'이라는 이념을 교육한다고 해서 가정에서의 종교적 삶이 단시일 내에 사라지지는 않았다. 모스크바와 같은 대도시에서 교회가 파괴되고 가정에서 이콘을 걸어 두고 초를 켜두는 신성한 장소인 '붉은 구석'에서 이콘이 떼어졌다고 해서 종교적 심성이 즉각적으로 사라지지는 않았다. 일상생활의 세세한 영역까지 국가권력이 침투하여 그것을 권력이 의도하는 바대로 바꿔 보려고 했지만 관습과 전통의 힘은 여전히 강력했다. 공적인 교육기관 내에서도 새로운 이념을 적극적으로 수용하며 신세대의 엘리트다운 모습을 보이는 학생집단도 있었지만 자본주의 사회의 춤 문화에 탐닉한다든가 공동체보다는 개인을 우선시하는 학생집단도 남아 있었다. 교육이라는 공적 장치만을 통한 '호모 소비에티쿠스'의 창출은 한계가 있었다는 의미이다.

인민의 일상생활 가운데서 체제의 가치를 자연스럽게 내재화할 수 있는 '삶의 지도원리'의 모색은 교육만을 통한 새로운 인간형 창출의 한계를 보완하려는 시도였다. 우리말의 어감상 어색한 용어 '신체문화(физическая культура)'는 이러한 맥락에서 등장했다. 신체문화는 육체 단련을 위한 체육, 스포츠 등의 활동은 물론 사회주의적 가치에 부합하는 생활방식을 일상에서 구현하기 위해 제기된 이념이었다. 육체를 단련하기 위한 활동뿐만 아니라 음주·도박 등의 타락한 생활

방식을 일소하기 위한 삶의 포괄적 지도원리였다. 새로운 인간형 창출을 여가활동의 영역까지 확대하고 그를 통해 일상적 삶의 세세한 방식을 변화시켜 나간다는 원대한 구상이었다. 이러한 구상은 우리에게 소비에트 체제의 인간관을 되돌아보게 한다.

볼셰비키 권력은 이념의 주입과 권력의 강제를 통해 인간을 조형 가능한 대상으로 생각했다. 그렇지만 소비에트 체제 내부에서 살아 움직이는 인간 개개인의 모습은 권력의 기대와는 다른 모습을 보이는 경우가 많았다. 자신들에 대한 권력의 주조 의지를 체제의 인민들이 수동적으로 따라가지만은 않았다는 의미이다. 물론 권력의 의지에 부합하여 새로운 인간형으로 다시 태어났다고 자랑스러워하는 집단도 있었다.[12] 나는 이렇게 권력에 협조하기도 했지만 대립했던 집단들 사이의 긴장관계, 그리고 권력의 의지에 저항했던 집단들 사이의 긴장관계를 살펴봄으로써 소비에트 체제의 인식을 확대시킬 수 있다고도 생각한다.

또한 혁명 이후 러시아사의 전체적 흐름을 스포츠라는 소재를 통해 독자들에게 제공하고 싶다. 소비에트 체제의 스포츠는 자본주의 체제에서 스포츠가 갖는 의미와는 달랐다. 사회주의 체제 출범 초기, 승패를 겨루고 승리에 기여한 '스포츠 영웅'을 우대하는 스포츠 문화는 환영받지 못했다. 경기의 승리에 기여한 선수 개인의 자질을 함양시키는 것보다는 인민 전체의 참여를 통한 체력증대와 의식의 함양이 스포츠 정책의 주된 방향이었다. 이러한 정책은 갓 출범한 체제의 이념적 정당성을 강화한다는 맥락에서 필요했다. 체제의 수호를 위해 집단 전체의 체력 및 단결의식을 강화시키는 것이 선수 개개인의 역량 강화보다는 중요했던 것이다.

스탈린 시대가 출범하면서 스포츠 정책의 기조는 변했다. 산업화와 농업 집단화 정책으로 소비에트 사회에 또 한 차례의 풍랑을 몰고 온 스탈린은 '문화혁명' 기간 동안에는 노동자·농민의 계급적 지위를 강화하는 정책을 펼쳤다. 계급의식의 강화를 방해하는 예술작품의 생산이라든가 사회활동은 억압받았다. 정권이 안정적 기반 위에 올라섰다고 판단되는 1932년 무렵부터 기층 민중의 계급의식을 강화하는 데 무게가 실렸던 정책에 변화가 생겼다. 생산력 향상을 위해 노동자들 사이의 경쟁을 강조하면서, 평등주의적 계급원칙은 더 이상 유효하지 않았다. 생산력 향상에 기여한 노동자들의 능력에 따라 물질적 보상 차원에서의 차별도 인정되었던 것이다. 사회 전체에 관여하는 정책 기조의 이러한 변화는 스포츠 정책에도 변화를 가져왔다. 1920년대에도 등장했지만 적극적인 지지를 받지 못했던 경쟁의 스포츠 문화가 1930년대 중반 이후 광범위하게 확산되었다. 승패를 겨루는 스포츠 문화가 확산되면서 승리에 기여하는 스포츠 스타의 역할이 중요했다. 특히 대중적으로 인기가 높았던 축구 경기에서 이러한 스포츠 스타의 활약상을 보기 위한 '관람 스포츠'가 소비에트 러시아에서도 확산되었다. 소련이 올림픽에 참가한 이후에는 전 국민이 국가의 명예가 걸린 승리의 과정을 목격하기 위해 TV로 전달되는 소련 선수들의 활약상을 지켜보았음은 물론이다. 참여를 강조하고 개인보다는 집단을 중시했던 소비에트 초기의 스포츠 문화와 비교할 때 상당한 대비였다.

이렇게 소련의 스포츠 정책 변화는 사회정치적 환경의 변화와 궤를 같이하는 문화적 요소였다. 본서에서는 일반 독자들이 보다 친숙하게 다가갈 수 있는 '스포츠 정책의 변화'라는 소재를 활용하여 소련의 정치사회적 측면의 변화를 아울러 전달하려 한다. 이러한 시도는 '부드러운 소재'를 활용하여 일반 독자들을 혁명 이후 러시아의 역사에 쉽게 다가가도록 하면서 소련의 역사 단계별 특징 또한 파악할 수 있게 한다는 생각에서 출발했다. 일반 독자들이 친숙하게 생각할 수 있는 스포츠 정책을 매개로 하여 그것이 내재하고 있는 정치사회적 함의를 동시에 드러내 보임으로써 이 책은 소비에트 역사의 흐름을 총체적으로 파악하는 데 도움을 줄 수 있을 것이다.

냉전기 올림픽 무대에서 만난 소련과 미국은 각각의 체제를 대표하는 맹주로서 치열한 경쟁을 벌였다. 핵무기를 내세운 '열전'을 대신한 냉전기의 올림픽이 '총성 없는 전쟁'으로 불리는 이유이다. 1952년 헬싱키 하계 올림픽에 소련이 참가한 이후 이러한 전쟁의 양상은 해가 갈수록 뜨거웠다. 국제 정치무대에서 두 나라의 대립은 1980년 모스크바, 1984년 로스앤젤레스 올림픽 자체를 보이콧하는 파행적 결과를 낳기도 했다. 이러한 현상을 근거로 본다면 냉전은 스포츠 부문에서 두 강대국의 대립을 격화시킨 일차적 요소이다. 그렇지만 소련의 스포츠 정책에서 냉전적 요소의 정책을 2차 세계대전 이후의 현상으로 단정할 수는 없다. 소련의 지도부는 스포츠를 2차 세계대전 이전부터 자국 체제의 우수성을 증명하기 위한 수단으로 활용하려고 했다. 스포츠 정책의 이러한 측면을 고려한다면 우리는 냉전의 기원을 보다 긴 맥락에서 찾을 수도 있다.

냉전의 기원은 학자들 사이에서 여전히 논쟁거리이다. 레플러(Melvyn Leffler)는 냉전의 기원을 1917년 러시아 혁명까지 소급시켰고 윌리엄스(William Appleman Williams)는 이보다 더 나아가 "유럽 제국주의 강국들과 신흥 강국 미국이 19세기 글로벌 주도권 다툼을 벌였던 시기"까지 확대하였다. 냉전의 '기원들'이라는 복수를 지칭하는 용어를 통해서도 짐작할 수 있듯이 기원문제는 여전히 다양한 논의들을 불러일으키고 있다.[13] 이 문제에 대한 명쾌한 결론을 내가 여기서 제시할 수는 없겠지만 상식적으로 통용되던 견해에 대한 성찰의 기회는 제공할 것이다. 미리 얘기하자면 소련의 스포츠 정책에서 냉전의 요소는 2차 세계대전 이전부터 자라나고 있었던 것이다. 이러한 현상은 러시아에서 사회주의 체제가 수립한 직후 열강들의 반혁명 세력들에 대한 지원에 따른 위기감, 그리고 초기의 위기 상황을 극복한 이후에도 사라지지 않았던 일부 유럽 열강들과의 전쟁 위기설 등이 반영된 결과이다.

이 책을 집필하면서 의도하는 바를 정리하면 이러하다. 먼저 스포츠 정책의 변화라는 문화적 소재를 통해 소비에트 러시아 역사의 전반적 흐름들을 제시하려고 한다. 이러한 기술방식은 '부드러운' 소재를 통한 독자들의 관심을 유도하면서 소비에트 체제의 정치사회적인 변화에 대한 인식을 넓혀 주게 될 것이다. 스포츠 정책에 대한 검토를 이렇게 정치사회적인 변화과정으로까지 확대하면서 스탈린 시대에 그 안정성이 정점에 이르렀던 소비에트 체제의 성격 해명을 시도할 것이다. 스포츠 정책과 같은 미시적 영역의 고찰은 소비에트 사회의 전체를 또한 볼 수 있게 하는 '창'의 역할을 한다는 믿음의 표현이다. 아울러 소련이 올림픽에 참가한 이후 올림픽은 냉전시대의 또 다른 '열전'의 무대였다. 체제의 우수성을 드러내는 수단으로서 스포츠를 활용하려는 의지는 냉전이 본격적으로 전개되기 이전에도 있었지만 냉전기 때 스포츠의 정치적 활용은 최고조에 달했다. 그런 면에서 냉전기의 올림픽은 소련과 미국의 국내외 정치 환경과 밀접히 연결될 수 있었다. 냉전기 미국과 소련의 스포츠 정책은 그 시기 '문화전쟁'의 전체 양상을 드러내는 하나의 요소이다. 문화는 경제, 정치 등과 분리된 독자적 영역이 아니라 그러한 영역과 복잡하게 얽혀 있는 '전체'이기 때문에 이러한 시도는 독자들에게 냉전기 사회의 전체상을 그려낼 수 있는 기회를 제공해 줄 것이다.

1부

스포츠와 신체문화

소비에트 신인간형 창조과정의 긴장

1장
호모 소비에티쿠스

볼셰비키는 혁명의 성공으로 권력을 거머쥐었지만 전제정 타도 이상으로 어려운 과제에 직면했다. 혁명 직후 이어진 내전의 과정에서 드러나듯이 체제 내부에는 혁명 이념에 동조하지 않는 다양한 세력이 남아 있었다. 군대의 고위 장교들은 갓 태어난 체제를 타도하기 위해 휘하의 병력을 소집하여 정권타도 투쟁에 나섰고 일부 행정 관료들은 사회주의 국가운영에 협조할 수 없다며 망명을 택하기도 했다. 영국과 프랑스를 필두로 하는 자본주의 국가들은 '사회주의의 망령'이 유럽 중심부에 퍼지는 것을 막는다는 명분으로 이들 적대 세력들을 원조하거나 직접 군사개입에 나서기도 했다. 한마디로 소비에트 정권은 내외부로부터 체제의 안정과 존속을 위협하는 도전에 시달리고 있었다.

내외부 적대적 세력과의 전쟁을 승리로 이끌기 위해 혁명 정부는 '전시 공산주의'라는 비상조치를 단행했다. 이는 모든 산업을 국유화하여 경제 부문에 대한 중앙 통제를 강화함과 아울러 농민들에 대한 강제적 곡물징발 정책을 통해 최일선의 적군에 대한 우선적인 물자 지원을 강화하는 비상조치였다. 러시아의 절대 다수를 차지하는 농민을 위한 혁명을 선전하며 볼셰비키가 권력을 잡았지만 이제 권력을 지키기 위해 농민들을 착취하는 아이러니한 상황이 연출된 것이다. 노동자·농민의 정부가 자신들을 착취하는 상황에 대한 분노로 일부 지역의 농민은 혁명 정부에 대한 무장봉기[1]를 일으키기도 했지만 이러한 비상조처가 볼셰비키 정부의 승리 요인 중 하나였음은 분명하다.

내전에서 승리하긴 했지만 볼셰비키 정부의 위기감이 완전히 해소되지는 않았다. 지도부는 기층 민중의 지지를 바탕으로 볼셰비키 정부가 탄생했다는 점을 강조했지만 농민의 대다수는 사회주의 체제의 이념과 정신을 이해할 정도의 지적 수준을 갖추지 못했다. 다수의 농민은 문맹의 상태를 벗어나지 못한 수준으로, '혁명적 인텔리겐치아'가 이미 전제정 시대부터 고등 교육의 이수와 외국의 선진적 문물을 경험하면서 인식의 폭을 넓혀 갔던 것과는 대조적이었다. 레닌은 이러한 간극을 해소하지 않으면 혁명 정부의 존속은 어렵다고 생각했다. 혁명 직후 열린 당 대회에서 레닌은 농촌에서 문맹의 상황을 일소하지 않는 한 '정치교육' 자체는 불가능하다고 강조했다.[2] 체제의 안정성을 공고히 하려면 지도부만 체제의 정당성과 이념을 인지하고 있는 상태를 탈피하여 다수의 인민도 이러한 점을 인식할 수 있도록 교육을 확대해야 한다는 의미였다.

볼셰비키 정부가 제한된 의미의 시장경제를 허용하는 신경제 정책을 1921년부터 추진하는 상황에서 '교육을 통해 체제의 이념과 원칙을 확산한다'는 방향은 더욱 특별한 의미를 가질 수 있었다. 신경제 정책으로 농민들은 세금으로 납부한 다음의 잔여 농산물을 시장에 내다 팔 수 있었다. 제한적 의미이지만 이전 시대에 부정되었던 시장경제가 부활한 것이었다. 경제 부문에서의 이러한 양보는 이념의 퇴보로 비치면서 많은 반대를 야기하기도 했다. 경제 전선에서 "강요된 후퇴"를, 볼셰비키 정부는 "교육, 특히 공산주의적 인간양성을 위한 교육"을 강조함으로써 만회하려고 하였다.[3] 경제 부문에서는 양보를 통해 타협적 분위기를 용인하기는 했지만 그것이 체제의 근본을 위협하는 상태까지 나아가는 것은 허용하지 않겠다는 의지이기도 했다. 교육을 수단으로 한 '호모 소비에티쿠스'의 형성은 체제 초기부터 이렇게 중요하게 부각되었던 것이다.

교육을 통해 '소비에트의 신인간형'을 창조해 나간다는 구체적 방법론의 확립이 용이하지만은 않았다. 체제의 생산력 발전에 당장 기여하는 '붉은 기술인' 양성을 우선적인 목표로 할 것인지, 아니면 러시아의 고유한 역사적 전통을 계승하면서 새로운 체제에 봉사할 수 있는 '전인적 엘리트' 계층 양성이라는 장기적 전략의 방향으로 갈 것인지는 쉽게 결정할 수 있는 문제가 아니었다. 특히 교육 체제의 개혁과 관련하여 체제 출범부터 지대한 관심을 보이고 있었던 레닌과 직접적인 정책 집행부서인 교육 인민위원부(나르콤프로스Наркомпрос)의 수장 루나차르스키(Анатолий Луначарский)는 이러한 대립적 입장을 조절해야 하는 과제를 안게 되었다. 이러한 조절의 과정은 좁게는 소비에트 권력 초기 교육정책의 방향을 예고하는 것이었고 보다 넓은 안목에서는 호모 소비에티쿠스의 자질을 규정하는 것이기도 했다. 교육 체제의 개혁은 호모 소비에티쿠스의 형성에 있어서 일차적인 수단이었다.

1. 교육 체제 개혁을 통한 호모 소비에티쿠스 창출

교육을 통한 새로운 유형의 인간 창출은 러시아에서 혁명 이후에 갑자기 등장한 현상은 아니었다. 18세기 중반 예카테리나 여제 시대의 이반 베츠코이(Иван Бецкой)는 남녀 차별 없는 전인교육 체제를 확립하여 '신종인간'을 창출하자고 주장했다. 베츠코이의 주장은 외

래의 사조와 문물이 러시아 내부로 유입되는 상황에서 전통적 사고
틀을 벗어나지 못하는 교육 체제만으로는 러시아의 발전을 기대할
수 없다는 위기감의 반영이었다.[4] '소비에트의 신인간형' 창출을 위한
혁명 이후 교육 체제의 개혁은 체제의 이념은 다르지만 체제의 발전
을 도모한다는 큰 맥락에서 본다면 제정 시대 교육 개혁가들의 시도
를 계승하는 것이었다. 그렇지만 19세기의 교육 개혁가들이 자신들
의 이념을 실현하기 위해 국가권력과의 갈등을 이겨내야 했다면 소
비에트의 교육개혁은 권력 주체들이 직접 전면에 나섰다는 차이점도
있었다.

　19세기 중반 이후 유럽의 거의 모든 주요 국가들은 급속한 산업
화와 도시화로 야기된 사회변화에 대처하기 위한 교육 체제의 개
혁 필요성에 동감했다. 러시아의 사정은 이와는 달랐다. 러시아의
교육 개혁가들 앞에는 고등 교육을 귀족과 관료와 같은 특권계급
의 영역으로 유지하려고 하는 국가권력이 대립하고 있었다.[5] 19세
기 말의 영국과 독일과 비교할 때 러시아 고등 교육기관의 사회적
구성성분에서 중산층 가정의 자녀들은 여전히 소수에 지나지 않았
다.[6] 민중을 계몽하고 유용한 지식을 전파하기 위한 교육 체제의 개
편에 대해 전제정의 관료들이 반대한 결과였다. 자유주의적 교육
개혁가들은 국가권력의 지원 없이 교육 체제의 개혁을 위한 다양한
방안을 제시했다.

　교육개혁의 다양한 방안 중 소비에트 체제의 교육개혁과 연관[7]하
여 특히 주목을 끄는 것 중의 하나가 개방대학의 목표와 연관된 논의
였다. 개방대학은 1860년대부터 영국에서 시행된 대학교육의 확장을
러시아에 적용하려는 시도였다. 특권계급의 전유물이었던 고등 교육
의 기회를 차별 없이 이론적으로 모든 사람들에게 부여함으로써 유
럽과 같은 시민사회를 러시아에도 수립할 수 있다는 희망을 개혁론

자들은 피력하였고, 건전한 시민을 양성한다는 이상을 제시하였다.

개방대학의 필요성에는 개혁론자들이 일치했다 하더라도 그 구체적 방향과 관련하여 이견은 존재했다. 개방대학의 열렬한 옹호자 중의 한 사람이었던 싀로먀트니코프(Б.Сыромятников)는 개방대학의 교육은 "보통 사람들의 협소하고 지역적인 관심"을 벗어나야 한다고 주장했다. 그는 개방대학이 사람들에게 광범위한 지식을 전수함으로써 개개인의 발전에 기여해야 한다고 생각했다.[8] 개방대학의 또 다른 옹호자 샤냐프스키(Альфонс Шанявский)는 이와 생각이 달랐다. 그는 개방대학이 단순히 대중을 위한 교육기관이 아니라 어떤 의미에서 상호 모순적인 다음과 같은 두 목표를 추구해야 한다고 주장했다. 즉 "실용적 목적보다는 지식 그 자체"의 전수를 목적으로 하는 동시에 "현재와 미래의 자치정부의 행정가들을 준비"시키는 기능을 해야 한다는 것이다.[9] 샤냐프스키의 주장은 개방대학이 전인적 발전을 위해 기능함과 동시에 실용적인 전문교육도 동시에 추구해야 한다는 요구였다. 개방대학을 매개로 하여 교육 체제를 개혁하려는 이러한 시도는 전제정 시대에 실현되지는 못했지만 혁명 이후 새로운 체제의 교육 설계와 이와 연관된 신인간 양성의 논의에 녹아들었다.

혁명의 성공은 러시아 사회를 완전히 새로운 차원에서 재조직해야 하는 과제를 볼셰비키 지도부에 안겼다. 정치와 경제 영역에서 구체제와는 확연히 구분되는 정책 방향 설정이 혁명정부의 일차적 과제였지만 혁명은 단순히 제도상의 변화만으로 완성될 수 없었다. 사회 기구의 근본적 변화와 더불어 혁명정부는 새로운 가치와 규범의 창조, 일상의 삶에서 구습에 얽매이지 않는 새로운 삶의 양식을 정립해 나가야 했다. '혁명적 이상주의'의 열정이 가시지 않는 사회 분위기 속에서 그들은 하나의 주거공간에 여러 세대가 공동으로 생활하는 주거형태의 실험, 지휘자가 없는 오케스트라의 창설을 통한 권위의 타파와 평등이념의 실현을 위한 실험 등 삶의 전반적 영역을 변화시키기 위한 시도를 했다.[10] 그렇지만 이들의 다양한 실험은 구체적 청사진이 마련된 상태에서 진행되지는 않았다. 삶의 총체적 양식을 근본적으로 변혁하려는 이러한 실험과정에서 볼셰비키 지도자들의 시행착오 또한 적지 않았다.

볼셰비키 혁명 지도자들이 사회주의 혁명의 이론적 기초를 마르크스-엥겔스로부터 제공받았지만 그 두 사람은 혁명 이후의 정치적 질서 및 국가기구의 형태와 관련하여 구체적 지침을 제시하지는 못했다. 레닌이 계승한 마르크스주의는 혁명으로 수립된 프롤레타리아 국가의 불안정한 구조를 예측하는 정도였다. 마르크스는 자본주의 사회의 기본구조가 부르주아지의 타도 이후에도 존속할 것이라고 예측했다. 왜냐하면 공산주의는 "완전히 처음부터 새롭게" 건설되어야 하고 그 토대는 그것을 수용할 만한 준비가 전혀 되어 있지 않는 사회적 환경에 놓여 있기 때문이다. 다시 말하자면 새로운 체제가 출범한 이후라도 그것에 저항하는 구세계의 계급들은 존재하며 "노동자들의 지배는 그러한 저항계급의 존재를 가능케 하는 경제적 기초를 파괴한 이후에나 가능"하다는 것이다.[11] 정치격변에 상응하는 물적 관계의 변화가 자동적으로 따라오지는 않으며 권력 장악이 노동대중의 최종 승리를 자동적으로 보장하지도 않는다는 인식이었다.

레닌은 권력을 장악했다 하더라도 사회주의 체제의 공고화를 즉각적으로 보장받을 수 없다는 점을 볼셰비키 내의 그 누구보다도 잘 알고 있었다. 임시정부를 타도하고 페트로그라드 소비에트로 권력이양을 선언한 이후 그는 소비에트의 구성원들에게 차분하게 "이제 우리는 러시아에서 프롤레타리아 사회주의 국가의 건설에 착수해야 한다"고 말했다. 노동자와 빈농들은 "민주주의를 위한 투쟁"에서 일차적으로 승리했지만 프롤레타리아 국가는 아직 제자리를 찾지 못했고 사회혁명은 아직 시작도 되지 않았다고 레닌은 평가했다.[12] 레닌은 반혁명 세력의 발호와 이들을 지원하는 외국의 간섭, 후진적 사회상황 등을 고려할 때 혁명 권력의 기반은 매우 취약하다고 인식하고 있었다.

레닌은 현실을 고려한 국가운영의 방안으로 구시대와의 급격한 단절보다는 타협을 허용하는 정책을 제시했다. 특히 사회주의적 산업의 운용을 위해 레닌은 구체제를 위해 봉사하던 기술인들을 활용해야 한다고 지적했다. 신생의 혁명 권력이 체제의 이념에 동조하는 새로운 기술전문가들을 충분히 확보하지 못하고 있는 상황에서 자본주의 체제와는 확연히 다른 방식으로 경제를 조직하는 것이 불가능하다는 것이 레닌의 판단이었다. "우리가 숙련된 공산주의 전문가를 확보할 때까지, 결점 혹은 비난의 여지가 없는 공산주의자의 첫 세대를 만들어 낼 때까지 20년을 기다릴 수는 없습니다. 유감스럽지만 우리는 지금 당장 부르주아지와 싸우기 위해 20년 후가 아니라 두 달안에 건설에 나서야 합니다."[13] 구체제의 산업운영에 참여한 경험이 있는 전문 기술인들을 활용해서라도 국가경제를 회복해야 한다는 인식이었다.

그렇다고 레닌의 현실인식을 '부르주아 전문가'들의 중요성을 강조하면서 소비에트 체제의 이념을 수용한 '붉은 전문인' 양성 필요성을 과소평가했다고 해석할 수는 없다. 레닌은 구체제의 전문가들이 완전한 프롤레타리아 전문인 창출을 위해 소비에트 체제에 기꺼이 협력하기를 기대하는 것은 공상에 불과하다고 주장했다. 구시대의 대다수 전문 지식인들은 볼셰비키 정부의 사회주의 건설에 참여해 달라는 호소에 미온적이었고 심지어 적대적 태도를 보이기도 했다.[14] 궁극적인 해결은 사회주의 정권 수립의 중요한 사회적 기반이라고 할 수 있는 노동자·농민에게 국가기구를 운영하는 데 필요한 전문

지식을 전수해 줌으로써 그들을 새로운 핵심관리층으로 끌어올리는 방식에서 찾아야 했다. 교육 인민위원부의 한 법령이 제시하듯 교육을 "부르주아 계급지배를 위한 도구로서가 아니라 사회 내의 계급분화를 타파하기 위한 수단으로서, 사회의 공산주의적 재생을 위한 도구"로 활용해야 했다.[15]

전제정 시대의 고등 교육을 "사회의 공산주의적 재생을 위한 도구"로 만들기 위해 소비에트 권력은 급격한 개혁을 단행했다. 전제정 시대의 대학, 연구소 등의 고등 교육기관에서 특권계층 자녀들은 절대다수를 차지했다. 노동자·농민의 정부를 자처하는 볼셰비키 정부에서 고등 교육기관의 이러한 사회적 구성성분을 변화시키지 않고서 체제가 필요로 하는 핵심 관리층을 새롭게 만들어 낼 수는 없었다. 고등 교육의 기회를 누리지 못했던 노동자·농민을 끌어들이기 위해 볼셰비키 정부는 1918년 8월, 대학 응시자격 제한 규정을 철폐함과 동시에 수업료도 폐지했다.[16] 이로써 16세 이상의 누구나 차별 없이 대학에 응시할 수 있는 기회를 가지게 되었다. 예비 교육의 미비와 출신성분을 이유로 대학의 문턱을 넘을 수 없었던 노동자·농민도 대학에 입학할 수 있었다. 노동자·농민의 자녀들이 고등 교육기관에서 차지하는 비율을 보다 적극적으로 높이기 위해 모든 교육기관은 일정 비율 이상의 입학정원을 이들 계층에게 할당할 것과 입학 후에도 이들에게는 우선적인 국가 보조금 등의 혜택을 제공해야 함을 명시했다.[17] 기층 민중에 대한 이러한 특혜적 조처는 볼셰비키가 혁명 전에 표방했던 '민주적 원칙'의 실현으로 간주되었다. 즉 사회 구성성분상 절대 다수를 차지하는 노동자·농민에게 보다 많은 고등 교육 기회를 부여하는 '적극적 차별정책'[18]을 통해 그들을 새로운 체제의 실질적 관리자층으로 만드는 것이 소비에트식 민주주의 건설의 올바른 방식으로 제시되었다.

하층계급에 대한 고등 교육의 전면적 문호개방은 레닌이 교육을 긴박한 정치 및 경제적 문제 해결의 수단으로 바라보았다는 것을 의미했다.[19] 레닌은 '부르주아' 출신의 성원이 대부분인 교수진에 대해 위로부터의 정치적 통제의 확립 필요성을 인식하고 있었다. 이와 더불어 소비에트 국가건설에서 기존 지식인들의 협력이 필수적이라는 생각도 가지고 있었다.[20] 또한 소비에트의 경제건설에 기여하는 신지식인 양성이 고등 교육의 기본 목표라고 인정하면서 국가 지향적인 교육정책을 강조하기도 했다.[21] 그렇지만 레닌은 이러한 외적인 교육체제의 개혁을 통해 창출해 내려는 소비에트 체제의 핵심 간부들이 과거 유산과 완전히 단절할 필요는 없다고 생각했다. 소비에트의 교육은 러시아 역사의 유산인 위대한 예술 및 과학 분야에서의 다양한 업적들을 다음 세대에 전수하는 데 소홀히 해서는 안 된다고 강조하고 있는 것이다.[22] 레닌은 당장의 필요에 부응하는 교육정책의 방향과 광범위한 소양 습득을 강조하는 이상주의적 방향 사이에서 균형을 잡아 가는 중도적 교육정책을 추구하려고 노력했다.

레닌은 두 번째 뇌출혈 이후로 정책 결정과정에서 거의 물러난 상태였기 때문에 고등 교육정책의 수립 및 집행에 있어서 실질적으로 중요한 역할을 담당한 인물은 교육 인민위원부의 수장 루나차르스키였다. 레닌 사후 당의 주요 지도자들이 권력 투쟁에 몰두하고 있는 상황에서도 그는 소비에트 러시아의 핵심 일꾼을 길러내기 위한 교육 체제의 수립에 지속적으로 관심을 기울였다. 루나차르스키는 1920년대에 소논문과 책자 등을 지속적으로 발표하면서 레닌이 미완성 상태로 남겨 두었던 소비에트 체제의 교육정책에 대한 이론적 기반을 풍성하게 했다. 1920년대 말까지 루나차르스키는 소비에트 체제의 교육이 배출해야 할 인간 유형에 대한 레닌의 전반적 생각에 동조하면서 구체적 방법론을 첨가했다.

소비에트 체제의 고등 교육 체계를 구축하는 과정에서 루나차르스키가 직면하였던 문제 중의 하나는 혁명 이전에도 교육 개혁가들의 논쟁점이었던 고등 교육의 강조점 문제, 즉 실용적 측면을 강조할 것인가, 아니면 전인적 교육을 강조할 것인가의 문제였다. 그는 소비에트의 고등 교육이 체제의 공고화에 당장 기여할 수 있는 전문인 양성에 집중해야 하는 필요성을 인정했다. 내전의 혼란을 막 돌파한 1921년의 소비에트 체제는 순수과학보다는 실용적 교과목에 대한 지원을 더 많이 할 수밖에 없는 처지였다.

교육 인민위원부는 어떤 교과목도 쉽게 배제하고 싶은 생각은 없다. 그러나 이러한 어려운 시기에 사치스럽게 보이는 일부 과목을 어느 정도 희생시키지 않고 국가조직을 직접 유지하는 데 필요한 가장 근본적 교과목의 유지를 보장할 수 있을 것 같지는 않다.[23]

루나차르스키는 그렇지만 다른 글에서 고등 교육 교과목의 다양성을 축소하자는 주장에 대해 반대의사도 드러냈다. 루나차르스키는 경제의 정상적 작동이 어려운 상황을 고려하여 예산 삭감의 필요성을 인정하고는 있지만 예술과 순수과학 연구의 중요성을 또한 강조했다. 이 분야는 "수지타산을 맞추기 위한 정부의 압력으로 부당하게 희생시킬 수 없는" 분야였다.[24] 이러한 생각은 그가 1920년대 말 교육 인민위원의 자리에서 물러나는 순간에도 포기하지 않았던 일관된 것으로서 그는 고등 교육의 실용적 측면과 교양적 측면 모두를 균형 있게 발전시켜야 한다고 강조했다. 루나차르스키가 물론 1920년대 중반에 교육이 국가경제의 요구에 부응해야 한다고 언급한 적도 있었다. 그렇지만 이러한 언급을 근거로 그의 교육철학이 초기와 후기에 커다란 단절을 보인다는 주장[25]은 볼셰비키 정부 각료의 일원으로서 그가 한때 보였던 유연한 태도를 그의 교육철학의 포기로까지 지나치게 확대한 것으로 보인다.

루나차르스키 교육철학의 일관성은 소련 교육 체제의 구체적 개편과정과 연관하여 제시되었던 그의 제안들을 통해 드러난다. 먼저 혁명 이후 중등 교육 체제는 다음과 같았다. 12세부터 18세까지의 학생을 포함하는 중등 교육기관을 15세까지의 학생들이 다니는 '초급 중등학교'와 15세부터 18세까지의 학생을 포함하는 '상급 중등학교'로 구분하였다. 상급 중등학교로 진학하지 않는 학생들은 과정 후 공장에서 일한다는 조건으로 그 공장에서 직접 운영하는 공장 실습학교(ФУЗ)로 진학하거나 전문기술자가 되기 위한 공업학교(техникум)로 진학했다. 상급 중등학교를 졸업한 학생들은 대개 대학이나 고등 기술연구소로 진학했다. 또한 공업학교를 졸업한 학생들 중에서도 3년간의 현장복무를 마친 자들은 대학이나 연구소 진학이 가능했다.[26]

루나차르스키는 이러한 중등교육 체제의 수립이 소비에트 러시아의 교육개혁의 완성이라고 생각하지는 않았다. 교육은 여전히 낡은 교과서를 위주로 진행되고 있으며 "사회주의 건설"의 욕구를 가지는 학생들의 관심과는 무관한 추상적 수업이 주류를 이루었다. 그 결과 "소비에트 국가경제에는 무용한 이론가"들을 배출할 뿐이었다. 그들을 "사회주의 건설에 기여하는 창조적 일꾼의 전위"[27]로 전환시키기 위해서는 전반적 교육 체제의 변화가 필요하다고 루나차르스키는 생각했다. 이미 레닌에 의해 제시된 바 있는 '통합 노동학교'가 체제의 중등교육의 문제점을 해결할 수 있는 대안이었다.

통합 노동학교는 초·중등 교육과정을 거쳐 고등 교육기관으로 진학하는 체계를 대신하여 통합 교과과정을 통해 학생들을 곧바로 상급학교로 진학시키는 기관이었다. 단계별 진학체계를 폐지하면 상급

학교로 올라갈수록 늘어날 수 있는 하층계급 출신 학생들의 탈락률을 낮출 수 있다는 취지였다. 과정 중의 학생들에게 노동의 '정치적 의미'를 체득하기 위해 농촌과 공장 실습을 포함한 다양한 과외활동이 장려되었다.[28]

통합 노동학교가 학교수업과 노동 사이의 연관을 강조했다고 해서 실용지식의 획득만을 학생들에게 전수하려고 하지는 않았다. 루나차르스키는 이것이 "직업 획득을 도와주는 협소한 의미의 교육기관도 아니며 지식의 백과사전식 전수를 목표로 하는 교육기관"도 아니라고 지적했다.[29] 새로운 학교체제는 실제 생활에서 발생한 문제를 해결할 수 있는 사람을 길러냄과 동시에 문화적 유산을 다음 세대에 전수할 수 있을 정도의 광범위한 지식을 소유한 사람을 양성해야 한다는 것이었다.

루나차르스키는 소비에트 러시아의 산업화와 연관된 기술교육의 재조직화가 실행되었던 1920년대 말에 가서도 교양교육과 기술교육 사이의 조화라는 그의 신념을 포기하지 않았다. 그렇다고 그가 소비에트 러시아의 산업화의 중요성을 인식하지 못했다는 의미는 아니다. 그가 강조하고 싶은 바는 소비에트 러시아의 산업화가 과거의 모든 유산을 부정하는 식으로 너무 과격하게 추진되어서는 안 된다는 점이었다. 이와 더불어 산업화 자체도 유능한 기술 전문가들의 확보와 전반적 문화수준의 향상이 전제되지 않은 상황에서는 무산될지도 모른다고 그는 생각했다. 산업적 도약은 단지 주어진 분야의 협소한 지식만을 소유한 기술 전문가만으로는 가능하지 않다고 그는 생각했다. 이러한 맥락에서 그는 1928년~1929년 회계연도에 교육 인민위원부가 배정받은 예산에 비판적이었다. 산업화에 대한 지나친 강조로 당해 교육 인민위원부의 예산은 삭감되었는데, 그것으로는 대중의 문화적 고양과 노동자·농민 계급으로부터의 전문가 양성을 기대

할 수 없다고 루나차르스키는 지적했다.[30]

루나차르스키가 이와 같이 소비에트 러시아의 산업화 정책이 추진되는 시점에서도 실용주의 교육만을 강조하지 않았던 것은 '사회주의적 문화' 창조를 위한 그의 전략과도 연관이 있다. 모든 부르주아 문화의 잔재를 거부하며 전형적인 프롤레타리아트 문화 유형의 창조를 지향했던 일부 극단주의자들[31]과 달리 루나차르스키는 권력의 장악이 즉각적으로 새로운 형태의 문화를 가능케 할 것이라는 생각에 회의적이었다. 인간을 '노예'가 아닌 세상의 '주인'으로 만드는 '고급문화', 즉 '진정으로 새로운 프롤레타리아트 문화'는 과거 문화의 유산을 흡수하지 않은 채 창조될 수 없는 것이었다.[32] '고급문화'는 물질적인 기초뿐만 아니라 인민의 문화적 수준 향상이 전제되어야 가능하다고 루나차르스키는 생각했다. 또한 인간성의 동시적 성장을 가능케 하는 폭넓은 교육 없이는 아무리 많은 자본을 투여한다 하더라도 사회주의의 새로운 문화 창조는 불가능하다고 지적했다.[33] 체제 강화를 위한 전략은 따라서 정신과 물질의 조화로운 발전이 가능하도록 수립되어야 했다.

인문주의적 교육은 소비에트의 신인텔리겐치아에게 여전히 중요하다고 루나차르스키는 강조했다. 이러한 그의 신념은 다음의 언급을 통해서도 분명히 드러난다.

1차 세계대전 이전에 미국으로 이민을 떠난 러시아의 기술자는 미국 기술자들을 능가했다. 이러한 현상은 미국인들이 좁은 분야의 전문성만 가진 기술자들을 창조하려고 했기 때문이다. 미국인들은 기술자를 기계의 한 부분으로서, 교묘하게 다듬어진 하나의 부품으로 만들었다. 그러나 미국 기술자들이 창조적 개발과 창의성이 필요한 단계에 도달하자마자 단순한 기계적 훈련은 정답이 아니었음이 밝혀졌다. 광범위한 교양 지식이 필요했다. 러시아의 기술자들은 비록 당장은 사용가치가 없어 보일 때도 있었지만 훨씬 더 광범위한 기초 위에 서 있었다. 바로 이러한 사실이 창의성을 발휘할 수 있도록 만들었던 것이다.[34]

교육정책에 대한 루나차르스키의 이러한 입장이 다양한 정치세력의 전폭적인 지지를 받지는 못했다. 공산주의자청년동맹(콤소몰 Комсомол)은 루나차르스키의 개혁안에 특히 비판적이었다. 콤소몰의 시각에서 교육 인민위원부의 입장은 현 상황의 절박성, 즉 경제를 재건하기 위해 자질 있는 기술자를 양산해야 한다는 상황인식을 하지 못하고 있는 것처럼 보였다. 루나차르스키의 개혁안은 또한 특권계급 자녀들의 몸에 배어 있는 규율을 어느 정도 인정함으로써 고등 교육기관의 규율에 익숙하지 못한 노동자·농민의 자제의 입학을 어렵게 만들 수 있었다. 이러한 결과는 고등 교육기관의 사회적 구성성분을 개혁한다는 체제의 기본원칙의 위반이었다.[35] 콤소몰의 시각에서 루나차르스키의 개혁안은 구사회의 급격한 전환을 막는 걸림돌이었다.

소비에트 체제 경제재편의 과제를 안고 있는 국가경제 최고위원회 (베센하BCHX)도 교육 인민위원부의 현실인식을 비판했다. 1925년 이후 경제회복이 최우선 과제로 제시되는 시점에서 최고위원회는 교육 인민위원부의 주장대로 광범위한 지식을 소유한 기술자가 아니라 특정 분야의 전문지식을 소유한 기술자가 더 필요하다고 강조했다. 최고위원회 전문기술 교육부의 책임자인 카메스키(А. Камеский)는 이러한 입장을 대변했다. 그에 의하면 광범위한 기술교육을 강조하는 몇 학교를 제외하고 그 밖의 다른 교육기관들은 신입생들에게 좁은 분야의 전문 기술교육에 집중해야 했다.[36]

호전적 공산주의자들만이 루나차르스키의 비판자들은 아니었다. 교육기관 내에서 여전히 다수를 구성하는 자유주의적 성향의 지식인 들은 루나차르스키가 사회주의 혁명 이데올로기에 사로잡혀 학교체제의 기본원칙들을 파괴하였다고 비난했다.[37] 사회주의 체제의 교육이 과거 문화유산과의 단절을 의미하지는 않는다고 루나차르스키가 강조했지만, 고등 교육기관의 사회적 구성성분의 변화라는 교육개혁의 방향은 그를 교육기관의 기본 속성을 이해하지 못하는 정치가임을 보여 준다고 그들은 주장했다.

루나차르스키가 대립적 성향의 두 정치집단 모두에게서 비난을 받았다는 사실은 어떤 의미에서 그의 정치적 위상이 취약하다는 점을 반영한다. 그러나 소비에트 정권 초기 지도부의 면면을 보면 양극단의 입장 중 어느 하나를 강력히 지지하는 인물들이 포진해 있지는 않았다. 신경제 정책으로 자유로운 상거래와 사유화의 경향이 가속화되어 가는 상황을 호전적 공산주의자들은 우려했지만 레닌과 부하린(Николай Бухарин)은 이러한 상황을 사회주의 건설을 위한 기본전략의 수정으로 받아들이지 않았다. "이보전진을 위한 일보후퇴"의 정책을 사회주의 혁명의 배반이나 권력기반에 대한 도전으로 호들갑 떨 필요는 없다는 것이다.[38] 게다가 부하린은 1920년대 전반기까지는 프롤레트쿨트(пролеткульт)와 같은 프롤레타리아트 계급만의 독자적 문화양식을 옹호하였지만 20년대 후반부터는 새로운 문화의 부흥을 위해서 구시대 인텔리겐치아의 협력은 불가피하다고 생각했다.[39]

자본주의 체제의 경제관행과 제한적 타협을 허용한 레닌의 네프정책과 볼셰비키 지도부 내에서 뛰어난 이론가로 인정을 받았던 부하린의 문화정책은 계급주의적 원칙에만 입각한 교육개혁 정책의 추진을 반대하는 배경이었다. 전문화된 기술교육과 교양교육의 균형을 유지해야 한다는 루나차르스키는 이러한 상황에서 좌우 양쪽의 비난을 받았지만 교육 인민위원부의 수장 자리를 유지할 수 있었다. 루나차르스키는 갓 출범한 사회주의 체제를 이끌어 갈 핵심간부에게 새로운 체제의 이념을 전파하는 과정도 중요했지만 그것이 과거 유산과의 전면적 단절을 의미하지는 않는다고 보았다. 1920년대 말까지 교육 체제의 개혁을 통한 호모 소비에티쿠스의 창출에서 급격한 단절은 가급적 지양되었던 것이다. 볼셰비키 지도부의 이러한 정책방향은 일정 정도 그들의 교육철학을 반영하고 있지만 교육기관 내의 현실을 고려한 것이기도 했다.

기술학교 및 이와 관련된 특별과정, 그리고 고등 교육기관에서 기술교육에 관련된 행정업무를 총괄하는 전문 직업교육 제일관리국(Главпрофобр, 이하 제일관리국)이 교육 인민위원부 산하에 있었다. 고등 교육은 국가가 필요로 하는 기술요원 양성에 집중하여야 한다는 것이 제일관리국의 주장이었다. 이에 따라 정치, 역사를 포함한 비(非)기술과목을 교과과정에서 제외하며 교육은 철저하게 경제적 필요에 봉사해야 했다.[40] 대다수의 교수들은 최단 시일의 학업이수를 통해 기술 간부들을 배출해야 한다는 제일관리국의 요구에 수동적이었다. 또한 교육의 계급성을 강조하는 볼셰비키 정부에 대해서도 다수의 교수는 반감을 가지고 있었다.[41]

볼셰비키 정부는 교과과정의 개편과 관련하여 야기된 불만을 달랠 필요가 있었다. 루나차르스키가 『프라브다』(Правда)에 발표한 당의 공식방침, 즉 교육기관 관련 종사자들의 참가를 당이 최대한으로 유도하는 가운데 그들과 관련된 문제를 결정하겠다는 선언도 이러한 배경에서 나왔다.[42] 소비에트 정부가 일순간에 고등 교육기관에 종사하는 모든 성원들에게 영향을 줄 수 있는 교육정책을 실시할 의사가 없음을 드러냄으로써 그들의 급격한 이탈을 막으려는 전략적 고려를 루나차르스키는 하고 있었던 것이다.

소비에트 권력 초기의 교육개혁은 호모 소비에티쿠스의 창출을 위한 직접적인 조처였다. 그렇지만 호모 소비에티쿠스를 만들어 내기 위한 구체적 방향과 관련하여 1920년대 말까지 확고한 단 하나의 지침만이 존재한 것은 아니었다. 산업의 발달에 당장 기여하는 '기술 전문인'을 만들어 낼 것인가, 아니면 전문 지식은 물론 광범위한 교양을 갖춘 '소비에트형 지식인'을 만들어 낼 것인가는 1920년대 내내 뜨거운 논쟁거리였다. 이러한 논쟁은 교육정책의 실질적 책임자였던 루나차르스키의 교육관과 혁명 권력의 토대가 서서히 형성되어 가던 네프라는 시대적 상황 때문에 지속되었다. 내전이라는 일차 도전을 혁명 권력이 이겨냈지만 강성정책만으로 호모 소비에티쿠스의 창출을 기대할 수 없다는 현실론을 고려한 선택이었다.

교육 체계의 개편을 통한 호모 소비에티쿠스 창출은 한정된 시간과 공간을 전제로 하는 신인간형 창출의 시도였다. 교육은 일정 시간 내에서 학교라는 한정된 공간 내에서 진행되는 특성을 가지고 있다는 의미이다. 한정성을 내포하고 있는 신인간 창출의 시도에 머무르지 않고 지속적으로 호모 소비에티쿠스의 창출 가능성을 고양할 수 있는 추가적 조처도 필요했다. 학교 내에서뿐만 아니라 밖에서의 일상생활 영역에서도 호모 소비에티쿠스의 의미를 지속 가능케 하는 지침이 필요했다. 호모 소비에티쿠스의 창출과 연관된 전체 과정을 올바로 이해하기 위해서는 이러한 추가적 지침이 일상생활의 영역에서 구체적으로 적용되는 과정을 살펴볼 필요가 있다. 또한 그러한 추가 영역은 교육 체계의 개편을 통한 호모 소비에티쿠스의 창출과정에서 나타난 시대적 특성을 또 다른 방식으로 드러내는 영역이기도 하다.

2. 신체문화와 호모 소비에티쿠스
: 이념의 계보와 이론적 논의

1920년대 소비에트 러시아의 교육 체제 개편은 분명 새로운 체제를 유지, 발전시키는 데 필요한 간부들을 양성해 냈다. 전제정 시대에 고등 교육의 기회를 갖지 못했던 노동자·농민의 자제들은 이러한 혜택을 통해 체제를 이끌어 가는 핵심세력으로 성장할 수 있었다. 물론 고등 교육기관의 문호가 하층계급의 자제들에게 열렸다고 해서 학생의 절대 다수를 이들이 차지하고 있었다는 의미는 아니다. 하층계급의 자제들을 위한 특수 교육기관이었던 '노동자 예비학부 (рабфак)' 출신 학생들이 고등 교육기관에서 차지하고 있던 비율을 보더라도 이 점은 드러난다.

노동자 예비학부는 속성으로 중등 교육과정을 이수케 한 다음 그들을 대학 등의 교육기관에 진학시키기 위해 1919년에 설립된 기관이었다. 당 지도부는 프롤레타리아트 지식인 양성에 있어서 노동자 예비학부의 비상한 역할을 강조하였다. 그리하여 1927년 러시아 공산당 중앙집행위원회 분과회의는 노동자 예비학부가 노동자·농민 출신의 자녀들을 고등 교육기관에 진학시키는 유일한 통로가 될 것이라고 선언했다.[43] 그렇지만 1920년대 말까지 고등 교육기관 신입생의 30%만을 예비학부 신입생이 차지하고 있었고 1930년대 중반에 와서야 이들의 비율은 50%에 이르렀다. 1920년대 말을 기준으로 보면 하층계급 출신의 자제들이 고등 교육기관을 거쳐 체제의 가치를 실현할 수 있는 간부로 성장할 수 있는 기회는 여전히 제한적이었다는 의미이다.

고등 교육기관의 구성성분 중 절대 다수를 차지하지 못했지만 그래도 이들에게는 고등 교육기관의 전환과 호모 소비에티쿠스의 창출을 위한 전위부대로서의 역할이 부여되었다. 그렇지만 교육기관 내에서의 그들의 일상의 삶은 이러한 기대에 부합하지 못했다. 먼저 객관적 조건이 전위대로서의 그들의 사명 실현을 어렵게 했다. 볼셰비키 정부의 약속대로 학생들은 쾌적한 생활이 가능할 정도의 환경을 제공받지 못했다. 학생들을 위한 기숙사의 경우 3~4명이 적정인원으로 설계된 방 하나에 12~13명의 학생들이 생활해야 하는 경우도 있었다. 수돗물 공급이 자주 끊긴다든가 청결한 침대보를 정기적으로 제공하지 못하는 상황은 학생들의 건강을 위협하는 요인이었다.[44] 생활조건의 열악함은 전위부대로서의 사명감을 가지고 교육기관에 입학한 일부 학생집단의 탈선적 행동을 유발했다. 일반적으로 탈선적 행동은 개인의 기대치와 현실 상황 사이에서 괴리가 발생했을 때 그 개인이 사회적, 혹은 집단적으로 당연시되는 규범을 거부하고 주변적 집단의 행동양식을 받아들임으로써 일어난다고 할 수 있다.[45] '붉은 기술자'로 새로 태어나기 위해 고등 교육기관에 입학한 학생들의 일부는 전위대로조차도 생활을 어렵게 하는 조건에서 그들의 희망이 실현되기란 어렵다고 생각했다. 자포자기의 상태에서 일부 학생들은 모든 규율을 거부하는 방랑자적 생활태도, 지나친 음주, 도서관의 공공기물 훼손, 학업 포기 등의 행동을 보이기도 했다.[46]

교육기관만을 통한 호모 소비에티쿠스의 창출은 양적인 측면에서나 질적인 측면 모두에서 한계를 지니고 있음이 드러났다. 더구나 고등 교육기관의 질적 구성을 변화시키는 전위대로서 기대 받았던 노동자 예비학부 학생들의 탈선은 가볍게 볼 수만은 없는 문제였다. 전위대의 학생들마저 체제의 가치를 체화하여 나머지 학생들을 끌어가는 역할을 하지 못한다면 체제의 기반 자체가 흔들릴 수도 있는 것이었다. 한정된 시간과 장소를 초월하여 지속적으로 체제 내의 성원들을 이끌어 나갈 수 있는 보다 포괄적인 지도원리가 필요했다.

우리말 어감상 다소 어색하게 들리는 '신체문화(физическая культура)'의 이념은 이러한 배경에서 출현했다. 신체문화는 용어의 일차적 어감이 연상시키는 체육이나 스포츠 등의 육체활동에만 한정할 수 없고 보다 포괄적인 삶의 지도원리로서 제시되었다. 즉 그것은 위생, 스포츠를 통한 건강 증진, 국방 및 노동에 대한 관심, 여가, 교육, 그리고 전반적 문화계몽 등에 이르기까지 실로 광범위한 영역을 포괄하는 개념이었다. 이것은 소비에트 정권 수립 직후 신체문화와 관련하여 공포된 일련의 법령에서도 드러난다. 먼저 1919년 4월, "신체문화, 스포츠, 사전 징집훈련과 관련한 전 러시아 대회"에서 신체문화는 다음과 같은 기본원칙의 실현에 기여해야 했다. 신체문화는 "피로감과 일탈을 이겨낼 수 있는 건강하고 의지가 굳은 병사를 길러냄과 동시에 혁명적 규율, 강한 의지, 투쟁정신의 필요성에 대한 이해를 주입"[47]할 수 있어야 한다는 것이었다. 내전의 와중에서 신체문화가 체제의 수호에 기여하는 전사 양성의 지침 역할을 해야한다는 요구였다.

사실 체제를 수호하기 위한 전사양성의 필요성은 혁명 직후부터 제기되었다. 브레스트-리토프스크 강화조약 직후인 1918년 3월의 7차 당 대회에서 레닌은 사회주의 조국을 수호하는 데 필요한 군사훈련을 감당할 만한 육체적으로 강인한 인민을 체계적이고 집중적인 훈련을 통해 양성해야 한다고 역설했다.[48] 내전의 위기가 본격적으로 다가오는 상황에서 육체적으로 강인한 전사야말로 체제 수호의 필수적 조건임을 인식한 발언이었다. 총군사훈련국(Всевобуч)은 바로 이러한 전사 양성을 목적으로 설립한 기구였다. 볼셰비키 당 중앙집행위원회는 1918년 4월 22일 "강제적 군사훈련에 관하여"라는 법령을 통과시켰다. 이 법령에 따라 18세와 40세 사이의 모든 노동자·농민은 8주에 걸쳐 총 96시간에 달하는 군사훈련과 체력단련을 받아야 했다.[49] 총군사훈련국은 지방에서도 실시되는 이러한 훈련 모두를 총괄하는 중앙기구였다. 이러한 과정을 통해 총군사훈련국은 빠른 시일 안에 규율을 숙지하고 강인한 체력을 지닌 인적자원을 제공하는 사명을 완수해야 했다. 총군사훈련국은 신체문화를 바로 이러한 사명완수를 가능케 하는 이념적 근간으로 활용하려 했다.

1920년 10월, 소비에트 정부가 공포한 "청소년의 신체 양육에 관하여"라는 법령에서도 신체문화의 또 다른 요소가 드러난다. 법령은 "사회주의 건설의 노정을 계속하기 위해 노동대중이 육체적 및 정신적 강인함을 갖는 것이 필수적"이라고 규정한다. 이를 위해 모든 학교에서 신체문화의 활동 및 (유치원생들을 위한 프로그램까지도 포함한) 비교과 운동 프로그램의 채택, 그리고 일상생활에서 신체문화의 전반적 확산 등을 요구했다.[50] 이러한 내용은 신체문화가 단순히 육체의 강인함을 추구하는 데 그치지 않고 사회주의 건설에 기여하는 정신 무장까지도 포함한다는 것을 의미했다.

육체와 정신의 조화를 추구하는 신체문화의 내용은 보건 인민위원부의 1920년 '신체문화의 과제'라는 보고서에서도 발견할 수 있다. 보고서는 "인민을 건강하게 만들고 조화롭고 완전한 개인을 창조"하기 위해 신체문화가 필요하다고 강조했다. 여기서의 조화는 육체와 정신의 조화를 의미했다. 즉 개인의 행복만을 생각하는 것이 아니라 집단 전체의 행복도 고려하는 '조화로운 인간'을 의미했다. 이러한 개인에게는 "공동의 선을 위한 가장 유익한 자질"을 기대할 수 있는 것이었다.[51] 신체문화의 이념은 이에 따르자면 이기적인 본성을 버리고 전체의 발전에 기여할 수 있는 '신인간 창조'의 이념이었다.

보건 인민위원부의 수장 세마쉬코(Николай Семашко)는 신체문화를 일상적 삶의 총체적 지도원리라는 의미에서 "하루 24시간의 신체문화"라는 구호로 제시했다. 이에 따르면 하루를 노동, 수면, 휴식의 세 부분으로 나누어 각각의 부분에 가능한 한 균등하게 시간을 배분한다. 노동이나 운동 어느 한 부분에만 치우치는 생활방식은 육체와 정신 모두를 피폐하게 만들 뿐이다. 노동과 휴식의 적절한 조화를 통해 육체와 심신이 모두 건강한 소비에트의 인민을 만들어 낼 수 있으며 이러한 인민의 창출이 체제의 안정성을 강화할 수 있다.[52] 결국 세마쉬코는 신체문화를 삶의 방식, 태도, 행동양식 모두를 포괄하는 이념으로 제시함으로써 체제의 발전에 기여할 수 있는 새로운 인간형을 만들어 내고 싶었던 것이다.

신체문화는 체제와 권력의 기반이 아직 확고하게 다져지지 못한 소비에트 정권 초기에 다양한 삶의 영역을 포괄하는 지도이념으로 제시되었다. 강인한 체력을 지닌 전사를 길러내기 위한 육체적 활동, 사회주의적 의식에 걸맞은 인민을 양성하기 위한 생활방식의 정립 등을 신체문화는 장려했다. 소비에트 체제에 걸맞은 육체와 정신의 조화로운 발전을 지향하는 신체문화의 이념을 확산하여 개인의 이해보다는 전체의 이익을 우선시하는 공동체 의식 확립, 부르주아 사회의 퇴폐적 문화를 배격하는 생활태도, 현재의 물질적 궁핍을 당의 지도를 통해 이겨낼 수 있다는 낙관적 전망을 가진 새로운 인간형 창출을 희망했던 것이다. 볼셰비키 정권의 신체문화를 통한 신인간 창출은 누차 언급했듯이 정권의 수호와 발전이라는 현실적 목표에서 출발했지만 장기적 안목에서 보면 전제정 시대 혁명적 인텔리겐치아의 신인간 이념에서부터 그 뿌리를 찾을 수 있다.

볼셰비키 혁명은 "권력욕에 사로잡힌 소수 혁명가들의 쿠데타"에 불과하다고 주장한 리차드 파이프스(Richard Pipes)는 러시아 혁명의 역사성을 폄하하는 대표적 인물로 들 수 있다. 그에 의하면 혁명 지도자들은 애초부터 잘못된 전제를 가지고 있었다. 즉 그들은 "인간은 영혼, 혹은 내재적 이념을 소유하고 있지 못한 물질적 결합체이고 그렇기 때문에 사회적 상황에 따라 얼마든지 조형 가능한 수동적 존재"[53]라는 전제를 가지고 있었다는 것이다. 절대 다수인 러시아의 인민을 소수의 혁명적 인텔리겐치아의 의지대로 조형 가능한 대상으로 생각했다는 점이 러시아 혁명의 비극이라고 파이프스는 생각했다. 절대 다수의 인민이 의지를 가지지 못한 수동적 존재라고 인텔리겐치아가 규정했다는 것이다. 그렇지만 혁명적 인텔리겐치아는 파이프스의 주장대로 인간의 육체와 정신이 분리되어 있다고 생각하지는 않았다. 또한 그들은 자신들을 새로운 시대의 완성에 기여하는 '신인간'으로 규정하고 있었는데 파이프스는 그러한 규정에 내재해 있는 역사적 사명감을 충분히 고려하지 못했다.

육체와 정신의 조화로운 발달을 강조한 제정시대의 사회사상가는 비사리온 벨린스키(Виссарион Белинский)였다. 그는 육체가 없는 정신, 혹은 육체에 의해 영향을 받지 않는 정신을 상정하는 것은 단순한 환상에 지나지 않는다는 것을 강조하면서 육체와 정신의 연관성을 지적했다.[54] 또한 전제정 치하 러시아의 후진성을 벗어나 진보를 위한 전위로서 사명감을 강조한 인텔리겐치아의 대표적 인물은 니콜라이 체르늬쉐프스키(Николай Чернышевский)였다. 그의 소설 『무엇을 할 것인가』의 주인공 라흐메토프는 인텔리겐치아의 시대적 사명감을 전형적으로 잘 드러내는 인물이었다. 전제정 타도라는 목적을 성취하기 위해 라흐메토프는 식단과 잠자는 습관까지도 통제하며 혁명에 헌신하는 인물로 그려지고 있다. 일상생활 전반에 걸친 강력한 규율이 없이는 새로운 시대를 앞당기는 혁명가로 재탄생할 수 없다는 믿음 때문이었다. 라흐메토프라는 상징적 인물을 통해 체르늬쉐프스키가 그려내고자 했던 신인간은 억압에서 벗어나 자유를 구가할 수 있는 진보를 성취하는 데 기여하는 인물이었다. 체르늬쉐프스키는 결국 혁명 전위대의 역할을 수행하는 신인간의 구체적 행동방식과 의식 등을 정형화하려고 했다. 멈추지 않는 활동성, 그리고 프롤레타리아트를 혁명으로 이끌겠다는 강인한 의지야말로 러시아의 진보를 성취할 수 있는 신인간의 전형이었다.[55]

제정시대의 인텔리겐치아들은 신인간의 구체적 자질을 제시했다. 혁명을 성취한 볼셰비키는 신인간의 이념을 전도된 형태로 계승했다. 즉 그 이념을 한정된 소수가 지녀야 하는 삶의 지도원리가 아니라 인민 전체의 원리로 전환시키고자 했다. 제정시대의 인텔리겐치아가 구체제를 타도하기 위한 동력으로서 신인간의 이념을 중시했다면 혁명 이후에는 체제를 수호하고 발전시키기 위한 이념으로서 인민에게 확산시켰던 것이다. 신체문화 이념은 이런 맥락에서 제정 시대의 인텔리겐치아 신인간 이념의 전도된 형태였다.

신체문화의 이념을 이와 같이 혁명적 인텔리겐치아의 신인간 이념의 전도된 형태로서 그 연관성을 얘기할 수도 있지만 소비에트 체제에서 구현하고자 했던 구체적 형태에 가깝게 제시했던 인물도 있었다. 표트르 레스가프트(Петр Лесгафт)가 바로 그런 인물로서 소비에트 체제의 신체문화 이념은 그의 선구적인 이론 작업에 힘입은 바 크다.

생물학자이자 해부학자, 교육가, 사회 개혁가이기도 한 레스가프트는 무엇보다도 제정기 학교 교육에서 체육을 새로운 교과 중의 하나로 정착시키는 데 기여한 인물이었다. 1861년 대학의 해부학 강사로 사회생활을 시작한 그는 1869년에는 카잔대학의 교수직에 부임했다. 그러나 대학 책임자의 보수적 정책을 비판하였다는 이유로 불과 2년 후인 1871년에 교수직에서 물러나야 했다.[56] 교수직 해임은 어떤 의미에서 그에게 새로운 영역의 개척기회를 부여했다. 그는 개원 외과의의 재활치료 담당자로 일하면서 유럽과 고대 그리스에서의 운동의 역사에 관한 책과 체조가 인간의 신체에 기여하는 효능을 역설하는 논문을 발표했다. 운동과 신체발달에 관한 전문가로서의 위치를 다져나가기 시작했던 것이다. 그는 1875년에는 서유럽 국가들의 체육 체계를 연구하기 위한 기금을 국방부로부터 받아 2년간 총 13여 개의 서유럽 국가들을 순방했다. 1877년에 귀국한 그는 이러한 관찰과 연구의 경험을 토대로 군 사관학교에서 체육 강좌의 바람직한 방향을 소개하는 책을 출판했다.[57]

군 장교의 훈련을 위한 체육체계를 정비하는 것과 아울러 레스가프트는 일반 학교의 체육체계 정비를 위한 노력도 게을리하지 않았다. 이는 인간의 생체에 관한 그의 애초 관심이 반영된 결과였다. 그는 인간의 신체가 끊임없는 변화와 발전의 과정에 놓여 있다고 생각했다. 이러한 변화와 발전은 부분적으로 사회적 환경의 영향에서 기인하기도 하지만 그는 인간의 신체를 전반적으로 발전시키는 유일한 수단은 운동이라고 주장했다. 그리하여 그는 1892년 '청년학생을 위한 신체발달 증진협회'를 창설하여 학교와 가정에서 체육활동의 중요성을 인식시키기 위해 노력했다. 이러한 노력이 결실을 맺어 그는 1896년 자신이 총괄하는 남녀 체육강사 양성을 위한 러시아 최초의 교육과정 설립에 대한 교육부의 동의를 얻어냈다. 그는 1905년에는 체육교사 양성을 위한 상급학교까지 만들었지만 학생들의 소요를 부추긴다는 죄목으로 학교는 1907년 폐쇄되었다. 그의 교육내용은 10월혁명 이후 볼셰비키 정부에 의해 신설된 '신체문화 연구소'의 교육 프로그램으로 되살아났다.[58]

레스가프트에 따르면 육체운동은 우리 몸의 각 기관을 완성시키는데 기여함과 동시에 의식과 감정, 의지 등의 형성에도 영향을 미친다. 따라서 자라나는 세대의 정신과 육체의 균형적 발전을 이룩하기 위해서는 과학적 체육체계의 정립이 무엇보다도 필요하다고 그는 생각했다. 이를 위해 레스가프트는 학교와 가정에서의 체육활동을 피교육자의 나이와 상태에 맞게 4단계로 나누어 실시하자고 제안했다. 즉 저학년의 단계에서는 운동능력의 측정과 무관한 걷기, 뛰기, 던지기 등의 단순한 동작만을 가르치다가 한 단계 위로 올라가게 되면 시간과 거리를 측정하는 달리기와 멀리 뛰기 등의 동작을 가르치며 다시 그보다 위인 3단계에 이르면 어떤 목표치를 정하여 그것에 도달하기 위한 달리기와 멀리뛰기 등의 동작을 가르친다. 마지막 4단계는 이전의 교육단계에서 습득한 기술을 운동 경기에 적용할 수 있는 어려운 동작으로까지 발전시켜 기술적 측면을 강화시키는 단계이다.[59]이렇듯 각 단계별로 차별적 체육의 목표를 추구하는 과정에서 교사는 아동들에게 최소한의 에너지와 시간을 소비하면서 최대한의 성과를 거둘 수 있도록 도와줄 것이다.

체육의 단계별 교육과 더불어 레스가프트가 중시하였던 것은 교육의 목적을 성취하기 위한 구체적 방법이었다. 즉 그에 따르면 학교 체육이 목표로 하는 육체와 정신의 균형적 발전을 위해 도입되어야 하는 방법은 체조와 단체 경기, 답사, 산책 등의 방법이다. 그가 답사, 산책 등과 같은 비운동적 형태도 체육의 내용에 포함시켜야 한다고 생각한 이유는 그러한 활동들이 학생들의 정서적 안정과 창조적 사고에 도움을 주기 때문이다. 지역의 풍물들을 살피는 답사과정을 통해 학생들은 자신들 삶의 역사적 조건들에 대해 생각해 볼 기회를 갖는다. 또한 산책을 통해 얻을 수 있는 정서적 안정은 보다 활발한 지적 활동을 위한 에너지를 제공해 준다.[60]

그러나 레스가프트가 가장 강조해 마지않았던 것은 학교에서의 운동경기는 성격의 건전한 발달을 가능케 하는 수단이 되어야 한다는 점이었다. 즉 운동경기는 집단정신, 이타심, 사회에 대한 봉사의식을 깨닫게 하는 계기가 되어야지 경기 참가자들의 자기중심주의를 강화하는 계기가 되어서는 안 된다. 학교의 운동경기 참가자들은 개개인이 소사회의 성원이라는 인식 아래 이기적인 자기만의 목적을 접어두고 공동의 목표를 달성하기 위해 참여한다는 인식을 가져야 한다. 이러한 과정 속에서 경기의 참가자들은 "정의감, 동지애, 정정당당한 경기태도" 등을 체득하는 것이다. 주의할 점은 레스가프트가 지적하고 있는 경기 참여자들의 공동의 목표란 일반적으로 생각할 수 있듯이 경기에서의 승리를 의미하는 것이 아니라는 점이다. 경기에서의 승리를 강조한다면 운동능력의 향상을 단계적으로 성취하려고 하기보다는 승리에 필요한 특정 기술만을 습득하기 때문이다. 이러한 태도는 청소년들의 건전한 정서발달에 도움을 주지 못하며 그들을 성과에만 집착하게 만들 뿐이다. 레스가프트에 따르면 승리의 결과로 주어지는 트로피, 상금 등은 이기적인 욕심을 낳기 때문에 육체에 정신의 조화로운 발전이라는 목표에 부합하지 않는다.[61]

체육을 통해 육체와 정신이 모두 건전한 자유로운 시민을 양성한다는 레스가프트의 교육론은 영국 공립학교에서 볼 수 있었던 제한적 의미의 단체정신을 강조하는 교육방식에서 영향을 받았다.[62] 체육의 목적과 이념은 지역에 따라 상이했다. 특히 19세기 후반에 유럽 정치무대를 주도하였던 세 나라, 즉 영국, 프랑스, 독일에서 체육의 지향점은 상이했다. 영국과 독일 모두 체육을 통해 젊은 세대의 에너지와 본능을 국가에 기여하도록 인도한다는 목적을 가지고 있었지만 그 구체적 방법에서는 차이를 보였다. 즉 영국의 체육은 추상적 의미의 공동체보다 학교를 구성하는 성원들의 단합을 강조하는 구체적 경향을 띠었다. 반면에 독일의 체육은 국가라는 보다 광의의 공동체에 봉사해야 한다는 의식을 확산시키고자 했다. 영국의 체육이 공간과 설비를 갖춘 학교들 간의 경기를 강조하는 배타적 경향이었다면 독일의 체육은 많은 사람들이 참여할 수 있는 단체운동을 강조하였다. 한쪽이 귀족적이었다면 다른 쪽은 대중적이었다. 프랑스는 이 두 경향을 절충하여 운영하는 모습을 보였다.[63]

사회주의 혁명을 성취한 러시아에서 엘리트주의적 성향의 영국식 체육모델을 채택할 수는 없었다. 체육의 국가주의적 성격을 강조하고 그것을 통해 국민을 교육시킨다는 독일식 모델[64]이 사회주의 정권에 부합하는 듯했다. 그렇지만 볼셰비키 정권의 관점에서 독일식 체육모델이 완전히 흡족하지는 않았다. 새로운 인간형 창출을 위한 통합적 이념을 독일식 모델에서 찾을 수 없었기 때문이다. 또한 독일식 모델은 인간의 의식과 생활습관을 개조시키는 공세적 이데올로기로서는 미흡했다. 체조와 같이 다수의 사람이 동시에 참여할 수 있는 체육의 형태를 독일식 모델은 강조했지만 운동능력이 뛰어난 소수의 선수들 위주로 진행되는 스포츠 문화가 독일에서는 여전히 남아 있었기 때문이다. 독일의 스포츠 문화에서 노동자 대중의 참여가 차단되어 '구경꾼'이라는 수동적 상태에서 벗어날 수 없다는 우려가 남아 있었던 것이다. 19세기 중반에 제시된 레스가프트의 체육 이론에 혁명 지도세력이 다시 주목을 하였던 것도 20세기 전반기 독일의 체육 모델만으로는 신인간 창출을 위한 이론적 기반을 제시할 수 없었기 때문이었다. 경기의 승패를 강조하는 문화를 부정하여 소수의 선수들만을 위한 여가활동으로 체육을 한정시키지 않으려는 태도, 단계적 교육을 통한 신체의 발달과 산책이나 답사 등과 같은 운동 외적 활동을 체육의 교과과정에 포함시키려는 노력을 통해 레스가프트는 창조적 정신의 형성이 가능하다고 믿었다. 볼셰비키 정부는 그의 사상을 신체문화라는 사회주의 체제의 신인간 양성 프로그램으로 발전시켰던 것이다.

　볼셰비키 정부는 전제정 시대 인텔리겐치아 신인간론의 몇 요소를 인민을 호모 소비에티쿠스로 만들기 위해 계승했다. 그러나 신체문화 이념을 구체화하면서 소비에트 시대의 인간형은 인텔리겐치아의 신인간론과 구별되는 요소를 또한 포함하고 있었다. 노동의 가치를 강조한 마르크스주의를 체제의 기본이념으로 선택한 볼셰비키 입장에서 전제정으로부터의 해방을 위해 투쟁하는 신인간의 모습만으로 안주할 수는 없었다. 마르크스주의에 따르면 노동은 사회적 의무일 뿐만 아니라 개인의 완성을 위한 수단이기도 했다. 신체문화는 따라서 인민이 노동을 위해 준비하는 수단으로 간주되었다. 보건 인민위원 세마쉬코는 신체문화를 "노동과 작업능력에 대한 주요한 연결고리 중의 하나"로 불렀다.[65] 이러한 개념들이 의미하는 바는 신체문화가 소비에트 체제의 생산력 발전을 위한 기본 전제인 노동 자체를 즐겁게 받아들이면서 노동 생산성을 높이는 데 기여할 수 있다는 것이다.

따라서 신체문화의 핵심 영역 중의 하나인 운동도 노동의 효율성과 노동의 중요성을 인식하는 기회로서 활용되어야 했다. 신체문화의 옹호자들은 일과의 시작과 휴식시간에 운동을 한 노동자가 그렇지 않은 노동자에 비해 생산성이 높았다는 주장을 내놓았다. 신체문화의 이념은 따라서 노동을 자본주의 체제에서와 같이 소외된 노동으로서가 아니라 자발적이고 흥겨운 노동, 그리하여 자신을 완성시키는 노동이라는 인식을 갖게 하는 수단이었다. 1930년대의 노동 영웅 알렉세이 스타하노프도 신체문화를 통해 인민들은 규율을 획득하고 "새로운 힘과 열정"을 가질 수 있었다고 언급함으로써 자신을 포함한 노동자들의 높은 생산성은 신체문화의 이념에 힘입은 바 크다고 강조했다.[66]

신체문화는 이렇듯 노동의 효율성과 가치를 높이기 위한 삶의 지도원리이기도 했다. 일상생활에 대한 통제는 이러한 지도원리를 정착시키는 과정에서 또한 필요했다. 산업혁명 이후 근대사회에 나타났던 타락이 소비에트 체제에서 재현되지 않도록 하는 보루의 기능을 신체문화가 맡았다는 의미이다. 콤소몰(공산주의자청년동맹)은 이와 관련하여 다음과 같은 결의문을 1926년에 채택했다. 즉 결의문은 신체문화가 젊은이들을 술과 매춘의 해로운 영향에 물들지 않기 위한 수단임을 강조했다.[67]

자본주의적 시장관계가 제한적 조건에서나마 허용된 1920년대를 거치면서 콤소몰 및 당 지도부는 청년 세대의 일상생활이 지도부의 기대에 못 미친다고 우려하고 있었다. 즉 젊은이들은 콤소몰 당원으로서 일과 학업을 잘하는 것뿐만 아니라 삶의 방식도 모범적이어야 하지만 현실은 그렇지 않다는 것이다. 콤소몰은 젊은이들의 박물관 견학, 정치적 목적의 세포활동 등 체제 전체의 발전을 위한 "계몽적" 활동을 강조했다. 그렇지만 다수의 젊은이들은 정치적 활동보다는 헐리우드 영화의 화려한 패션을 모방하며 개인적 취향을 채우는데 급급하고 있었다. 공장 노동자로서 외양을 드러내지 않으려는 의도로 남성들의 경우에는 서구 부르주아지의 정장을 선호했고 여성들은 외모를 가꾸기 위한 화장에 열중했다. 콤소몰의 기관지 『콤소몰스카야 프라브다』는 노동자로서의 삶을 숨기기 위해 밤에는 화려한 정장과 외국어를 구사하면서 이중생활을 하는 보리스 클루에프라는 젊은 노동자의 사례를 소개했다. 기사에 따르면 클루에프는 자신의 삶의 기반인 공장 얘기가 나오면 화제를 돌리며 자신의 정체성을 부인했다.[68] 1926년 콤소몰의 결의문은 어떤 의미에서 청년들의 이와 같은 의식 없는 생활에 대한 우려를 반영하고 있었다. 1926년까지 14세에서 22세까지 콤소몰 가입연령인 청년세대의 비율이 불과 6%에 불과한 상황[69]을 미루어 볼 때 청년들은 정치 조직의 이상에 부합하는 일상적 삶에는 흥미를 갖지 않았다고 지적할 수 있다. 젊은 세대의 일상적 삶을 지도할 수 있는 포괄적 지침의 필요성은 네프 시기 초반부터 강력했다. 신체문화의 이념은 이렇게 사회주의 체제의 신인간에 부합하는 생활의 자세를 확립하여 노동의 가치와 효율성의 증대를 목적으로 하는 사회적 무기였다.

신체문화는 이렇게 강인한 전사를 양성하기 위한 육체의 단련, 노동을 통해 체제 전체의 발전에 기여하려는 의식의 배양, 사회적 의식에 부합하는 인민 일상생활의 통제 등 광범위한 함의를 지녔다. 이념의 실현을 위한 조직의 정비[70]도 당연히 필요했다. 내전의 상황을 타개하기 위한 방책의 하나로 신체문화의 이념이 출현했기 때문에 신체문화 초기의 중심조직은 총군사훈련국이었다. 내전의 종식과 더불어 신체문화의 이념을 보다 넓은 사회계층에 확산시키기 위해서는 총군사훈련국으로는 부족했다. 1923년 공산당 중앙집행위원회 산하에 신체문화최고위원회가 출범했다. 신체문화최고위원회(Высший совет физической культуры)는 신체문화와 관련된 모든 사항을 총괄하는 중앙조직으로서의 역할이 기대되었다. 그렇지만 실제로 최고위원회는 그 구성에 관여했던 다양한 조직, 특히 노동조합과 공산주의자 청년동맹의 신체문화와 관련한 권한과 책임을 압도할 정도로 강력하진 못했다. 다음 장에서 상세히 기술하겠지만 노동조합과 콤소몰은 신체문화의 실현과 관련하여 상이한 입장을 가지고 있었는데 신체문화최고위원회는 두 조직의 견해차를 조정하여 단일한 방향을 설정할 정도의 권위를 가지지 못했다는 의미이다. 신체문화의 명실상부한 중앙조직의 출현은 네프와 같은 정치사회적 환경, 즉 체제의 공고화 과정에서 다양한 실험이 용인되었던 환경에서는 불가능했다.

스탈린 체제의 출범과 더불어 신체문화의 내용도 변화를 겪으면서 보다 강력한 중앙으로부터의 통제를 지향하는 조직도 출현하였다. 1930년 4월 최고위원회를 계승하여 신체문화국가협의회(Всесоюзный совет физической культуры)가 등장했다. 볼셰비키 당은 신체문화와 관련한 당의 사업이 답보의 상태를 벗어나지 못했다고 반성하고 "사회주의 건설을 위해" 신체문화에 대한 중앙으로부터의 통제 필요성을 강조했다. 당 중앙집행위원회 간부회의가 지명하는 8명의 전소련신체문화협의회는 1920년대에 있었던 노동조합과 콤소몰 간의 노선싸움에 끌려 다니며 중앙기구로서의 권위를 상실하는 상황을 더 이상 용납하지 않았다. 전소련신체문화협의회는 지역 신체문화 조직에 대한 통제, 선전, 아동들의 신체문화 구현, 신체문화 관련 서적 출판, 그리고 스포츠 기술 개발연구 등의 책임을 지는 중앙조직의 위상을 갖게 되었다.[71] 신체문화 중앙 조직은 1936년 6월, 신체문화와스포츠국가위원회(Всесоюзный комитет по делам физической культуры и спорта)로 또 한 차례의 변화를 겪는다.

신체문화 중앙조직의 변화과정에서 나타난 함의를 몇 가지 측면에서 살펴볼 필요가 있다. 먼저 중앙조직으로서의 위상 정립이 정치사회적 환경의 변화와 무관하지 않았다는 점이다. 1920년대 소비에트 사회는 정치, 사회, 문화 등의 전반적 영역에서 새로운 체계와 가치를 정립하기 위해 다양한 실험이 제한적 범위에서 허용되는 분위기였다. 즉 '관제고지'로서의 당의 지도역할이 중요했지만 새로운 체제를 만들어 나가는 구체적 방향 정립과 관련하여 '강성정책'과 '연성정책' 노선의 대립은 지속됐다.[72] 신체문화의 광범위한 영역을 단일한 방향으로 이끌 수 있는 중앙조직의 출현은 이런 상황에서 어려웠다. 스탈린 체제의 출범은 네프 시대의 정치사회적 환경과는 다른 조건을 제시했다. 권력획득 과정에서 경쟁자를 축출하여 최고 지도자의 위치를 획득한 스탈린은 정책 집행을 둘러싼 다양한 목소리를 수용할 여유가 없었다. 신체문화와 관여하는 다양한 조직의 입장도 단일한 중앙 기구 아래에서 통제될 필요가 있었다. 1930년 신체문화 중앙조직의 출현도 이러한 정치사회적 환경의 변화 때문에 가능했다. 신체문화 관련 정책을 책임지는 중앙조직의 정비과정이 혁명 이후 러시아의 정치사회적 변화와 무관하지 않았다는 의미이다.

스탈린 체제가 공고해진 1936년의 신체문화 중앙조직을 봤을 때 드러나는 특이점 중의 하나는 스포츠가 신체문화의 관리영역으로 들어왔다는 점이다. 신체문화의 내용에서 육체의 단련은 처음부터 필수적 부분이었기 때문에 이를 위해 스포츠를 어떻게 활용할 것인가는 중요한 관심사항이었다. 그런데 이때의 스포츠는 자본주의 체제의 스포츠와는 그 함의를 같이할 수 없었다. 신체문화의 이념에 부합하게 스포츠를 활용하기 위해서는 개인적 유희에 만족하는 놀이형태로서의 스포츠에 머무를 수 없었다. 육체적 단련이 체제의 수호라는 공동의 목적에 기여하기 위해서 협동정신을 증대시키고 정치적 의미를 내포하는 놀이형태의 개발도 필요했다는 의미이다. 시합의 승리에 기여하는 특정 선수만을 우대하는 자본주의 사회의 스포츠 문화도 재고되어야 하는 것이었다. 소비에트 체제의 스포츠는 기량이 뛰어난 소수의 선수들을 바라보는 수동적 형태가 아니라 전체 인민이 함께하며 집단정신을 기르는 스포츠이기 때문이다.

신체문화의 이념 아래에서 스포츠를 이렇게 활용하려고 했기 때문에 신체문화 중앙조직에서 스포츠의 이름이 1930년까지 전면에 등장하지는 않았다. 신체문화가 스포츠를 하위의 개념으로 포함하고 있었다고 얘기할 수 있다. 그렇지만 1936년에 이르러 중앙조직의 명칭에서 스포츠는 신체문화와 더불어 동등한 지위를 차지하는 영역으로 제시되고 있다. 따라서 1936년까지 이르는 신체문화 중앙조직의 변화는 신체문화와 스포츠의 관계에서 변화가 일어났음을 암시하고 있다. 그러한 변화가 일어났던 구체적 이유는 무엇인가? 이러한 변화는 동시에 신체문화의 이념에도 변화가 일어났다는 의미는 아니겠는가? 결국 이 문제는 신체문화의 이념이 구체적으로 적용되는 과정에서 갈등과 타협의 과정이 필요했다는 의미는 아닐까? 이러한 질문에 대한 대답을 다음 장에서 모색해 보자.

2장
1920년대의 신체문화와 스포츠

볼셰비키 정부는 1920년대에 여러 차례 신체문화 이념의 실현과 그 중요성을 드러내기 위한 공식입장을 밝힌 바 있었다. 그중에서 1925년 6월의 당 결의문은 특히 주목할 만하다. 이 결의문은 신체문화를 광범위한 사회적 함의를 내포하는 이념으로 격상시키면서 그에 따른 책임을 명시하였다. 결의문이 규정하고 있는 신체문화의 책임과 역할은 다음과 같다.

신체문화는 육체의 단련과 건강의 관점에서뿐만 아니라 청년집단의 소총사격과 그 외 스포츠를 통한 군사적 준비의 수단으로서, 또한 문화적, 경제적 대중교육의 수단 중의 하나로서 고려되어야 한다(왜냐하면 신체문화는 의지, 집단적 관습, 끈기, 위기대처 능력 및 그 밖의 소중한 가치 같은 특성을 개발하기 때문이다). 이러한 측면과 더불어 신체문화는 당, 위원회, 직능 조직의 주변으로 노동자와 농민을 단결시키는 수단이다. 이러한 기구들은 노동자와 농민을 사회정치적 활동으로 이끌 수 있다.[1]

결의문에 따르면 신체문화의 기능은 광범위하다. 즉 민중의 건강,

교육, 단결을 위해 신체문화가 기능해야 한다고 규정함으로써 그것이 소비에트 체제의 공고화를 위한 새로운 인간형성에 기여해야 한다는 희망을 피력하고 있다.

네프의 중반기인 1925년에 신체문화의 광범위한 역할을 이와 같이 다시 상기시키면서 당 지도부는 네프 정책의 시행으로 이완될 수도 있는 사회분위기를 신체문화의 이데올로기로 다잡으려 했다. 네프의 환경하에서도 체제가 필요로 하는 새로운 인간형 창조의 노력을 포기할 수 없다는 의지를 표명함으로써 체제의 본질은 변하지 않았다는 간접적 의지의 표명으로 해석할 수 있다는 의미이다. 소비에트 체제 스포츠사의 개척자인 리오르단이 1920년대를 "신체문화의 시대"라고 정의[2]한 것은 다소 과하다고 여겨지는 부분도 있지만 이런 맥락에서 음미해 볼 만하다. 소비에트 인민 모두가 체득해야 하는 가치로서 신체문화의 이념을 제시하여 체제 기반의 공고화에 기여할 수 있다는 가능성이 있기에 신체문화의 중요성을 강조한 것이었다.

신체문화와 관련한 리오르단의 규정이 다소 과해 보인다고 내가 지적한 이유는 이념이 가지고 있는 중요성과 구체적 삶의 방식에서 실현 여부는 구분되기 때문이다. 하나의 이념으로 특정 시대를 규정할 수 있으려면 이념이 구호로만 머물지 않고 구체적 역사의 무대에서 구현되어야 한다. 그렇지만 1920년대 신체문화의 구현은 이념적 차원에서의 기대를 완전히 충족시키지는 못했다. 일상의 세세한 영역까지 권력이 개입하여 이념적 틀에 부합하도록 통제한다는 것이 쉬운 일이 아니기 때문이다. 특히 여가문화의 한 형태인 운동은 개인의 취향에 따라 그 방식이 달라질 수밖에 없는데 그러한 개인적 차이를 무시하고 일률적인 방식을 강요한다고 다양한 개개인이 그것을 그대로 따르지는 않을 것이다.

사실 여가의 개념을 상기해 보더라도 국가권력의 전면적 통제가 성공할 가능성은 그리 많아 보이지 않는다. 생계를 위한 필요성이나 의무에서 벗어나 스스로 만족을 얻고자 자유시간에 행하는 활동을 여가라고 할 때 소련과 같이 상대적으로 국가권력이 강한 사회에서 이러한 자유시간이 존재할 수 있느냐는 의문이 제기될 수 있다. 그렇지만 사회주의 체제 초기와 스탈린 시대의 일상을 다루었던 많은 연구를 보면 '전체주의 사회'에서 기대되는 전면적 통제가 가능하지 않았다는 점이 밝혀졌다. 국가권력의 의도와는 다른 개개인의 일상을 꾸려나갈 수 있는 가능성이 완전히 차단되지는 않았던 것이다.[3] 이러한 맥락에서 다양한 일상의 영역 중의 하나인 운동을 즐기는 방식이 국가권력의 의도를 충실히 따르는 하나의 형태로만 가능했다고 생각할 수는 없다. 체력단련과 의식의 함양에 기여하지 않는 운동 형태라도 국가권력이 소비에트 러시아 인민의 여가생활에서 완전히 배제할 수는 없었다는 의미이다. 그렇더라도 신체문화의 이념의 실현을 위해 이러한 현실을 그대로 방치할 수는 없었기 때문에 국가권력은 현실과 이념의 조화를 위한 방책을 지속적으로 제시했다. 이에 따라 체제 구성원과 국가권력 사이에는 갈등과 긴장관계가 존재했다.

1. 신체문화 이념의 구체적 적용

내전이라는 위기상황에서 체제를 수호하는 전사 양성의 기능을 제시했던 신체문화의 이념을 구현하기 위한 기구는 총군사훈련국이었다. 총군사훈련국은 신체문화의 이념을 실현하여 빠른 시일 안에 적군의 방어 역량을 극대화할 수 있는 인적 자원을 제공해야 되는 것이었다.

총군사훈련국이 이와 같이 야심찬 목표를 부여받았지만 제반 여건은 녹록지 않았다. 우선 총군사훈련국이 체제 수호에 기여하는 인적 자원을 적군에게 공급하기 위해서 이념적으로 무장된 교관들을 확보해야 했다. 그러나 혁명 이후 중·고등 교육기관의 교사들이 전제정 시대의 교육기관에서 양성된 것과 마찬가지로 총군사훈련국의 교관들은 전제정 시대의 군대에 복무했던 경험을 가진 사관들이었다. 1918년을 기준으로 총군사훈련국 내에는 전제정의 군대에 복무했던 17,428명의 사관들이 교관으로 있었다.[4] 이러한 상황은 교육을 통해 신인간을 양성하는 과정에서 발생했던 레닌의 현실적 고민, 즉 고등 교육기관에서 부르주아적 계급기반을 지녔던 대다수 교수에 대해 위로부터의 정치적 통제의 필요성을 인식하고 있었지만 동시에 소비에트 국가 건설에 기존 지식인의 협력을 무시할 수도 없다는 현실적 고민을 드러내는 하나의 사례였다. 그렇지만 사회주의 체제 수호를 위해 최일선에서 싸우게 될 적군에 유용한 인적 자원을 공급한다는 총군사훈련국의 취지를 고려한다면 시급히 개선되어야 할 문제이기도 했다. 총군사훈련국의 수장이었던 포드보이스키(Николай Подвоиский)가 "훈련국에서 이질적이고 적대적 성향의 교관들을 숙청"[5]해야 한다고 언급한 것도 이러한 맥락에서 나왔다. 게다가 현재의 적군 자체의 조직과 기반 강화를 위한 제반 여건, 즉 경제적 지원이라든가 군수물자까지도 부족한 마당에 미래의 인적 자원을 위해 총군사훈련국에 대한 지원을 강화하는 것은 오히려 적군의 역량을 약화시킬 수도 있다는 반론도 등장했다.[6]

총군사훈련국이 출범할 당시의 어려웠던 주변 상황을 이렇게 지적했지만 그렇다고 그것이 볼셰비키 권력 초기의 어려운 상황을 타개하는 데 아무런 역할을 하지 못했다는 의미는 아니다. 총군사훈련국의 훈련과정을 이수한 우랄 지역의 산업 노동자들은 1920년에 체코 군단의 진격을 저지하는 무용을 발휘했다. 게다가 페트로그라드 군사 훈련국의 모든 간부는 1921년 크론슈타트 수병 반란의 진압에서 보여준 혁혁한 성과로 '혁명 붉은 기 훈장'을 받았다.[7]

신체문화의 이념은 우선적으로 적군의 방어역량을 극대화하는 구체적 수단이었다. 신체문화는 또한 적군이라는 한정된 집단이 아니라 소비에트 인민의 개인 건강 증진을 위한 생활습관의 형성에도 기여해야 했다. 평상시의 체력단련을 통해 질병에 대한 예방적 기능을 달성하는 것이야말로 신체문화의 또 하나의 역할이었다. 이러한 인식은 건강 유지에 있어서 신체문화의 유용성을 강조한 보건 인민위원부의 1921년 법령에서도 나타났다. 즉 농촌의 저택과 별장, 수도원을 노동자들을 위한 휴양소로 전환하기 위한 계획을 발표하면서 보건 인민위원부는 프롤레타리아트의 휴가 시에 신체문화 프로그램의 진행을 의무화하였다. 이때의 프로그램은 노동자들에게 육체의 건강을 유지하기 위한 가장 기본적인 방법들, 즉 숨 쉬는 방법이라든가 올바른 착석 자세와 기립 자세, 수면과 식사 시 가져야 할 올바른 습관, 음주와 흡연의 해로운 영향에 대한 정보 제공 등을 내용으로 하였다.[8]

보건 인민위원부는 더 나아가 이러한 예방적 차원의 신체문화 운동을 전국적으로 확대하려고 했다. 의사이자 보건 인민위원부의 책임자 세마쉬코는 이러한 생각을 실현하는 데 적극적이었다. 그가 내건 "하루 24시간의 신체문화"라는 구호도 육체의 생리적 리듬을 최적으로 유지케 하는 생활문화를 정착시킴으로써 인민 대다수의 건강을 유지하는 데 목적이 있었다. 세마쉬코가 하루의 합리적 시간 배분을 강조한 것은 다수의 당원과 비당원 노동자들이 비효율적 위원회에 끌려다니면서 시간 낭비를 한다고 인식하고 있었기 때문이다. 세마쉬코는 하루에도 수차례 열리는 위원회와 회의들을 당원과 노동자들의 일상적 업무를 방해하는 주범으로 간주했다. 중요한 것은 회의의 수가 아니라 회의의 질이었다. 위원회 및 회의의 안건은 적절하게 준비된 상태도 아니었고 끝없는 토론으로 시간만 소모하기가 다반사였다. 이러한 소모적 과정 뒤에 내려진 결정도 불완전하였다. 세마쉬코는 합리적인 시간배분을 강조하는 신체문화의 운동을 광범위하게 확산시켜야만 정신 및 육체노동에 종사하는 모든 노동자들을 과로로 인해 파생된 문제로부터 벗어날 수 있게 한다고 생각했다.[9]

신체문화는 또한 사적인 생활영역에 속하는 부분까지도 적용되었다. 이러한 영역을 사회전체의 이름으로 통제를 함으로써 일상생활의 면면을 획기적으로 변화시키려는 의도가 깔려 있었다. 개인의 성적 욕망을 사회적 차원으로 승화시키는 시도가 바로 그것이었다. 신경제 정책의 시행과 더불어 러시아의 대도시에서는 자본주의 사회의 병폐라고 불리는 매춘행위가 등장하기도 했다. "소비에트 체제의 여성들은 결코 매매의 대상이 될 수 없다"고 선언한 1918년 여성 노동자·농민 대회의 선언[10]을 고려할 때 이렇게 다시 등장한 매춘 행위는 사회주의 정권이 근절해야 할 대상이었다. 사회주의 체제의 조속한 토대 구축이 무엇보다 중요했던 소비에트 지도부의 관점에서 성적 욕망을 통제하여 이를 체제구축을 위한 에너지로 돌려야 했다. 매춘이라는 부정적 현상도 이러한 의도를 가지고 대응한다면 근절할 수 있는 것이었다. 신체문화의 이념을 젊은 세대에게 전파하여 그들이 운동을 생활화한다면 젊은 세대가 성적 욕망의 노예상태에 빠지는 일은 없을 것이다.

신체문화의 이념이 젊은 세대의 건전하지 못한 성적 욕망의 억제에 기여할 수 있다는 신념은 다음에서 잘 나타난다. 피누스라는 의사는 1924년 지금의 볼고그라드에서 콤소몰에 가입한 약 2,000명의 젊은이들에게 익명의 조사를 실시했다. 이 조사에서 210명은 자신들은 "신체문화주의자"로 언급했다. 이들 중 신체문화를 실천하는 17세 노동자로서 성경험이 있는 노동자들의 비율은 12.5%였지만 그것을 실천하고 있지 않은 경우 비율은 32.08%로 상승했다. 18세 노동자들의 경우 그 비율은 각각 33%와 52.02%였다.[11] 두 경우 모두 신체문화의 적극적 실천은 성적 욕망의 분출을 자제시킨다는 것을 보여 준다고 피누스는 주장했다. 이렇게 제어된 젊은 세대의 에너지를 건전한 운동을 통해 발산함으로써 소비에트의 미래 전사를 길러 낼 수 있는 것이었다.

신체문화의 가치를 인식한 콤소몰은 그것의 실현을 위해 적극적이었다. 1923년 청년동맹 6차대회는 신체문화를 실천하는 모든 서클의 일상적 활동을 콤소몰이 도와야 한다는 결의문을 채택했다. 공장과 학교의 콤소몰 세포조직은 운동 서클을 조직하고 신체문화의 프로그램 실시의 책임을 지는 신체문화 담당관의 자리에 조직원 가운데 한 사람을 임명해야 하는 의무를 지녔다.[12]

체제 수호에 필수적인 강인한 적군병사를 창출하는 이념으로서 신체문화의 실현은 객관적 조건의 어려움은 있었지만 그 방향성과 관련하여 큰 이견은 없었다. 갓 출범한 국가권력을 수호한다는 목표에서 당 지도부가 커다란 이견을 가질 수는 없는 노릇이었다. 그러나 체제 수호라는 절박한 목적이 내전의 종식과 더불어 어느 정도 약화된 1921년의 상황에서, 신체문화의 방향에 대해서는 다양한 의견이 나올 수 있었다. 즉 신체문화가 삶의 다양한 영역을 포괄하는 양식이라고 할 때 그것은 단일한 내용만으로 규정될 수는 없었다. 군사적 기능을 강조하는 총군사훈련국이 1923년에 폐지된 것도 신체문화가 적군 방어역량의 강화라는 단일 기능에 한정하지 않는다는 의식의 반영이었다. 그렇지만 신체문화가 포괄하는 삶의 다양한 영역을 프롤레타리아트 문화운동의 한 범주로 수렴하려는 시도도 등장했다.

소비에트 러시아의 출범 직후부터 볼셰비키 내부에서는 사회주의

문화를 어떻게 정착시킬 것인가에 대한 광범위한 논쟁이 있었다. '프롤레타리아 문화운동(프롤레트쿨트пролеткульт)'은 지배계급의 위치를 확보한 노동계급의 예술적 표현방식뿐만 아니라 프롤레타리아의 전반적 생활방식을 소비에트 사회에 뿌리내리기 위해 등장한 운동이었다.[13] 프롤레트쿨트의 주장자들은 따라서 부르주아지의 문화와 완전히 결별하고 독자적인 자율성을 갖는 문화 양식을 주장했다. 레닌은 그렇지만 1920년 당 대회에서 진정한 마르크스주의는 200년 이상 지속된 부르주아지 시대의 축적된 가장 가치 있는 업적들을 거부하지 않아야 한다고 강조했다. 오히려 그것들을 프롤레타리아트의 사고와 문화 정착을 위해 개조하며 동화시켜 나가는 과정에서 진정한 프롤레타리아 문화는 태동한다는 점을 역설했다.[14] 레닌의 시각에 따르면 인류의 역사적 경험과 완전히 단절된 프롤레타리아 문화의 형성은 환상에 불과하였다.

교육정책을 책임지고 있었던 루나차르스키 또한 레닌과 크게 다르지 않았다. 소비에트의 인민은 기본적인 과학뿐만 아니라 모든 형태의 예술에 대해서도 지식을 가지고 있어야 했다. 소비에트의 '고급문화'를 인민들이 만들어 내기 위해서는 과거의 문화유산에 대한 학습을 포함하는 폭 넓은 교육을 받아야 한다는 것이었다.[15] 이러한 교육지침을 신체문화와 연관하여 실현한다고 할 때 학교교육은 사회주의 의식 함양, 학문적 지식의 습득 같은 정신적 측면의 계발에만 치중할 수 없었다. 정신과 육체의 조화로운 발전은 사회주의 체제가 목표로 하는 전인적 인간 형성의 필요조건이다. 따라서 체육은 학교교육에서 필수적 활동으로 간주되었고, 체육교육을 강화하기 위한 방안을 마련하기 위한 논의가 시작되었다. 교육 인민위원부는 1918년 6월 신체문화의 이러한 이념을 전파할 학교 강사를 양성하기 위해 반년마다 강좌를 개설하기 시작했다. 이 강좌는 그다음 해 소비에트 최

초의 신체문화 연구소의 개설을 위한 기본 틀을 제공했다.[16]

　체육을 통해 신체문화의 이념을 실현시키려는 구체적 방법론에서 과거 유산을 일정 정도 수용해야 된다는 레닌과 루나차르스키와 달리 과거와의 명확한 단절을 요구하는 주장이 등장했다. 이들은 체육의 한 형태로서 학교에 스포츠를 도입할 때 스포츠를 보다 이념적인 대상으로 바라보았다. 프롤레트쿨트 운동의 주창자들이 스포츠를 바라보는 방식이었다. 이들은 부르주아 사회에 존재하는 스포츠 문화, 즉 관객과 운동선수의 분리, 타이틀 획득을 위한 경쟁, 여성의 곡선미를 강조하는 체조 등은 혁명적 신문화와는 양립할 수 없다고 주장했다. 프롤레트쿨트 운동 진영의 가담자 중의 하나였던 싀소예프(C. Сысоев)가 테니스를 어떻게 생각하고 있었는가를 보면 스포츠와 관련한 신문화의 내용을 유추해 볼 수 있다. 싀소예프에 따르면 "부르주아지를 위한 이 경기에서 우리는 현재의 러시아인들에게 필요한 자질, 즉 어떤 동지적 감정이나 협동정신을 발견할 수 없다, 테니스는 단지 돈이 많이 들어가는 여름 운동"일 뿐이다. "사회주의 러시아에서 매스게임과 같은 정도의 지원을 테니스는 받을 수도 없고 받아서도 안 되는" 것이었다.[17]

　싀소예프가 강조하려고 했던 것은 신체문화의 한 형태로서 스포츠가 프롤레타리아트에게 사회주의 체제 신문화의 올바른 형태를 제시하는 기능을 해야 한다는 것이었다. 그 올바른 모습이란 경쟁을 강조하는 운동시합에서처럼 소수만이 참여하고 다수는 구경꾼으로 전락하는 스포츠 문화가 아니었다. 노동자들이 그들 작업장의 도구를 이용하여 언제나 할 수 있는 노동체조, 다수의 인원이 참여하여 협동정신과 단결력을 기를 수 있는 매스게임, 그리고 '제국주의자로부터의 구출,' '혁명적 문헌 해외로 반출하기' 등과 같은 다분히 정치적 색채가 가미된 놀이 형태의 개발이야말로 신체문화의 이념에 부합하는 스포츠의 형태였다.[18] 결국 노동계급의 독특한 문화를 창조하는 수단으로 신체문화의 한 형태인 스포츠를 활용한다는 관점에서 '챔피언' 타이틀의 집착을 낳게 하는 스포츠 문화라든가 개인의 영광을 위한 기록달성의 운동 형태는 부르주아적인 것으로 비난받았다.

1923년 초 총군사훈련국이 폐지되기 이전, 기구의 제1시기였던 메호노쉰(K. Мехоношин)의 입장도 식소예프와 크게 다르지 않았다. 『신체문화』라는 기관지에 게재하였던 「노동자들의 육체 단련」이라는 글을 통해 메호노쉰은 신체문화에 관한 총 11개의 테제를 제시하면서 그것이 사회주의 체제의 강화와 수호를 위해 어떻게 활용되어야 하는가를 정리하고 있다. 그는 혁명 이후 사회적 여건이 노동계급의 건강을 자동적으로 보장해 주는 상황은 아니기 때문에 "신체문화의 기본 목적인 육체단련은 중요한 의미를 가진다"[19]고 전제하고 있다. 그렇지만 육체단련의 과정이 사회적 의미를 망각한 채 협소하게 신체적 발달만을 목표로 해서는 안 된다. 신체문화의 목적은 사회주의 체제의 발전, 보다 구체적으로는 노동자들의 생산성을 높인다거나 반혁명 세력의 저항을 분쇄하려는 의지의 함양도 동시에 내포하고 있기 때문이다. 이와 같은 "육체와 정신의 조화로운 발전"이야말로 신체문화가 지향하는 핵심사항이다. 따라서 육체의 특정기능의 향상만을 목적으로 하는 운동은 지양되어야 하고 자본주의 체제 스포츠의 우승 지향주의도 재고가 필요하다. 스포츠를 하더라도 그것이 개인의 탁월함을 증명하는 무대로서가 아니라 집단 전체의 우수성을 보여 주는 무대가 되어야지만 신체문화의 의미를 제대로 구현할 수 있는 것이다.[20]

콤소몰 또한 신체문화와 스포츠의 사회주의적 원칙을 강조하는 입장이었다. 1920년 10월 제3차 콤소몰 대회의 결의문은 이러한 입장을 잘 보여 준다. 총군사훈련국의 업무에 대한 원조가 콤소몰 성원의 의무라고 규정하면서 결의문은 신체문화에 대한 다음과 같은 원칙을 표명했다.

청년 세대의 신체문화는 창조적이며 조화로운 인민의 창출을 목표로 하는 공산주의 사회의 전반적 교육의 필요한 요소이다. (…) 그것은 또한 노동과 사회주의 조국의 무장 방어를 위해 젊은이들을 훈련시킨다는 실제 목표에 봉사해야 한다.[21]

총군사훈련국과 콤소몰 모두 이상에서 알 수 있듯이 육체와 정신 어느 한쪽만의 성장을 목표로 한다면 신체문화의 이념은 구현될 수 없으며 개인의 기량만을 바탕으로 우승에 집착하는 운동형태도 지양해야 한다는 점에서 공통점을 갖고 있었다. 국가기구의 이러한 공식적 입장이 그렇지만 소비에트 체제 인민들의 개인적 취향에 얼마나 부합할지는 별개의 문제였다. 예를 들어 개인의 기량에 따라 승패가 갈리는 권투와 같은 경기는 메호노쉰과 콤소몰의 입장을 따른다면 소비에트 러시아에서는 배척되어야 할 경기였다. 그러나 롬(Ромм)이라는 기고자가 기관지에 게재한 다음의 내용을 보면 공식 입장에 대한 반응이 일률적이지 않았음을 짐작하게 한다.

롬은 먼저 권투에 대해 당시 소비에트 러시아에 퍼져 있는 편견을 소개한다. 이에 따르면 권투는 시합과 그 훈련과정이 주로 폐쇄된 실내공간에서 진행되므로 자연과 호흡할 수 있는 운동경기의 혜택을 누리지 못하며 "스포츠로서 충분치 못하다." 사회주의 체제의 스포츠는 축구나 농구와 같이 집단의 협력을 강조하는 형태로 전개되어야 하는데 권투는 개인의 기량에 지나치게 의존한다는 점이 그 이유이다. 또한 권투 경기의 진행과정에서 발생할 수 있는 부상의 위험도 이것을 반대해야 하는 주된 이유 중의 하나이다. 롬은 이러한 편견을 반박한다. 즉 "스포츠의 의미"는 다른 무엇보다도 대중의 의지와 규율을 고양하는 것인데 권투는 이를 위한 좋은 수단이다. 왜냐하면 권투의 규칙은 길들여지지 않은 인간의 투쟁본능을 순화시키며 육체적 한계를 극복하여 상대방을 제압하고 말겠다는 의지를 북돋아 주기 때문이다. 권투가 개인주의적 성향을 발전시키는 부르주아지의 스포츠라는 주장도 재고되어야 한다.[22] 나약한 개인들이 모여 집단을 구성했을 때 그 집단의 힘은 미약하다. 사회의 집단의식과 유리되지 않은 강인한 개인들이 모여 집단을 구성할 때 그 집단은 힘을 발휘할 수 있는데 권투는 바로 그러한 개인을 양성해 낼 수 있는 수단인 것이다. 권투는 결국 사회주의 체제 발전에 기여할 수 있는 스포츠이다.[23]

권투의 규칙이 길들여지지 않는 인간의 투쟁본능을 순화시킨다는 측면에서 그 필요성을 설명한 롬의 방식은 일견 스포츠를 통한 문명화의 과정을 역설한 엘리야스의 논의를 떠올리게 한다. 엘리야스는 유럽 사회에서 스포츠를 통한 여가활동이 하나의 문화행위로 정착할 수 있었던 이유를 "격정적인 감정의 통제를 즐겁고 규제 가능한 형태로 완화"할 수 있었기 때문이라고 설명한다.[24] 즉 다양한 스포츠의 규칙 내에서 인간의 본원적인 감정을 선수와 관중 모두가 발산할 수 있었으며 그러한 과정에서 과도한 폭력성이 순화되는 "문명화"에 스포츠가 기여했다는 것이다. 1930년대부터 글을 발표하기 시작한 엘리야스를 롬이 알았을 리는 만무하지만 여하튼 롬은 스포츠를 원론적인 이데올로기의 시각에서 규정할 필요는 없다는 점을 강조했다. 권투가 자본주의 국가인 영국에서 사랑받는다고 해서 그것을 소비에트 러시아에서 배척할 필요는 없다는 것이다.[25]

신체문화 이념을 다양한 영역에 적용하는 과정에서 원칙적 입장을 강조하는 견해가 우세했지만 이에 대한 이견이 등장한 것도 사실이다. 현실적 상황을 고려할 때 원칙만을 고려한 신체문화의 실현은 어렵다는 인식의 반영이었다. 또한 그것은 신체문화의 이념을 실현하는 데 앞장서야 할 노동자들의 대표기구인 노동조합이 1920년대 신체문화 중앙조직과는 다른 입장을 가지고 있었기 때문에 벌어진 상황이기도 했다.

2. 네프기 신체문화 이념과 스포츠의 공존

국내적 요인

신체문화의 이념을 충실히 구현하기 위해서 먼저 고려해야 할 조직은 노동조합이었다. 볼셰비키 정부의 출범 이후 노동조합에 대한 당의 통제가 강화되어 가는 추세였기 때문에 노동자들의 대표기구로서 노동조합의 위상은 흔들렸다. 노동조합이 당의 종속기구로 변질하여 노동자들의 이해를 진정으로 대변하지 않는다는 비판도 제기되는 실정이었다. 생산성 증대를 이유로 노동조합이 경영진의 편에 서서 노동자들의 이해에 대립하는 성과급 도입에 찬성하고 생산 기준량을 확대하는 데 협조하는 상황이 노동조합에 대한 비판의 근거였다.[26] 노동조합은 그렇지만 외형상으로 가장 많은 노동자들을 거느리고 있는 조직이었다. 사회주의 체제 출범 직후 노동조합에 대한 기대가 실망감으로 바뀌었던 1922년을 제외하고 노동조합에 가입하는 노동자들의 수는 내내 증가하였다. 네프기 최고의 조합원을 보유하였던 1926년에 그 숫자는 통계 수치의 신빙성을 감안할 때 최소 880만 명, 최대 930만 명이었다.[27] 외형적으로 많은 수의 노동자를 거느리고 있는 노동조합의 긴밀한 협조를 얻어낸다면 신체문화의 실현이 전혀 불가능한 일도 아니었다. 노동조합의 상대적 중요성은 신체문화에 관심을 가지고 있던 또 다른 조직, 즉 콤소몰의 회원 수를 감안할 때 더욱 두드러진다. 1921년 9월 콤소몰의 회원 수는 40만 명이었다. 노동조합의 회원 수가 가장 많았던 1926년을 비교할 때 콤소몰의 회원 수는 3월을 기준으로 175만 명 정도였다.[28] 신체문화 확산을 위해 노동조합 중앙조직과의 협력이 중요한 이유였다.

광범위한 조직 기반을 노동조합이 가지고 있긴 했지만 이것이 노동대중의 열광적 지지를 의미하지는 않았다. 네프기 기간 내내 사회주의 체제의 안정을 위해 필요한 생산력 증진의 과제를 앞에 두고 노동조합과 노동대중, 국가권력 사이에서는 지속적 긴장이 존재했다. 생산력 증진이라는 압력에 직면해서 노동조합은 국가권력과 경영진의 요구에 따라 노동자들의 임금 삭감, 작업시간 연장과 같은 조처를 수용하면서 국가기구로의 위상 변화를 수용할 필요도 있었다. 노동계급의 집단적 이해를 이와 같이 국가권력의 필요에 종속시키는 순간 조직으로서의 노동조합의 위상은 하락했다.[29]

생산력 증진이라는 국가적 과제에 직면하여 노동자들의 진정한 대변자로서의 역할에 노동조합이 한계를 드러냈지만 노동자들의 여가생활 방식과 관련해서는 그들의 정서에 부합하려고 노력했다. 노동조합 지도부는 노동대중의 여가활동을 조직하는 주체는 노동자들과 멀리 떨어져 있는 당 지도부가 아니라 그들과 같이 숨 쉬는 노동조합이라고 생각했다. 여가활동을 위로부터 통제하려는 당의 일반 지침은 노동조합에 의해 거부되는 경우가 빈번했다. 여가활동의 통제를 둘러싼 이와 같은 갈등은 신체문화와 관련한 당 공식기관지의 다음과 같은 지적에서도 드러난다. 이에 따르면 "당 중앙위원회의 지시를 많은 노동조합이 제대로 따르지 않고 있다, 노조의 일부 지도자들은 신체문화의 교육적 가치를 과소평가하여 그것을 단지 건강 증진을 위한 수단으로서만 간주하고 있다. 운동 동아리들은 노조의 동아리 위원회의 관리 아래 있고 연극, 음악 등의 다른 동아리 활동과 같은 정도로 취급되고 있다."[30]

노동조합은 당의 공식입장이 우려하고 있는 것처럼 신체문화의 이념적 가치를 망각하고 있지는 않았다. 노동조합 역시 신체문화가 정치적 과제와 독립된 것이 아니며 소비에트의 문화·교육의 한 구성부분이라는 점을 강조했다. 그렇지만 이것이 노동대중의 자발적 참여를 배제한 채 위로부터의 강제적 지침을 강요하는 방향으로 시행될 수는 없다. 신체문화에 대한 총군사훈련국의 원론적 입장은 노동자들과의 관계에서 부정적 결과를 초래했을 뿐이다. 즉 노동자들의 실상을 고려하지 않은 위로부터의 강요는 신체문화에 대한 노동자들의 저조한 참여율을 결과했을 뿐이다. 일례로 23세와 30세의 남녀 노동자들 가운데서 신체문화의 구현을 목표로 하는 클럽활동의 참여비율은 2~2.5%에 불과하며 30세 이상의 노동자들 가운데서 그 비율은 더 줄어든다.[31] 이러한 현상은 스포츠에 대한 다수 노동자들의 생각을 잘못 반영했기 때문이다.

노동조합은 신체문화를 적용함에 있어 유연한 태도의 필요성을 강조했다. 신체문화의 포괄적 원칙만을 강조할 때 노동대중의 광범위한 참여를 유도할 수 없기 때문이다. 이미 혁명 전인 1901년부터 시대항 축구경기를 보아 왔던 노동자들은 1907년에 있었던 페테르부르그와 모스크바 간의 연례 축구시합에 열광했다.[32] 이렇듯 팀 간의 승패를 가리는 문화에 익숙해 있던 노동자들이 생산성 향상에 도움을 주기 위해 고안된 노동체조라든가 체력단련을 위한 신체문화 프로그램에 흥미를 갖기는 어려웠다. 작업장별로 승패를 가리는 시합에 다수의 노동자들은 더 끌렸다. 공장별 시합에서 승리를 획득하려면 신체문화의 원칙에서 강조하는 다수 노동대중의 참여보다는 운동기술이 뛰어난 소수의 역할을 더 중시해야 했다. 노동자들의 이러한 성향을 무시한 채 신체문화의 정신만을 강조한다면 노동조합과 노동대중과의 관계는 더 멀어질 수 있었다.

다수 노동자들의 관계 증진이라는 측면에서 노동조합이 스포츠의 경쟁문화를 용인한다 하더라도 당 지도부는 이를 전면적으로 수용할 수만은 없었다. 팀들 간의 경쟁에서 승리가 강조되면 될수록 관중들의 반응은 격해졌다. 승리를 위해 싸우는 선수들을 응원하는 관중들 사이에서 경기를 통해 동지애를 확인한다는 것은 공염불에 불과했다. 자신들의 응원하는 팀이 아닌 상대 팀에 속해 있는 선수들에 대한 욕설도 심심치 않게 등장했다. 관중의 적대감이 이 정도인 상황에서 선수 당사자들 사이의 친선 도모를 기대하기란 더욱 어려웠다. 승리를 위해서라면 선수로서의 본분에서 벗어나는 행동도 마다하지 않았다. 축구 경기에서 심판의 판정을 인정치 않고 심판에게 항의하는 선수들도 있었다. 승리를 위해 기량이 뛰어난 선수를 영입하려는 팀도 생겨나면서 이렇게 자주 소속팀을 옮겨 다니는 선수는 "스포츠계의 객원배우"라고 불리게 되었다.[33] 이러한 선수들은 이적의 조건으로 "편한 좌석이 완비된 차, 타 선수와 구별되는 침상용 시트, 흡연보조금, 높은 급료, 여기에 더하여 원정경기 시 추가수당"까지 요구했다. 이런 선수들에 대한 재정 부담을 충당하기 위해 경기 입장료를 인상해야 하는 경우까지 있었다.[34] 신체문화의 기본 정신을 배반하는 이러한 현상을 당 지도부는 그대로 용인할 수만은 없었다. 자본주의 체제의 타락한 스포츠문화의 재현이라고 할 만한 우려스러운 상황이었기 때문이다.

이데올로기를 내세워 자본주의 국가의 스포츠 문화를 거부해야 한다는 주장도 있었지만 노동자와 농민이 신체 발달상황을 고려할 때 그것을 소비에트 체제가 수용해서는 안 된다는 주장도 있었다. 의사이면서 국가의 보건정책에 관여하는 '보건론자'로 불리던 이들 그룹은 스포츠를 포함한 신체문화의 정책방향을 제시했다. 이들은 경쟁을 전제로 한 스포츠가 러시아 인민을 정신적으로나 육체적으로 해롭게 할 뿐이라고 생각했다. "그것은 전체 인민의 협동정신보다 개인의 기량을 중시하기 때문에 단체정신을 경시한다. 또한 승리만을 좇다가 육체의 부상을 입을 가능성이 높다. 권투나 레슬링에서 이러한 부상의 가능성이 높기 때문에 소비에트의 인민은 그것들보다는 몸을 유연하게 만드는 리듬체조라든가 달리기, 높이뛰기 운동에 집중해야 한다"[35]고 그들은 주장했다. 물론 보건론자들 사이에서도 이견이 없지는 않았다. 신체문화 최고위원회 의장이면서 보건 인민위원부를 이끌고 있었던 쉐마쉬코가 그런 인물로, 그는 소비에트 체제의 체육이 예방적 기능만을 강조한다면 대중의 호응을 얻을 수 없다고 생각했다. 그는 "인민 대중에게 온갖 종류의 보건체조만을 강조한다면 신체문화는 결코 광범위한 호응을 얻지 못할 것이다"라고 하면서 "경쟁적 스포츠는 그들을 신체문화로 이끌 수 있는 등용문"이라고 지적했다. 스포츠는 신체기관을 발달시켜 줄 뿐만 아니라 이기고자 하는 목표를 추구하는 과정에서 그들의 의지력도 길러 줄 수 있는 것이었다.[36]

이에 반해 모스크바 국립 신체문화 연구소장인 지그문트(A. Зигмунд)는 승패를 가르는 스포츠에 대해 명확한 반대 입장을 표명했다. 소비에트 체제에서 이겨야 할 대상을 가까이서 접하는 스포츠, 즉 권투, 레슬링, 축구, 펜싱 등은 금지 스포츠 종목이다. 허용 가능한 스포츠는 상대방과의 싸움을 전제로 하지 않고 자신 및 시간과의 싸움을 전제로 하는 트랙경기, 수영, 조정 등이다. 또한 운동을 돈을 벌기 위한 수단이라든가 기록 갱신만을 최고의 목표로 간주하는 태도도 버려야 한다. 운동은 전인적 인간을 완성하기 위한 전반적 교육과정의 한 부분이다. 따라서 중등 교육과정에서 전체의 교육목표와 분리된 별도의 체육교사를 두는 것이야말로 소비에트 교육에 대한 몰이해를 드러내는 징후에 불과하다.[37]

신체문화와 그것의 한 구성요소였던 스포츠와 관련하여 이와 같이 1920년대의 소비에트 체제에서 다양한 입장들이 개진되었다. 네프 시기의 특성, 즉 사회주의의 원칙을 포기할 수 없다는 입장과 현실의 요구를 수용해야 한다는 입장 사이의 불안정한 균형이 유지되고 있었기 때문에 급격한 정책의 변화를 시도할 수는 없었다. 이러한 국내 상황과 더불어 정책 확정을 어렵게 한 또 하나의 문제는 대외관계의 측면에서 스포츠의 활용 여부였다. 스포츠는 사회주의 이념을 지향하는 외부의 노동계급을 연결할 수 있는 수단일 수도 있었다. 이러한 가능성을 염두에 둔다면 신체문화의 이념에 배치한다고 스포츠를 무조건 배격할 수는 없었다. 계급의 연대에 기여하는 스포츠 제전을 구상한다고 할 때 스포츠는 신체문화의 이념이 우세했던 시대에서도 배척할 수만은 없었다.

국외적 요인

혁명 이후 최초 10년간 볼셰비키 정권의 대외정책에서 '프롤레타리아 국제주의'는 중요한 원칙 중의 하나였다. 레닌과 더불어 볼셰비키 1세대의 핵심 멤버였던 트로츠키는 '연속혁명론'에 입각하여 사회주의 체제 러시아의 안정은 세계 전역으로 확대되는 사회주의 혁명의 추구 없이는 불가능하다고 주장했다. 적대적인 국가들에 둘러싸인 고립무원의 상태를 벗어나기 위해서 소비에트 정권은 이념을 같이하는 형제국가들을 만들어 내기 위한 노력을 게을리할 수 없는 것이었다. 노동계급의 국제적 연대는 이런 맥락에서 소비에트 정권이 포기할 수 없는 전략이었다.[38]

1919년 코민테른 1차 대회는 「전 세계 노동자들에게」라는 문건을 통해 소비에트 체제의 수호를 위한 단결을 호소하였지만 선언적 이상의 의미를 갖지는 못했다.[39] 선언적 차원을 넘어 노동자들의 단결을 구체화할 만한 방법을 모색해야 했다. 더구나 1919년 리프크네히트와 룩셈부르크 주도의 독일 공산당 혁명 실패는 서구에서 체제변혁의 가능성이 기대보다 높지 않다는 것을 증명하는 듯 보였다. 막연한 정치적 구호보다 다수의 노동자들을 결집할 수 있는 구체적 수단이 필요했다. 노동자들이 사회주의 체제의 등장 이전부터 즐기고 있던 여가형태, 특히 스포츠와 같은 여가활동을 활용하여 노동자들의 연대감을 강화시키는 전략이 직접적 혁명투쟁의 전략보다 그들을 혁명의 장기적 전망에서 이탈하지 않게 하는 효과적 수단이라고 강조되었다. 코민테른 3차 대회의 슬로건 "민중 속으로"는 이러한 의지의 표현이었다.[40] 혁명 투쟁의 전위로 노동계급을 인도하는 대신 국제 스포츠 제전을 통한 노동계급의 연대 달성이 현실적 유용성을 갖는 전략으로 간주되었다.

노동계급의 국제 스포츠 제전을 위한 시도가 소련이 주도하는 코민테른으로부터 최초로 나오지는 않았다. 1900년경부터 독일, 스위스, 영국, 벨기에 등 유럽 국가들 내부에는 노동자들의 스포츠 조직이 존재하고 있었다. 이들 스포츠 조직은 빈번하지는 않았지만 제한된 범위 내에서 교류를 유지해 왔다. 1913년에 벨기에 겐트(Ghent)에 모인 조직의 대표자들은 노동자들이 연대를 지속적으로 강화하기 위한 노동자 국제스포츠 연맹의 창설에 공감했다. 이러한 그들의 의지는 1920년 스위스 루체른에서 출범한 루체른스포츠인터내셔날(Lucherne Sport International, 이하 LSI)로 구체화되었다.

LSI를 명실상부한 노동자들의 국제 스포츠 조직으로 발전시키기 위해 우선적으로 필요한 것은 회원국의 수를 늘리는 것이었다. 사회민주주의 노선에 강하고 공감하였던 LSI의 지도부는 노동계급의 스포츠 조직이 체제타도를 위한 투쟁전략에 집중한다면 다수 노동자들의 지지를 받을 수 없다고 생각했다. 스포츠는 이미 노동자들의 여가와 일상에 깊숙이 개입되어 있는 문화적 양상이다. 노동계급의 국제조직을 전투적 성향의 단체로 몰고 가면서 그들 사이의 분열을 초래하는 것보다 더 중요한 것은 노동자들의 단결을 유지하는 수단으로 스포츠를 활용하는 것이다. 노동자들의 국제적 형제애를 강조하는 이러한 입장을 독일 노동자 스포츠 운동의 이데올로그였던 프리츠 빌둥(Fritz Wildung)은 1922년 LSI의 3차대회에서 다음과 같이 표현했다.

스포츠와 신체단련을 위한 우리의 국제조직은 조직의 성원들을 함께 행동하도록 한다는 점에서 정치 분야와 노동조합의 국제주의자와는 다르다. (…) 우리의 스포츠 행사에서 우리는 서로서로를 대면할 수밖에 없으며 그 어느 누구도 적이 아니라 모든 인간이 형제라는 것을 깨달아야 한다. (…) 우리는 자본주의에 의해 퍼져 있는 전 세계적인 커다란 기만이 결국 파괴되고 인민들이 분열되어 있다기 보다 훨씬 더 단결되어 있다는 점을 가장 강력하게 믿는다.[41]

빌둥이 자본주의 체제에 대한 거부감을 은연중에 보이고 있기는 하지만 여기서 그가 강조하고 싶은 바는 스포츠는 적대감보다 형제애를 진작시키는 수단이라는 점이었다. 그러한 형제애를 조성하기 위해 LSI는 노동자들의 스포츠클럽 운동을 전개할 수 있는 자유, 스포츠를 전파할 수 있는 자유, 노동에서 벗어날 수 있는 충분한 자유시간의 확보 등을 위해 노력해야 한다. 이러한 전제조건 등을 확보하기 위해서는 경우에 따라 자본주의 체제 정부를 타도하기 위한 무조건적인 투쟁만이 아니라 현 체제 정부와의 협력도 필요하다는 것이 LSI의 입장이었다.[42]

이미 언급했듯이 코민테른이 스포츠를 통한 노동계급의 연대 달성의 필요성을 인정하고 있었지만 LSI가 코민테른의 통제 아래에 있는 조직은 아니었다. 노동자들의 스포츠를 통한 여가활동을 포용하면서 이를 코민테른과 연계하여 국제 혁명운동의 확산으로 발전시킬 수 있는 조직이 필요했다. 1921년 모스크바에서 출범한 적색스포츠인 터내셔날(Red Sports International, 이하 RSI)은 이러한 의지의 표현이었 다. RSI는 "전 세계의 혁명적 프롤레타리아트를 아우르는 스포츠 및 운동조직의 창설과 합병, 그리고 그러한 조직들을 프롤레타리아 계급투쟁을 위한 중앙 조직으로 전환시키는 것"을 그 사명으로 선언했 다.[43] 선언문에서 드러나듯이 RSI는 스포츠를 국제 혁명운동의 확산을 위한 수단임을 명백히 했다. 스포츠를 적군의 방어능력 향상에 기여하는 수단으로 활용하려는 총군사훈련국의 의장 포드보이스키가 RSI 창설을 주도한 것으로 보더라도 RSI는 노동자들의 여가활동을 정치적 목적에 활용하려는 의지가 강했다. 프랑스, 스웨덴, 이탈리아, 핀란드 등 8개국이 RSI의 출범에 관여하면서 노동계급의 여가활동을 코민테른의 통제 아래 두려고 했다. 어떤 의미에서 RSI는 출범 초기에 코민테른의 목적 달성을 위한 보조적 기구에 지나지 않았다. 코민테른의 산하 조직 중의 하나인 공산청년인터내셔날(Young Communist International)은 코민테른 내에서 RSI의 위상 강화의 필요성을 역설했 다. 1922년 공산청년인터내셔날의 3차 대회가 스포츠를 청년 노동자들의 핵심 여가활동이라고 선언한 것도 이런 맥락에서였다. 결국 1924년 코민테른 5차 대회는 RSI를 국제 공산주의운동의 핵심 분과로 공식적으로 선언했다.[44]

RSI는 이렇듯 스포츠를 공산주의 국제적 확산을 목표로 하는 기구였다. RSI가 코민테른의 산하 기구의 지위를 인정받았기 때문에 그런 RSI의 방향성은 코민테른을 주도하는 소련의 입장과 크게 어긋나지 않으리라고 기대할 수 있었다. 그렇지만 RSI의 입장이 소련의 대외 스포츠 정책 영역에서 그대로 관철되기는 어려웠다. 그 이유는 소련의 스포츠 정책 수립에 포괄적으로 관여하는 기구, 즉 신체문화 최고위원회가 RSI의 입장에 부합하는 정책만을 내놓지 않았기 때문이다. 신체문화 최고위원회는 서방 진영의 체육부와 유사하지만 그것의 완전한 대응물은 아니었다. 왜냐하면 위원회는 당 중앙집행위원회의 하부기구이면서 자신의 권한과 영향력을 독자적으로 행사할 수 있는 기구가 아니었기 때문이다. 스포츠 정책의 결정과 관련하여 의견을 낼 수 있었던 콤소몰, 노동조합, 보건 인민위원부 및 교육 인민위원부 등과 최고위원회는 의견 조율의 과정을 거쳐야 했다.[45] 최고위원회가 명목상으로 RSI의 소련 지역 분과였기 때문에 체육정책에 관여하는 국내 여러 기구의 입장을 무시할 수 없었다는 의미이다. 이러한 상황은 RSI가 스포츠라는 여가활동을 공산주의의 국제적 확산을 위해 이용한다는 출범목표를 고려한다면 예견할 수 있는 현상이었다. 즉 스포츠와 같은 여가활동에 공산주의의 이념에 동조하는 노동자들만이 참여한다고 생각할 수는 없었다. RSI를 실질적으로 이끌고 있으면서 국제 공산주의 운동의 맹주의 지위를 소련이 차지하고 있지만 소비에트 체제 내 노동자들의 선호를 무시할 수도 없는 것이었다. 더불어 노동계급의 국제적 연대 달성이라는 장기적 목표보다는 당장의 효과를 발휘할 수 있는 스포츠 정책을 지도부가 선호하였던 상황도 원칙에 충실한 정책 유지를 어렵게 만드는 요인이었다.

RSI의 이념적 지향에서 자본주의 국가의 스포츠 팀과의 친선을 위한 교류는 바람직한 활동의 모습이 아니었다. 그러나 최고위원회는 이와는 다른 입장을 가지고 있었다. 소비에트의 선수들은 자본주의 국가의 강한 팀과 시합을 함으로써 배울 수 있으며 그러한 시합에서의 승리는 사회주의 러시아의 위상을 국제무대에서 더욱 강화시킬 수 있다는 논리였다. 1920년대 중반부터 권력 장악을 위한 책략을 드러내기 시작하였던 스탈린도 이러한 경기의 필요성을 다음과 같이 언급하였다. "우리는 비록 성과를 내고 있지는 못하지만 부르주아지와 경제적으로, 그리고 정치적으로 경쟁하고 있다. 스포츠에서 그들과 경쟁하지 않을 이유가 어디에 있단 말인가?"[46] 이렇듯 소비에트 체제 내부에서는 원론적 노동계급의 국제주의만으로 스포츠 정책을 수립할 수 없다는 인식이 존재했다.

RSI의 스포츠를 통한 노동계급의 연대가 어려웠던 또 하나의 요인을 스탈린의 일국사회주의론에서도 찾을 수 있다. 1920년대 전반기를 지나는 동안 전 세계의 사회주의 혁명의 가능성은 요원해 보였다. 이러한 상황을 직시한 스탈린은 공산주의 혁명이 다른 나라에서 일어나기를 기대하지 말고 먼저 사회주의를 러시아에서 확립시키기 위해 노력하지고 제안했다.[47] 주체적인 사회주의 발전전략을 실행 가능한 것으로 만들기 위해서는 러시아의 국가적 역량을 대외적으로 입증함과 동시에 러시아 공산당에 대한 인민의 충성심을 강화시킬 필요가 있었다. 국제 스포츠 경기에서 소련의 승리는 이러한 목적 달성에 기여할 수 있는 것이었다.

RSI는 자본주의 국가와의 스포츠 교류와 관련하여 현실적 상황을 고려한 타협책을 마련했다. RSI의 집행위원회는 국제 스포츠 교류문제에 대해 장기적인 관점에서 대략적인 원칙을 포함한 다음과 같은 결의문을 채택했다. 결의문은 "강력한 노동자 스포츠 조직을 가지고 있는 나라들에서 부르주아지 스포츠 단체들과의 경기는 노동자 운동선수들의 이해와 믿음을 고려해 피해야 한다"고 규정한다. 그러나 결의문은 동시에 소련의 경우 예외가 허용될 수 있다고 지적한다. 왜냐하면 최상의 경기 결과는 "최초 노동자 국가의 위상을 높일 수 있고 그 결과 자본주의 국가들 내에서 프롤레타리아 스포츠를 강화"할 수 있기 때문이다.[48] 이것은 자본주의 국가들을 경기장에서 제압함으로써 사회주의 러시아의 국제적 위상을 높일 수 있으며 바로 그렇기 때문에 자본주의 국가와의 스포츠 교류를 인정해야 한다는 의미였다. 따라서 한편으로는 사회주의 체제가 수립되지 못한 국가들 내에서 노동자 계급만의 스포츠를 원론적으로 강조하면서 다른 한편으로 사회주의의 우월성을 입증하기 위해 소련은 국제 스포츠 무대에서 두각을 나타내도록 노력해야 한다는 타협책이었다.

RSI의 타협적 태도로 소련의 운동선수들은 유럽 자본주의 국가들과의 스포츠 교류의 기회를 더 많이 가질 수도 있었다. 그러나 그 가능성은 그렇게 높지 않았다. 소비에트 정부의 지도적 인물들은 자본주의 국가의 스포츠 문화가 소비에트 인민에게 여전히 부정적 영향을 미칠 수 있다고 보았다. 저명한 소설가 막심 고리키가 1928년 당기관지 『프라브다』에 표명한 견해를 보자. "부르주아 스포츠는 분명한 하나의 목적이 있다. 인간을 원래 상태보다 어리석게 만드는 것. (…) 부르주아 국가에서 스포츠는 제국주의 전쟁을 위한 병졸들을 생산하기 위해 이용된다."[49] 스포츠 정책 수립에 깊이 관여하고 있는 기관 중의 하나인 교육 인민위원부의 수장 루나차르스키 또한 자본주의 사회의 경쟁적 스포츠 문화에 대해 비판적이었다. 그는 개인주의, 기록 지상주의, 경쟁적 원리 등을 내용으로 하는 자본주의 스포츠 문화를 억제해야 될 악으로 규정했다. 그렇지만 그는 "자본주의 스포츠 문화의 한 형태"인 권투를 예로 들면서 경쟁적 스포츠 문화에 대해 유연한 입장이 필요하다고 지적하기도 했다. 그는 권투가 다른 종류의 스포츠와 달리 인내력을 증진시키고 두려움을 약화시키는 효과가 있다고 봤다. 일대일 경기라는 권투의 특성 때문에 일부에서는 권투가 적개심을 야기한다며 부정적인 면을 강조하지만 그러한 적개심이 발생하더라도 그것은 엄격한 경기 규칙 내에서 통제되므로 오히려 긍정적으로 작용한다고 본 것이다.[50] 스포츠를 통해 인간 심성이 긍정적 방향으로 유도될 수도 있으므로 경직된 태도를 버릴 필요가 있음을 강조한 것이었다. 이와 같이 지도부 내에서 스포츠를 바라보는 시각차는 여전히 남아 있었고 이러한 상황은 대외 스포츠 정책 수립에 있어서도 확고한 방향설정을 어렵게 만들었다.

3장

이미지로 본 스탈린 체제의 신체문화와 스포츠

☭

레닌 사후 스탈린이 소비에트 체제 최고권력자로서의 위치를 확보해 나가는 과정은 순탄치만은 않았다. 스탈린이 철저히 은폐하려고 했던 레닌의 유언장에 따르면 스탈린은 트로츠키, 부하린, 지노비예프 등의 볼셰비키 1세대 가운데서 우선적으로 고려되었던 레닌의 후계자는 아니었다.[1] 권력 장악을 위해 스탈린은 혁명을 성취했던 1세대 지도자들의 정치적 과오를 레닌 사후 집중적으로 부각했다. 트로츠키의 연속혁명론에 대한 비판, 네프 정책의 강력한 지지자인 부하린을 곡물조달 위기를 초래한 장본인으로 비판한 행위는 이러한 의도에서 등장했다. 고도의 정치적 술수와 자신을 지지하는 당원들을 충원하는 정책을 통해 스탈린은 1928년 마침내 권력을 장악했다.[2]

스탈린의 권력 장악은 스포츠 정책 분야에서 변화를 초래했다. 이미 지적한 바 있듯이 1920년대의 스포츠 정책은 이념적 원칙을 강조하는 원론적 입장과 스포츠에 대한 인민 대중의 선호를 포용하는 입장 간의 긴장관계 위에 서 있었다. 1930년대에 들어와 스포츠 정책은 이념보다는 현실을 강조하는 경향이 우세했다. 이념성을 드러내는 신체문화의 내용을 스포츠 정책이 포함시키려고 하기보다는 우수한 기량의 선수들 경기를 관람하는 관중문화, 경기의 승패를 좌우하는 데 결정적으로 기여하는 '스포츠 영웅'을 부각시키는 정책을 채택하였다는 의미이다. 그렇다고 해서 1930년대 소련의 스포츠 문화를 자본주의 체제의 그것과 동일시할 수는 없다. 소련은 스포츠에서 신체문화의 개념을 버리고 개인의 여가 영역으로 간주하여 국가권력의 개입을 포기할 수는 없었다. 스포츠의 영역확대를 허용은 하되 이러한 영역확대를 신체문화의 중요한 목표 중의 하나였던 새로운 인간형 창출과 어떻게 연결시킬지를 여전히 고민하였던 것이다.

1930년대 발간된 공식매체를 통해 생산된 이미지를 보면 이러한 고민이 분명히 드러난다. 그러한 공식매체에서는 스포츠 관련 이미지를 어렵지 않게 발견할 수 있다. 그러나 다른 한편으로 신체문화 관련 이미지도 곳곳에서 발견된다. 스포츠를 보다 우호적으로 바라보는 분위기가 형성되었다 하더라도 신체문화의 이념을 완전히 포기할 수 없다는 의지의 반영이라고 할 수 있다. 이번 장에서는 이렇게 공식적 차원에서도 충돌할 수 있는 이미지가 공존하였다는 사실이 의미하는 바를 상세히 설명하려고 한다. 이를 위해 스탈린 정권이 출범하기 직전 스포츠에 대한 인식변화의 구체적 내용이 무엇인지를 먼저 고찰해보자.

1. 스포츠에 대한 인식 변화

스탈린의 집권이 가시화된 1928년에 이르러서도 스포츠 정책 부문에 있어서 급격한 전환은 즉각적으로 감지되지 않았다. 당 중앙집행위원회 산하의 신체문화 최고협의회가 발행하는 기관지를 통해 당시의 상황을 추론해 볼 수 있다. "문화혁명과 신체문화"라는 시론에서 라젠코(Д. Разенко)는 문화혁명의 이념적 방향에 동조하는 스포츠 정책을 제시했다. 그는 신체문화의 구현을 위해 노력하고 있는 작업장

내의 동아리와 각종 조직들은 소비에트 체제의 생산성 증대라는 당면 과제를 완성하는 데 기여하지 못하고 있다고 주장했다. 이유는 이러했다. 이들 조직들은 자기들 사이에서의 경기를 통해 승리를 위한 욕구를 자극하고 그것을 위해 성원들이 노력하는 과정에서 프롤레타리아트의 역량도 강화될 것이라는 주장을 하고 있지만 이는 잘못된 것이다. 왜냐하면 개별 조직들 사이의 경쟁이 집단의 이익을 위해서라기보다는 사적인 이익을 얻기 위한 수단으로 전락했기 때문이다. 승리의 대가로 더 많은 임금을 요구한다거나 승리 혹은 패배를 평계로 연회를 벌여 취하도록 즐기는 것은 모두 개인적인 이해를 국가 혹은 사회의 집단적인 이해보다 중시하기 때문에 등장한 현상이다. 신체문화를 사회주의 건설을 위한 새로운 인간형 양성의 수단으로 지속하기 위해서 이러한 부정적 양태는 하루속히 일소시켜야 한다.[3]

1928년 5월 17일 암스테르담 개최 예정인 9회 올림픽 대회에 소련이 참가해서는 안 된다는 주장도 같은 맥락에서 등장했다. 자본주의 국가의 엄청난 물량 지원을 받는 선수들만의 잔치는 노동자들의 집단적 계급의식 형성에 아무런 도움도 주지 못하며 스포츠가 광범위한 노동자들의 참여를 가능케 해야 한다는 사회주의 국가의 원칙에도 부합하지 않는다는 것이었다.[4]

문화혁명을 앞두고 있던 당시의 시대 분위기를 고려할 때 개인의 기량을 강조하는 자본주의 사회의 스포츠 문화에 대한 반대의 목소리는 예상할 수 있는 부분이었다. 그렇지만 이러한 원칙론적 입장에 찬성의 목소리만 있지는 않았다. 원칙론적 입장의 글을 게재했던 위의 잡지와 호수만을 달리하는 동일 잡지에서 이에 대한 비판적 견해의 글도 발견할 수 있다. 레닌그라드 신체문화 관련 조직에서 일을 하고 있다는 익명의 필자는 유관 분야 종사자들 사이의 토론을 유도하기 위해 글을 게재한다고 말했다. 필자는 우승자에 대한 잘못된 선입견을 먼저 지적하고 있다. 문제로 삼아야 할 사항은 '순수한 우승자'가 아니라 우승을 빌미로 자기 일터에서 보상을 요구하는 우승자이다. 그러한 소수의 선수들 때문에 경기의 승자들이 받아야 할 찬사를 전체에 대한 욕설로 바꾸는 것은 부당한 일이다. 소련은 뛰어난 기록으로 자신의 기량을 세계에 과시한 경기의 승자들을 필요로 한다. 그렇기 때문에 그들을 집단적으로 매도하는 행위는 중지되어야 한다. "그런 챔피언들의 매매를 통해" 노동대중 전체의 이익과 무관한 사적 이익을 추구하려는 조직들과의 싸움이 현 시점에서 강조되어야 한다.[5]

네프의 종결 첫해인 1928년 초반에는 이와 같이 경쟁적 스포츠 문화의 확산을 열렬히 옹호하지 않으면서도 스포츠의 우승자를 부정적으로 바라볼 필요는 없다는 견해가 제시되었다. 1928년 10월 1일부터 평화로운 사회주의 건설 전략을 부정하고 마치 군사작전과도 흡사한 1차 경제개발 계획의 급속한 산업화 전략 채택과 더불어 경쟁적 스포츠 문화는 보다 적극적으로 옹호되기 시작했다.

산업화 전략은 궁극적으로 소비에트 체제의 생산력을 빠른 시일 내에 자본주의 체제의 그것을 능가하도록 만들자는 지침이었다. 생산력 증진을 위해 노동자들 사이의 '사회주의적 경쟁'은 필요하다는 주장이 제기되었다. 사회주의적 경쟁은 보다 많은 생산물을 만들어내기 위한 경쟁의식을 개별 공장들 사이에 조성하여 그 결과에 따라 임금까지도 차등으로 지급하겠다는 내용을 가지고 있었다. 노동자들 사이의 성과급 제도는 경제개발 5개년 계획의 도입 이후 눈에 띄게 확산되는 추세였다. 1930년 무렵에 성과급 임금을 받는 노동자의 비율은 전체의 29%에 불과했지만 1932년에 오면서 그 비율은 68%로 증가했다.[6]

노동계급의 평등에 위배되는 이러한 현상에 대해 노동자들 사이에 불만의 목소리도 있었지만 임금의 차등을 옹호하는 목소리도 있었다. 무분별한 임금의 평등은 생산현장에서 나태를 불러일으킬 수 있다는 주장이었다. 모스크바 블라지미르 일리치 공장의 미로노프(Миронов)라는 노동자가『프라브다』에 보낸 편지는 이러한 우려를 잘 드러내는 사례였다. 미로노프는 노동자들의 에너지를 생산현장에서 극대화하기 위해서는 그들의 노동규율 준수 여부에 따라 인센티브를 주어야 한다고 주장했다. 예를 들어 1년 내내 무단결근을 한 번도 하지 않은 노동자와 공장의 생산원료를 효율적으로 사용하여 절감한 노동자들에게 다른 노동자들보다 높은 임금 지불은 당연하다는 것이었다.[7]

미로노프의 주장은 어떤 의미에서 사회주의 체제가 출범한 이후 교육을 통해 성장한 '신엘리트층'의 입장과 다르지 않았다. 이들은 구체제 아래에서 교육을 받고 소비에트 국가기구 내에 편입되었던 세대와는 달리 사회주의 체제의 이념에 대해 보다 확고한 신념을 가지고 체제 발전에 기여할 의지를 가지고 있었던 '붉은 전문가' 집단이었다. 이들 붉은 전문가 집단의 체제 기여 의지를 지속적으로 만들기 위해서 스탈린 정권은 사회주의 체제 인민의 '균등 임금제도'를 지속하기보다는 이들에 대한 금전적 또는 물질적 우대정책을 펼칠 필요가 있었다.[8]

생산력 증진에 기여한 노동자들에게 차별적 우대정책을 실시하듯이 스포츠에서 체제의 우월성을 증명한 선수들에게도 남다른 대우는 필요한 것이었다. 스포츠 정책의 방향에서도 변화가 감지되었다. 장기간을 요구하는 인간형 창출에 중점을 둘 것이 아니라 단기간에 체제의 우월성을 과시할 수 있는 방향으로 스포츠 정책이 전화되어야 한다는 요구가 등장했다. 1933년부터 언론매체는 자본주의 국가의 선수들을 능가해야 한다는 주장을 게시하기 시작했고 다음 해에 와서는 "스포츠에서 부르주아 기록을 따라잡고 이를 추월하자"라는 구호를 공식적으로 채택했다. 소련의 스포츠는 세계무대에서 최고의 지위를 차지해야 한다는 것이었다.[9]

1934년 『신체문화와 스포츠』의 한 기사는 자본주의 사회 운동선수가 겪었던 일화를 소개하며 소련 운동선수를 이와 같은 처지에 떨어지게 해서는 안 된다는 점을 지적했다. 프랑스의 400m 달리기 챔피언이었던 무린(Мурин)과의 인터뷰에서는 자본주의 체제가 재능 있는 운동선수에 대한 지속적 지원을 하고 있지 못하다고 지적하며 이렇게 이야기한다. 무린이 자신의 기량을 계속 발전시키기 위해서는 경기가 없을 때도 훈련을 거듭해야 하지만 그는 생계를 위한 일자리를 찾는 데 대부분의 시간을 보낸다. 그는 약간의 과장이 있긴 하지만 일자리를 빨리 찾지 못한다면 "굶어 죽을 수도" 있다. 결론적으로 이 기사는 무린 같은 챔피언조차 생계를 걱정하며 자신의 기량을 향상시킬 수 있는 여유를 갖지 못하므로, 다른 운동선수들의 상황은 더욱 열악할 것이라고 지적한다.[10]

소련에서 이러한 현상을 배제하기 위해서는 챔피언이 될 정도로 뛰어난 기량을 가지고 있는 선수들에게 국가는 생계를 보장하여 그러한 기량을 생계 걱정 없이 발전시켜 나갈 수 있는 기회를 제공해야 한다. 더구나 노동생산성 증진을 통해 자본주의 체제의 추월을 목표로 하는 스타하노프 운동이 1935년부터 대대적으로 전개되면서 노동자들 사이에서 생산성의 성취여부에 따른 서열화가 용인되었다.[11] 체제의 우월성을 증명한 엘리트 운동선수들에게 여러 특혜를 수여하여 그들이 지속적으로 그러한 역할을 수행토록 하는 것도 당시의 시대 분위기에 반하는 것은 아니었다.

스타하노프 운동가들이 노동자들이 따라야 할 모범이듯이 뛰어난 기량을 과시한 운동선수들도 여타의 선수들이 따라야 할 모범이었다. 전 소연방 노동조합 중앙위원회는 이와 관련하여 아래와 같은 흥미로운 사례를 제시했다. 야흐로마(Яхрома) 공장의 코마로프(Комаоров) 동지의 10km 달리기 기록은 37분 13초, 30km 달리기의 기록은 2시간 5분 2초, 같은 공장의 콜로바노프(Колобанов) 동지는 10km를 38분 41초, 30km를 2시간 20분 17초에 통과했다. 콜로바노프 동지는 한때 10km를 58분 52초로 통과했는데 이때 같은 공장의 지마예프(Жимаев) 동지의 기록은 58분 22초였다. 콜로바노프 동지가 10km의 기록을 58분대에서 38분대로 단축할 수 있었던 이유는 코마로프 동지와의 경쟁심이었다.[12] 좋은 기록을 낳기 위한 경쟁은 운동 능력을 비약적으로 자극하는 계기로 작용했다. 최종적으로 경쟁 상대조차 능가하는 더 나은 선수를 배출할 수 있음을 이 사례는 강조하고 있다.

산업부문에서 스타하노프 운동가들과 마찬가지로 스포츠 부분에서도 뛰어난 기록을 달성하는 '스타하노프적 운동선수'를 칭송하는 분위기는 강해졌다. 그렇지만 일방적인 칭송의 분위기만 있지는 않았다. 뛰어난 기록과 승리를 강조하다 보면 대중들의 스포츠 참여기회는 줄어들 수밖에 없으며 자본주의 사회에 등장하는 바와 같은 '직업 운동선수'의 폐단을 우려하는 목소리가 등장했다. "우리는 메달과 기록 달성의 중요성을 인정했다. 그렇지만 그것들이 스포츠의 영광과 보상을 위해 중요하다 하더라도 스포츠에서 유일한 전부는 아니다"라는 『붉은 스포츠』의 지적은 이러한 우려의 목소리를 대변하는 것이었다.[13] 스포츠를 통한 체제 선전의 필요성을 인정하면서도 그것만을 강조하여 집단정신의 고취에 방해가 되어서는 안 된다는 생각이었다.

개인에 대한 물질적 보상을 우수한 자질의 선수에게 허용했다 하더라도 그러한 행위가 집단 전체의 이익이 아니라 개인의 이익만을 위한 것이라면 제재가 뒤따랐다. 사회주의 체제에서의 물질적 혜택은 개인의 영화만을 추구해서는 허용할 수 없다는 것이었다. 1933년 모스크바신체문화협의회에 모스크바 지역 한 공장의 대표자였던 트레킨이 제기한 사례는 이러한 의지를 대변한다. 트레킨의 공장에는 주코프라는 축구선수가 있었는데 주코프는 지금 "챔피언이 되고자 하는 이기적 정신"으로 타락해 있다. 왜냐하면 주코프는 신체문화의 정신을 구현하는 대표자로서 축구선수로 선발되었지만 자신의 기량을 내세워 이를 어기고 있기 때문이다. 그는 공장을 대표하는 축구선수로서의 활동을 '일'로 여기면서 그에 대한 금전적 보상을 요구하고 있다. 신체문화의 정신을 구현한다는 의지를 가졌다면 주코프는 공장의 작업 할당량을 완수하면서 선수로서의 활동을 해야 하는데 그는 최근에 열린 공장협의회에서도 일과 선수로서의 활동 두 가지 중에 하나만 할 수 있다고 주장한다. 공장의 신체문화 사무국은 주코프의 이러한 타락한 생각을 변화시키기 위해 노력했지만 그의 태도에는 변화가 없었다. 최종적으로 트레킨은 그를 공장의 축구 팀에서 제외시켜 달라는 요구를 모스크바신체문화협의회에 제출했다.[14] 주코프의 사례는 스포츠의 활성화 의지를 체제가 가졌다 하더라도 그것이 개인의 이익만을 앞세울 때는 허용할 수 없다는 점을 보여 준다. 개인의 욕구도 체제가 허용하는 원칙의 틀 안에서만 허용할 수 있는 것이었다.

실리와 원칙의 조화를 희망하는 이와 같은 분위기는 시각 이미지를 통해서도 확인할 수 있다. 소비에트 시기의 신체문화의 변천과정을 시각 이미지를 통해 분석한 오마호니(Mike O'Mahony)는 당대 화가의 그림들에서 이 점을 확인하고 있다. 1930년대 신체문화의 이미지를 표현한 화가로는 사모흐발로프(А. Самохвалов)와 제이네카(А. Деинека)를 들 수 있다. 이들은 스포츠에 적극적으로 참여하는 인민들과 일부 선수들의 뛰어난 기량을 바라보는 인민들 모두를 작품에 등장시키고 있다. 오마호니에 의하면 이러한 시각 이미지는 엘리트 선수들을 양성해야 될 필요성과 스포츠를 통한 집단정신의 고취 필요성 사이의 긴장 관계를 표현하는 것이다.[15] 기량이 뛰어난 소수 선수들이 즐기는 스포츠 문화를 인민들의 적극적 참여를 전제로 하는 신체문화의 정신에 의해 보완하려는 시도가 여전히 남아 있었다는 증거로 해석하는 것이었다.

스포츠의 경쟁을 허용했음에도 이와는 모순되어 보이는 집단정신의 이미지가 여전히 유포되고 있었다는 아이러니한 현상을 이제 본격적으로 설명할 차례이다. 본격적 논의전개에 앞서 한 가지 해명이 필요할 듯하다. 스포츠 영웅의 존재를 신체문화의 범주에 포함시켜 다루는 필자의 시도가 혼란을 야기할 수도 있다는 생각 때문이다. 혼란의 이유는 1930년대 소련 스포츠 문화의 한 요소였던 스포츠 영웅의 존재가 공통의 가치관과 생활태도를 기반으로 한 인간형 창출의 이념인 신체문화와 어떻게 양립할 수 있었는가라는 질문이 가능하기 때문이다. 그러나 스포츠는 신체문화의 이념이 출현할 때부터 새로운 인간형 창출을 위한 보충 수단이자 신체문화의 하위개념으로 자주 거론되었다. 앞에서 강조했듯이 승패를 강조하는 스포츠 문화를 어떻게 신체문화의 원론적 관점에 맞춰 조율할 것인가는 1920년대의 지속적 논의 대상이었다. 1930년대에 들어와 스포츠의 승패를 강조했다 하더라도 그것은 이념 자체를 포기한다는 의미는 아니었다. 이념의 현실적 효용성이 떨어졌다 하더라도 그 자체를 포기한다면 사회주의 체제의 정체성의 기반도 사라지기 때문이다. 스포츠 관련 이미지는 신체문화의 원론적 이미지와 분리시킬 수 없었다. 1930년대 스포츠 문화의 이미지를 신체문화라는 넓은 의미에 포함시켜 논의를 전개하는 이유이다. 이러한 논의는 스탈린 체제를 바라보는 또 다른 접근 방법으로서 의미가 있다.

2. 스탈린 체제 스포츠 문화의 '개인' 이미지

스탈린 시대의 스포츠 정책에서 집단 전체의 참여보다는 개인의 기량 발휘를 중시하는 경향은 체제 경쟁의 의도와 무관하지 않았다. 국제 스포츠 무대에서 체제의 우월함을 증명할 수 있는 선수들을 국가권력은 필요로 했다. 이를 위해서는 그들에게 보통의 선수들이 누리지 못하는 물질적 혜택을 부여할 필요가 있었다. 이러한 발상은 노동생산성 증진에 괄목할 성과를 보여준 생산현장의 스타하노프 운동가들에 대한 물질적 보상을 생각할 때 무시될 수 없었다. 생산성이 뛰어난 노동자에게 각종 혜택을 부여하여 사회주의 체제의 발전을 가속화시키는 핵심요원으로 활용하듯이 체제의 우월함을 증명하는 운동선수들에 대한 혜택도 정당한 것이었다. 그렇지만 선수들에 대한 특혜는 소비에트 체제의 이념상의 원칙, 즉 소비에트 체제는 자본주의 체제의 상업주의와 프로페셔날리즘의 폐해를 거부한다는 원칙을 포기하는 것처럼 보였다. 바바라 키즈(Barbara Keys)의 지적처럼 국제적 수준의 자질을 갖춘 운동선수들을 우대하는 정책으로 체제의 근본적 원칙을 부정하는 이율배반이 등장했던 것이다.[16] 특히 대중적 스포츠의 지위를 확대해 나가고 있었던 축구에서 이러한 경향은 보다 분명히 감지되었다.

생계를 위한 노동에 대부분의 시간을 소비해야 했던 러시아 노동계급의 상황을 고려할 때, 축구와 같은 여가활동을 위한 여력이 노동자들에게는 많지 않았다. 더구나 러시아 제국의 광활한 영토를 고려한다면 축구의 이러한 보급은 한정적이었다고 말할 수도 있다. 하지만 도시에서의 인기를 바탕으로 농촌과 도시 사이의 문화적 연계를 가능케 하는 촉매제로서 활용될 수도 있었다.[17] 도시의 노동자들이 농촌과의 유대를 지속하고 있는 러시아 노동계급의 특성[18]을 고려할 때 축구를 통한 이러한 문화적 연계가 전혀 불가능해 보이지 않았다. 더 나아가서 소비에트 체제에서 공식적으로 부정되는 요소였지만 여전히 남아 있었던 민족 간의 갈등은 인민을 대표하는 소비에트 대표 팀이 타국과 겨루는 국제경기를 통해 해소될 수도 있는 것이었다.[19] 이러한 요인들로 인해서 축구는 신체문화의 원론적 입장이 강조되던 혁명 직후에도 금기시되지만은 않았다. 즉 축구는 경쟁의 요소를 가지고 있지만 도시와 농촌의 연계, 나아가서는 다민족으로 구성된 소비에트 체제의 단합을 가능케 하는 수단으로서 활용될 수 있기 때문에 체제의 안정에 기여하는 소비에트형 인간 창출이라는 신체문화의 이념과 배치되어 보이지 않았다. 또한 신체문화의 이념이 부정적으로 간주하는 팀 간의 경쟁도 소비에트 축구에서 아직 중요한 요소로 부각하지 않았다. 지역을 대표하는 클럽 팀들을 모아 소비에트 체제의 최강팀을 결정하는 리그 경기는 아직 조직되지 않았기 때문이다.

스탈린 체제가 안정기에 접어들면서 축구시합에서의 승패도 더 이상 가볍게 볼 수 있는 요소가 아니었다. 승패를 더욱 강조해야 하는 조직상의 변화도 있었다. 1936년부터 전 소비에트 축구리그와 컵 대회가 출범했다.[20] 모스크바, 레닌그라드, 키예프, 오데사 등의 각 도시를 대표하는 축구 팀은 리그에서의 우승을 위해 모든 힘을 다했다. 게다가 각각의 축구 팀이 국가기관의 통제, 혹은 지원의 형태로 연계를 맺고 있는 상황에서 축구 경기에서의 승패는 국가기관의 대외적 위신에도 영향을 주는 것이었다. 예를 들어 KGB의 지원을 받는 지나모(динамо), 콤소몰의 지원을 받는 스파르탁(спартак), 철도 노동자의 지원을 받는 로코모티프(локомотив) 클럽 팀 간의 경기는 팀의 패배로 끝나지 않고 그 팀을 후원하는 국가기관이나 사회집단의 패배와 동시적으로 연결되었다. 특히 정치적 후원자로서 콤소몰을 확보한 스파르탁은 소매업과 서비스업 종사자 60만 명의 회원을 가지고 있는 산업소비조합(промкооперация)의 재정적 지원을 받을 수 있었다. 산업소비조합은 상공 인민위원부의 산하조직이었지만 어느 정도의 자율성을 가지고 있었는데 스파르탁이 이 조직의 후원을 받는다는 사실은 비밀경찰의 후원을 받는 지나모와는 클럽 운영방향에 있어서 차이를 만드는 요인이었다. 스파르탁이 그 이름이 암시하는 바와 같이 대중 친화적이고 오락성을 강조했다면 지나모는 클럽을 통해 국가의 위신을 높일 수 있는 선수배출을 중시했다. 이러한 차이는 스파르탁에 대한 노골적 탄압을 이후에 결과하기도 했다. 1930년대 비밀경찰의 수장 베리아는 지나모에 대해 계속 승리를 거두는 스파르탁의 기세를 누르기 위해 스파르탁 코칭 스태프의 체포도 마다하지 않았다.[21] 이러한 사례는 운동경기 과정 자체를 즐기는 것이 문제가 아니라 경기에서의 승리를 통해 집단, 혹은 기관의 우월성을 과시하는 것이 최대의 과제가 되었다는 의미였다. 따라서 팀의 승리를 보장할 수 있는 뛰어난 선수 확보는 더욱 중요한 과제가 되었다.

그림 1. 〈봄의 철새들〉[22]

우수한 자질의 선수를 확보하기 위한 경쟁은 점점 치열해졌다. 축구나 육상의 여름 시즌이 시작되기 직전에 특정 팀의 선수들 중 일부는 본 소속 팀을 떠나 보다 좋은 조건을 제시하는 다른 팀으로 이적했다. 위의 이미지는 이미 1920년대 말부터 시작하고 있었던 선수들의 이적 상황을 보여 준다. 〈봄의 철새들〉이라는 풍자적 제목이 암시하고 있듯이 선수들은 보다 나은 금전적 보상을 얻기 위해 협상을 벌이기도 하고 그러한 금액을 직접 제시하는 팀이 있다면 주저하지 않고 달려가는 모습을 보이고 있다. 당시의 잡지들이 "비정상적 이전계약"으로 비난하던 이러한 행위는 소비에트 체제의 스포츠도 자본주의 체제의 그것과 마찬가지로 '상업화'되어 가고 있다는 우려의 표시였다.

1930년대에는 대중들에게 사랑을 받고 유명세를 날렸던 스포츠 스타들이 여러 분야에서 등장했다. 스파르탁 축구 팀의 4인의 스타로 스틴(Старостин) 형제들(알렉산드르, 니콜라이, 안드레이, 표트르)은 이미 1920년대 중반 이후부터 명성을 날리고 있었지만 더욱 주목을 받게 되었고 장대높이뛰기의 니콜라이 오졸린, 높이뛰기의 니콜라이 코프튠, 육상단거리의 마리야 샤마노바 등도 대중들에게 친숙한 이름이었다. 이들과 더불어 800m와 1000m 달리기에서 매년 소련의 기록을 갱신하였던 세라핌 즈나멘스키, 게오르기 즈나멘스키 형제 또한 1930년대 소비에트 스포츠계의 영웅이었다. 대부분 육상경기에서의 기록은 세계 수준과는 차이가 있었지만 유럽 최고 기량의 선수들의 기록과 비교할 때 뒤지지 않았다. 이들은 소비에트를 대표하는 '스포츠 인민영웅'으로서 체제의 우수성을 생생하게 증명하는 존재였다.

소비에트 체제의 인민들에게 체제 수호를 위한 힘과 기술, 기민성을 전수시킬 수 있다는 점에서 육상 종목의 스포츠 영웅들은 국가권력이 스포츠 영웅의 전형으로서 제시하고 싶은 사례였다. 그렇지만 육상의 스포츠 영웅들은 체제의 바람대로 많은 관중을 끌어들이지 못했다. 인민들에게 육상경기는 "먹을 것이 없는 소문난 잔치"에 불과했다.[23] 육상의 운동규칙은 인민들에게 이해하기 어려운 대상이었고 경기를 위한 정교한 장비도 아직 완비되지 않은 상태에서 경기는 따분하기 그지없었다. 육상 경기의 빈약한 관중을 만회하기 위해 축구 경기의 휴식 시간에 경기를 개최하는 시도까지도 있었다.[24] 인민들이 강하게 인식하고 있는 스포츠 영웅은 클럽 축구 팀의 스타였다.

축구 경기의 관람은 노동자들의 여가시간 소비에 있어서 중요한 부분을 차지했다. 당시에 발간되던 스포츠 잡지의 기사는 노동자들이 축구 시합에 보였던 관심도를 다음과 같이 증언하고 있다. "인기가 있는 클럽 팀 간의 경기에 너무나 많은 관중이 모여 돈바스 지역의 광산의 노동자들은 완전히 자취를 감췄다."[25]

그림 2. 관중 앞에 선 축구 영웅 니콜라이 스타로스틴[26]

스파르탁과 지나모의 경기는 특히 많은 관심을 유발하는 '빅 매치'였다. 지나모가 보통 사람들에게 공포의 대상인 비밀경찰의 후원을 받는 클럽 팀인 데 반해 스파르탁은 노동대중이 일체감을 느낄 수 있는 "우리의 팀"이었다. 이러한 경기에서 뛰어난 활약을 보인 니콜라이, 알렉산드르, 표트르, 스타로스틴 등의 형제들은 그 밖의 선수들이 감히 따라갈 수 없는 대중적 영웅이었다. 클럽 팀의 경기를 넘어 국가 간의 대항전으로 확대되었을 때 이들은 지역의 명사에서 소비에트 모든 인민을 대표하는 국민적 영웅이었다. 1934년 터키와의 대항전을 앞두고 소련의 주장으로서 수많은 관중 앞에서 승리의 결의를 보이는 니콜라이 스타로스틴의 위 이미지는 이러한 느낌을 잘 드러내준다.

스포츠의 영웅들은 좁게는 지역의 자랑이자 넓게는 체제의 긍지이기 때문에 이들은 지속적으로 생성되어야 했다. 인민들이 보내는 찬사만으로 스포츠 영웅의 지속적 공급을 보장할 수는 없기 때문에 이들에 대한 특혜는 다른 분야의 영웅들에게 주어지는 혜택과 마찬가지로 정당한 것이었다. 그렇다고 신체문화의 이념을 강조하는 이미지가 스탈린 체제에서 완전히 사라지지는 않았다. 스포츠 스타에게 물질적 혜택을 부여하면서 이념에 대한 일정 정도의 양보를 허용했다고 해서 이념 자체를 포기할 수는 없기 때문이다. 1930년대에 들어와 혁명적 이상주의가 물질적 혜택과 전통 가치의 복원으로 대체됐다고 해서 티마셰프의 규정대로 '대타협'으로 규정한다면 그것은 스탈린 체제의 정치력을 과소평가한다는 비판에서 자유로울 수 없다. 스탈린 체제의 지도부는 사회주의적 가치의 주입을 통해 새로운 인간을 창조한다는 노력을 계속해 나갔던 것이다.[27] 이런 맥락에서 스탈린 체제 성립 이후에 부쩍 늘어난 스포츠의 영웅들을 자본주의 체제의 프로 스포츠맨과 동일시할 수 없다는 목소리는 사라지지 않았다. 뛰어난 기록의 수립이라든가 경기에서의 승리를 통해 스포츠 영웅의 칭호를 받은 개인은 자신의 물질적 이득을 우선시하지 않고 인민 전체와 국가를 위한 기여를 먼저 생각하는 존재로 부각되어야 했다. 뛰어난 기량을 가지고 있는 스포츠맨의 이미지와 더불어 신체문화의 정신에 부합할 수 있는 집단의 이미지 또한 유포되었던 이유이다.

3. 스탈린 체제 신체문화의 이념을 유지하기 위한
  '집단' 이미지

소비에트 체제의 '스포츠 영웅' 또한 개인적 영광과 물질적 보상을 누릴 수 있었지만 그것이 자본주의 체제 스포츠 스타들의 혜택과 동일한 의미로 해석될 수는 없었다. 소시민적 심성으로 개인의 물질적 풍요로움과 영광을 추구하는 스포츠 영웅은 체제의 발전과 공고화에 아무런 도움도 주지 못하는 존재였다. 개인적 자질의 극대화는 전체의 발전에 기여함으로써 의미가 있는 것이었다. 이러한 점은 스탈린 체제 치하 개인들의 의식 상태를 일기와 자서전을 통해 분석한 헬벡의 연구에서도 드러난다. 자신들의 이기적 습관을 인식하고 있었던 개인들은 그러한 구시대의 관습을 버리고 사회주의 건설이라는 영웅적이고 집단적 과업에 관심을 집중함으로써 스스로를 개선시키려는 의식을 가지고 있었다. 그러한 공식적 가치를 내면에 수용하려는 사람들에게 소비에트 체제는 자기완성의 다양한 수단, 즉 자본주의 체제의 경쟁과 소외로부터 벗어나는 수단, 사회주의 건설이라는 세계사적 과정에 참여하는 방법, 그리고 인민들 내부에서 최상의 자질을 육성하는 방법을 제공했다는 것이다.[28] 스탈린 체제는 성과급의 도입, 스타하노프 운동의 추진 등에서 나타나듯이 개별 인민의 차등을 용인하는 것처럼 보이기도 하였지만 내부 구성원들에게 전체의 가치를 내재화시키기 위한 노력 또한 병행하였다는 의미이다.

국가를 대표하는 축구 팀 간의 승리에 기여하는 운동선수나 세계적 기록을 생산한 육상선수들에게 '공훈 체육인'과 같은 지위를 부여하여 개인적 자질에 대한 보상을 스탈린 체제는 허용했다. 이러한 스포츠 영웅들이 체제의 우수성을 과시하는 데 필요한 존재라는 인식에서 나온 정책이었지만 그렇다고 신체문화의 이념적 측면을 스탈린 체제가 포기하지는 않았다. 새로운 인간유형을 의미하는 '호모 소비에티쿠스'를 지속적으로 창출함으로써 소비에트 체제의 기반을 강화시킬 수 있는 것이기 때문에 소수 엘리트만을 우대하는 스포츠 정책이 신체문화의 이념에 의해 보완될 필요는 여전히 남아 있었던 것이다. 선수 개개인의 뛰어난 자질을 강조하는 '전문성'을 1920년대에 비해 강조했더라도 다수의 참여를 강조하는 신체문화 이념의 '대중성' 또한 유지되었다는 의미이다.[29]

이런 맥락에서 스탈린 체제에서는 전문 운동선수들의 경기를 관중석에 앉아 관람하는 식의 여가 소비 형태 이외에 능동적 방식의 소비 또한 권장했다. 소비에트 체제를 위협하는 자본주의 체제의 적대감이 여전히 소멸하지 않았다고 믿고 있는 스탈린으로서는 체제 수호에 필요한 전사양성을 위해서라도 수동적 형태의 스포츠 소비문화만을 강조할 수는 없었다.

1928년 샤흐티 재판 직전에 행한 연설에서 스탈린은 "국제적 자본이 우리를 평화롭게 내버려 두리라고 생각하는 것은 어리석은 짓이다"라고 지적하면서 우리에게는 "내부의 적뿐만 아니라 외부의 적들도 있다"고 강조했다.[30] 외부 적들로부터의 위협을 한시도 잊어버릴 수 없는 소비에트의 군인은 체제의 방어에 필요한 육체적 강인함을 획득하고 음주, 도박과 같은 유해한 생활 습관의 제거를 위해서도 스포츠의 수동적 소비가 아닌 적극적 소비자가 되어야 한다. 1929년 10월 소련군사혁명위원회는 모든 병사들에게 스포츠를 훈련의 중요한 한 부분으로 생각해야 한다고 역설했다. "저격수, 기관총수, 정찰병, 잠수부, 조종사 모두는 동일한 기술적, 육체적 훈련"이 필요하며 병사들은 "정기적으로 운동을 하고 적군은 체육을 위한 대중의 학교가 되어야 한다"고 명시했다.[31] 수동적 스포츠 문화가 한편에서 존재한

그림 3. 1930년대 신체문화 포스터[32]

다고 해도 인민 전체가 새로운 인간형 창출을 위한 지속적 노력을 멈춰서는 안 된다는 의미였다. 그림 3의 포스터 또한 이러한 의도를 잘 보여 준다.

포스터의 전면은 원반던지기를 하는 단단한 체격의 여성이 차지하고 있다. 그 뒤에는 사격 연습에 열중인 남성, 그리고 후면에는 육상과 사이클링을 하는 일단의 남성 무리들이 보인다. 포스터의 지문에 "당신은 운동선수는 될 수 없을지도 모른다"라고 명시되어 있는 것으로 보아 이들은 보통의 인민보다는 뛰어난 기량을 가진 선수들로 보인다. 포스터는 운동선수들을 전면에 부각하고 있지만 이들과 같은 기량획득이 최종 목표가 아님을 또한 지적한다. 전체 지문은 다음과 같이 말한다. "일하라, 건설하라, 그러나 징징대지는 마라. 우리에게는 새로운 삶을 위한 길이 있다. 당신은 운동선수가 될 수 없을지도 모르지만 신체문화의 실천은 의무이다." 포스터는 결국 모두가 뛰어난 운동선수가 될 필요는 없지만 신체문화의 구현을 위한 노력은 포기해서는 안 된다는 점을 강조하고 있다.

신체문화의 집단정신을 더욱 선명하게 부각시키는 이미지로 퍼레이드와 같은 의식(儀式)이 있었다. 소비에트 체제의 기념일에 다수 인민의 참여로 만들어지는 퍼레이드는 집단적 의식이 외형상으로 잘 드러나는 표본이었다.

스탈린 체제의 지도부는 준군사적 성격의 퍼레이드에 특별한 의미를 부여하였다. 많은 수의 젊은 남녀들이 참여하여 진행하는 이러한 퍼레이드는 집단정신의 함양을 가능케 하고 규율을 체득하도록 하는 의식이었다. 크리스텔 레인(Christel Lane)의 지적대로 소비에트 체제에서 이러한 집단의식은 다음과 같은 세 가지 의미, 즉 대중을 사회정치적 활동으로 유도하며 퍼레이드 참가자 개인에게 자기 통제를 가능케 하고 그리하여 최종적으로 퍼레이드 구성원인 개인을 집단적 목적에 종속시킨다는 점에서 의미 있는 행사였다.[33] 군인들의 분열행진에서 볼 수 있는 규율을 퍼레이드의 참가자들이 보여 줌으로써 이들은 유사시에 곧바로 조국의 방어를 위한 규율을 자연스럽게 체득하는 것이었다. 신체문화 활동가들의 퍼레이드에 대한 1938년 『이즈베스티야』의 다음 보도는 이 점을 분명하게 보여 준다. "만약 내일 전쟁이 발발한다면 퍼레이드의 참가자들은 지체 없이 탱크 운전병, 조종사, 저격수, 선원으로 복무할 것이다."[34] 신체문화의 실천을 통해 형성된 강인한 체력을 퍼레이드의 참가에서 체득한 규율 및 집단정신과 결합시킨다면 체제수호를 위한 전사들은 자연스럽게 생성될 수 있다는 희망의 표현이었다.

신체문화 퍼레이드는 집단규율과 정신을 과시하는 무대이기도 했지만 퍼레이드 구성원을 조직하는 과정에서는 차별의 논리가 존재했다. 신체문화의 실천자들로 구성된 퍼레이드의 과시적 효과를 극대화하기 위해서는 높은 수준의 육체적 완성미를 드러낼 수 있어야 하고 그들의 정치적 의식 또한 월등하다는 점을 강조할 필요가 있었다. 이를 위해 1934년 6월의 퍼레이드 참가자들을 선정하는 과정에서 모스크바 시위원회는 "모스크바시 신체문화의 진정한 힘을 보여주기 위해 공장별로 신체가 가장 잘 발달된 신체문화의 실천자"들을 선정하라고 지시했다.[35] 모스크바노동조합의 지도자들도 이런 맥락에서 퍼레이드의 참가자들을 선정할 때 단신을 배제하고 "건강한 신체와 구리빛 피부를 가진 스탈린주의적 운동가"들을 선정하라고 강조했다.[36] 이러한 측면을 강조한다면 신체문화 퍼레이드는 배제의 논리를 통해 퍼레이드 참가자들의 엘리트 의식을 스포츠계의 스타들에게서와 같이 형성시킨 측면이 있다고 말할 수 있다. 그렇지만 그러한 엘리트 의식은 퍼레이드라는 집단적 행사의 틀에서만 발휘될 수 있는 의식이었기 때문에 집단성을 망각한 엘리트 의식은 아니었다.

그림 4. 알렉산더 로드첸코. 1935년 신체문화 퍼레이드[37]

알렉산드르 로드첸코(Александр Родченко)는 신체문화 퍼레이드 관련 이미지를 생산해 내는 공식 사진작가 중의 하나였다. 1935년과 1936년에도 그는 모스크바에서 개최된 신체문화 퍼레이드의 이미지 재현작업을 의뢰받았다. 이렇게 재현된 위의 이미지는 퍼레이드에서 느낄 수 있는 극적 효과를 보다 분명히 전달해 준다. 동일한 유니폼을 입고 정해진 자리를 정확히 지켜 가며 행진하는 퍼레이드의 참가자들은 전체가 하나인 듯이 움직인다. 이러한 일사불란함 속에서 지역적, 민족적 차이를 드러내려는 분열의 시도는 있을 수 없다. 아울러 이렇게 집단의 통일성을 강조하는 이미지에서 개인의 뚜렷한 정체성은 중요치 않다. 이름과 정체를 알 수 없지만 개별 참가자들은 정해진 리듬에 맞춰 움직이면서 전체 대형의 통일성을 유지하는 데 기여하도록 요구받는다. 집단에서 두각을 나타내는 개인이 아니라 집단의 한 부분으로서 개인은 집단 전체 모습을 만드는 데 기여해야 한다. 이러한 이미지는 스포츠 스타의 개인적 능력을 강조하는 경향과는 다른 방향성을 지니고 있는 것이었다.

신체문화 퍼레이드는 또한 소비에트 공화국의 여러 민족에게 통합의 기회를 제공하는 장이었다. 1937년 여름, 정치국은 5만 명 이상이 참여하는 신체문화 퍼레이드를 붉은 광장에서 개최할 것을 명령하면서 여기에는 각 공화국의 대표자들과 여러 종목의 스포츠 기록 보유자들이 참가해야 한다고 규정했다. 이 행사와 관련된 기사는 소련 내 민족들의 단결을 확인할 수 있는 기회임을 부각했다. 러시아, 우크라이나 등지에서 모인 "신체문화 퍼레이드의 참가자들은 크고 낭랑한 목소리로 소비에트의 광활한 지역에 거주하는 인민들의 형제애와 확고한 우정을 선언했다."[38] 이렇게 신체문화 퍼레이드는 수많은 참가자들이 하나의 통일된 모습을 보여 줌으로써 상징적으로 그들의 민족적 차이를 해소하고 합일되었음을 보여 주는 순간이었다. 모든 민족들은 사회주의라는 이념 아래 하나로 합치된 듯이 보였다.

혁명 전에 교회를 다니는 신자들의 모습과 1932년 신체문화 퍼레이드의 극명한 대조를 보여 주는 그림 5의 사진은 소비에트 체제가 신체문화 퍼레이드에 가졌던 의도를 더욱 분명하게 드러낸다. 소비에트 체제에게 인민의 충성심을 공산당이 아닌 다른 곳으로 유도함으로써 인민의 단결을 저해하는 종교는 박멸의 대상이었다. 교회 활동에 대한 법적인 제약, 주도적 성직자의 체포, 교회재산의 몰수는 당연한 수순이었다.[40] 혁명 전 교회에 정기적으로 출입하는 신자들이 붉은 광장에서 드러내는 "건강하지 못한 행동"은 소비에트 정권의 이러한 조처를 정당화할 수 있는 근거였다. 여기에는 어떠한 규율, 질서도 찾아볼 수 없고 단지 각자의 방식으로 배회하는 모습만이 드러날 뿐이다. 대조적으로 1932년의 신체문화 퍼레이드는 정확한 대형을 유

그림 5. 1932년 신체문화 퍼레이드와 그와 대비되는 종교인 이미지[39]

지하면서 체제의 지도자가 거처하는 크렘린 궁을 향해 정돈되어 있다. 이러한 이미지를 만들어 내는 데 참여하고 있는 신체문화의 실천자나 그것을 바라보는 관찰자 모두는 규율과 통제의 가치를 자연스럽게 체득할 수 있기 때문에 체제 안정에 기여하는 인간형으로 다시 탄생할 수 있는 것이다.

스탈린 체제의 신체문화 이미지에서는 스포츠 스타로서 개인의 기량을 과시하는 이미지와 집단성의 요소를 강조하는 두 이미지가 공존했다. 여기서 당연히 하나의 의문이 대두된다. 즉 스탈린 체제의 신체문화 공식 이미지가 이렇듯 서로 대립적으로 보이는 개인과 집단 모두를 내포할 수 있었던 이유는 무엇인가? 공식 이미지는 대립적 이미지를 되도록 최소화시켜야 하는데 이러한 대립성을 완화시킬 수 있는 방법은 없었는가?

4. 대립적 이미지의 완화 - 지도자 이미지

스탈린 체제의 신체문화 이미지가 개인을 부각시키든, 집단을 부각시키든 간에 그러한 이미지는 결국 소비에트 체제 발전에 궁극적으로 기여하기 위함이었다. 신체문화 퍼레이드에서와 같이 규율과 통일성을 가진 집단을 전면에 부각시킴으로써 체제 유지에 필요한 내적 규율과 가치를 퍼레이드 참가자나 관람자 모두가 습득하기를 기대할 수 있었다. 국제무대에서 소련을 대표하는 운동선수의 경우 개인의 영광을 위해서 뛰는 존재는 아니었다. 자본주의 체제의 선수와 겨루는 소련의 운동선수는 상대방을 압도할 수 있는 우수한 역량을 물론 가져야 했다. 그렇지만 그는 동시에 자본주의의 타락한 환경에 노출되더라도 사회주의 체제를 대표하는 시민으로서 모습을 잃어버리면 안 된다. 달리 말하자면 의식적 면에서 그는 개인적 영예를 중시하는 자본주의 체제의 선수와 동일할 수 없으며 "운동복을 착용한 외교관"으로서 국가의 이익을 최우선시해야 한다.[41]

스탈린 체제에서 드러난 신체문화 이미지를 이렇게 집단과 개인의 두 요소가 병존했다는 식으로 정리한다면 공식 이미지가 충돌한다는 인상을 줄 수 있다. 신체문화 이미지에서 제시된 개인과 집단이라는 요소가 하나의 대상으로 수렴될 필요가 여기에서 제기된다. 즉 소비에트 체제를 향한 궁극적 기여라는 목표를 신체문화와 관련된 개인과 집단의 이미지가 내포하고 있지만 그러한 추상적 목표를 구체적 목표를 위해 수렴할 필요도 존재하였던 것이다. 그렇지 않는다면 신체문화와 관련된 공식 이미지에서 개인과 집단 모두를 병존시키기가 어려웠다. 이미지로서 표현되기 어려운 체제에 대한 기여를 포괄할 수 있는 구체적 대상이 필요했다. 지도자의 이미지를 신체문화의 이미지에 등장시키는 방법은 이 문제에 대한 하나의 출구였다. 체제를 대표하는 지도자의 이미지를 신체문화 이미지에 등장시킴으로써 개인과 집단은 그러한 지도자의 보호 아래 신체문화의 이상을 구현할 수 있는 것이었다. 신체문화 이미지에서 부각된 지도자 이미지는 '개인'과 '집단'으로 표현되는 신체문화의 대립 이미지를 내적으로 통일시킬 수 있는 합일의 이미지로서 기능을 하고 있는 것이었다.

신체문화 관련 이미지에서 지도자의 이미지를 통해 개인과 집단의 대립을 해소하려는 시도는 스파르타키아드(Спартакиад)에서 찾을 수 있다. 스파르타키아드는 자본주의 체제의 올림픽에 대항하여 전 세계 노동계급의 유대를 다진다는 국제 스포츠 제전이었다. 올림픽과 같이 국제 스포츠 제전으로서의 위상을 수립하려고 했지만 실제로는 소비에트 체제 내의 공화국과 도시들을 대표하는 선수들 간의 국내 스포츠 제전의 한계를 벗어나지 못했다. 독일과 오스트리아의 공산당이 자국의 노동계급을 대표하는 선수들을 파견하려고 했지만 정부의 반대로 참석이 좌절되고 우르과이, 터키 등도 축구 팀을 파견했지만 국가대표 팀으로 부르기에는 수준이 낮았다. 국제 스포츠 제전으로서의 위상에는 문제가 있었지만 스파르타키아드는 소비에트 체제 구성원들의 집결을 통해 신체문화의 이념을 상기하는 자리였다.

그림 6의 사진은 이러한 의도를 잘 보여 준다. 스파르타키아드의 시작을 알리는 개회식에서 선수들은 신체문화 퍼레이드에서 보여 준 바와 같은 질서와 규율을 과시하며 모스크바 지역을 대표하는 표식을 들고 입장을 하고 있다. 사진 내의 왼편 이미지에서는 노동계급의 국제연대를 암시하는 깃발을 든 기수가 등장한다. 민족 간의 대립과 반목은 사회주의 체제의 국제적, 계급적 유대에서 소멸할 것이라는 희망을 이러한 이미지는 전달한다. 이러한 집단적 유대와 더불어 여기에서 부각되는 것은 개인의 기량을 과시하는 듯한 여성 선수의 이미지이다. 원반을 던지려는 순간의 그녀의 표정에서 남에게 뒤지지

않는다는 강한 자신감을 엿볼
수 있다. 그런데 이러한 개인적
자신감과 집단적 규율이 드러
난 스파르타키아드 제전을 레
닌이 자신의 영묘 위에서 전체
적으로 내려다보고 있다. 레닌
은 비록 스파르타키아드 제전
이 열리는 이 순간에 참가자들
과 함께하고 있지는 않지만 그
의 정신은 개인적 역량을 과시
하는 선수의 의지 속에, 그리고

그림 6. 1928년 스파르타키아드[42]

노동계급의 결속을 다지는 스파르타키아드 제전에 여전히 남아 있는
것이다. 신체문화 이미지에서 개인성을 강조하는 요소와 집단성을
강조하는 요소는 이렇게 집단성과 개인성 모두의 발현을 가능케 하
는 지도자의 이미지를 통해 융화되고 있는 것이다.

　레닌의 정신은 소비에트 체제와 더불어 영원하기 때문에 살아 있는
지도자 스탈린을 레닌과 연결시키는 과정도 필요했다. 즉 레닌이 사
망한 현 시점에서 스탈린은 레닌의 대의를 "진정으로 계승하는" 지도
자이자 "레닌의 이념을 가장 충실히 지켜 내는 가장 확고하고 진정한
제자"였다.[43] 스탈린은 한 마디로 "살아 있는 레닌"이었다.[44] 그렇지만
레닌의 제자로서 스탈린의 위치만을 강조한다면 스탈린은 레닌보다
한 수 아래의 지도자로서 그려질 수밖에 없었다. 스탈린의 숭배를 더
욱 강화시켜 나가려 하였던 1932년부터 스탈린은 레닌의 과업을 완
성하는 제자의 위치에 머물지 않고 그의 이념을 더 높은 단계로 끌어
올리는 지도자로 부각되었다. 『볼셰비키 당 약사』에서와 같은 역사의
왜곡은 이러한 의도에서 필요했다. 레닌과 스탈린에 필적하는 혁명의

지도자는 존재하지 않았고 특히 스탈린은 당의 발전과 혁명과 추진 과정에서 주도적 역할을 수행했다.[45] 신체문화의 이미지에서도 1930 년대에 이르면 레닌의 이미지는 사라지고 스탈린이 전면에 뚜렷이 부각한다.

그림 7. 1937년 신체문화 퍼레이드 포스터[46]

1937년 신체문화 퍼레이드를 홍보하는 그림 7의 포스터에서 스탈린은 퍼레이드 참가자들의 일차적 숭배의 대상이다. "친애하는 스탈린 동지에게"라는 문구와 스탈린의 형상이 새겨진 깃발을 든 건전한 청년이 퍼레이드의 선두에 서 있다. 그 뒤의 여성 참가자들은 붉은 휘장을 펄럭이며 앞의 기수와 마찬가지로 스탈린이 내려다보고 있음 직한 크렘린의 한 지점을 응시하고 있다. 소총과 여러 개의 짧은 휘장을 매단 기를 받쳐 든 청년들이 그 뒤를 따른다. 소비에트 체제를 이끌고 갈 젊은 세대의 충성과 존경을 온전히 받을 대상은 스탈린 이외에 존재하지 않는 듯하다.

신체문화 이미지에서 지도자 스탈린 위치가 강조될수록 레닌의 이미지는 그 자리를 찾기 힘들었다. 신체문화 이미지를 집중적으로 생산했던 사모흐발로프의 그림을 보면 이 점을 확인할 수 있다. 그림 8 속 상단에 있는 원래 그림에서 레닌은 신체문화의 퍼레이드를 중앙에서 내려다보며 소비에트 체제의 유지와 발전에 있어서 여전히 중요한 상징적 존재로 제시되었다. 그러나 불과 2년 후 『이즈베스티야』에

실린 동일한 화가의 그림에서 레닌의 자리를 차지하고 있는 이미지
는 모자와 군복을 착용한 전형적 지도자로서의 스탈린 이미지이다.
화가의 원래 그림을 변형시켜 가면서 스탈린에 대한 일인 숭배 경향
을 더욱 강화시키려는 의도였다.

체제의 유지와 발전이 전적
으로 지도자로 인해 가능했다
는 인식은 신체문화의 구현을
앞장서서 실천하였던 집단에
게도 필요했다. 신체문화 퍼레
이드는 대규모의 의식에 다수
의 인민을 직접 참여시킴으로
써 체제가 필요로 하는 규율
과 가치를 습득하게 하려는 정
치적 목적의 제전이었다. 1930
년대 초반의 신체문화 퍼레이
드는 보다 많은 인민의 참여를
유도하기 위해 퍼레이드의 참
가요건이 엄격하지 않았다. 그

그림 8. 신체문화 퍼레이드에 나타난
지도자 이미지 변형[47]

러나 앞서 지적한 바 있듯이 30년대 중반 이후부터 퍼레이드 참가자
들은 신체문화의 이념을 가장 충실히 구현한 집단들로 한정해야 한
다는 요구가 등장했다. 1937년 퍼레이드의 참가자들은 "스포츠의 달
인"의 수준에 도달했거나 "노동과 국방 이상 무" 프로그램[48]을 성공적
으로 이수했음을 증명하는 배지의 소유자이어야 했다. 그림 8의 포스
터에서 소총을 들고 있는 남성의 대열은 1937년 퍼레이드 참가자들
이 단순히 운동기량이 뛰어난 인물들만은 아니었음을 직접적으로 보
여 준다. 그들은 신체문화의 이념을 가장 잘 구현하였기에 체제 수호

의 사명을 전면에서 완성하는 집단이었다. 신체문화와스포츠국가위원회의 초대 의장인 하르첸코(Иван И. Харчеко)는 참가자들을 이렇듯 정신적인 면이나 육체적인 면에서 국가를 대표하는 최정예요원으로 구성함으로써 그러한 퍼레이드를 보는 지도부나 인민에게 소비에트의 미래에 대한 확신을 심어 주고 싶었던 것이다. 물론 그러한 확신을 가능하게 만든 이는 지도자 스탈린이었다. 퍼레이드에 참석한 신체문화의 핵심요원들이 스탈린에게 보내는 경외의 시선은 이러한 점을 보여 준다.

정리하자면 1930년대의 신체문화 이미지에서는 이전 시대보다 스포츠에서의 승패를 중시하는 경향이 강하게 드러난다. 당시에 출간되었던 스포츠 관련 잡지들은 클럽 팀의 승리를 보장할 수 있는 선수를 확보하기 위한 치열한 경쟁을 빈번하게 보여 준다. "챔피언 지상주의(чемпионство)"라는 용어가 등장할 정도로 팀의 승리를 위해 절실한 스포츠 스타는 개인적인 부와 명예를 확보할 수 있다면 소속 팀을 갈아타는 행위도 마다하지 않았다. 1937년 『붉은 스포츠』에 실린 이미지는 이러한 현상을 대표한다. 축구공을 거울 아래 놓고 한 선수가 특정 클럽 팀의 유니폼을 몸에 대 보며 거울을 응시하고 있다. 그의 다른 손에는 몸에 대 본 유니폼과는 다른 유니폼이 들려 있다. "챔피언은 한 팀에서 또 다른 팀으로 (…) 달려가고 있다"라는 지문이 이미지 아래에 등장한다.[49] 이러한 이미지가 의미하는 바는 개인의 영광과 물질적 혜택을 추구하는 운동선수들이 스탈린 체제에서 예외적인 현상이 아니었다는 것이다.

스탈린 체제의 신체문화 이미지가 그렇다고 개인주의만을 강조하지는 않았다. 신체문화의 이념은 육체적으로뿐만 아니라 정신적으로도 사회주의 체제의 수호에 필요한 새로운 인간형을 양성한다는 목표를 가지고 있었다. 성과급의 시행과 스타하노프 운동의 전개에 따라 스탈린 체제 구성원 간의 계층화 현상은 피할 수 없는 현상이었다. 스포츠 스타를 우대하는 분위기가 여기에 더해지면서 스탈린 체제는 전체보다는 개인의 이득을 위해 경쟁하는 체제처럼 보였다. 이러한 분위기에서 '호모 소비에티쿠스'라는 새로운 인간형의 창출을 기대할 수는 없었다. 집단성과 전체의 규율 유지에 기여하는 신체문화의 정신을 공적인 이미지를 통해 드러낼 필요가 있었다. 프티부르주아적 속성을 극복하여 조화로운 사회주의 체제 질서형성에 자발적으로 기여하는 소비에트 시민의 창출을 스탈린 체제는 포기하지 않았던 것이다.[50]

스탈린 체제의 신체문화 이미지가 이렇게 집단성과 개인성을 동시에 병치시킨다고 할 때 그러한 대립적인 요소를 매개할 수 있는 또 다른 이미지가 필요했다. 집단을 통한 신체문화 이미지이든 개인을 통한 신체문화 이미지이든 간에 그 모두는 소비에트 체제의 발전에 기여할 것이라는 전제를 가지고 있긴 했지만 공적인 이미지에서 일견 대립적으로 보이는 두 요소를 융합시킬 수 있는 보다 구체적 이미지가 필요했던 것이다. 1930년대의 신체문화 이미지에서 이러한 필요에 따라 등장한 것이 지도자 스탈린의 이미지였다. 즉 신체문화의 집단 이미지를 통해 강조하려는 규율과 질서는 지도자 스탈린을 향한 충성의 지표였고 국제무대에서 소비에트 체제의 우월함을 보여 주는 스포츠 영웅은 스탈린의 탁월한 지도력 때문에 가능한 존재였다. 1930년대의 신체문화의 이미지에 등장하였던 스탈린은 개인성만을 강조함으로써 퇴조할 수도 있었던 집단성을 유지하도록 하는 매개물이었던 것이다.

1930년대 스탈린 체제 신체문화의 이미지에 대한 고찰에서 알 수 있듯이 국가권력은 이념과 배치되는 이미지를 융화시킬 수 있는 이미지를 생산했다. 승패를 중시하는 스포츠 문화를 허용했다고 해서 이념적 원칙까지 포기할 수 없다는 의지의 표현이었다. 신체문화 이미지와 관련한 국가권력의 이러한 작용만을 생각한다면 1930년대 스탈린 사회가 국가권력의 통제에 따라서만 움직였다는 인상을 주기 쉽다. 그렇지만 승패를 중시하는 스포츠 영역에 국가권력의 의지만이 관철된 것은 아니었다. 이미지가 아닌 실제의 스포츠 문화가 생성되기 위해서는 다수 인민의 참여도 필요했는데 이들이 국가권력에 부합하는 수동적 존재로만 보기는 어렵기 때문이다. 다음에서 이에 대한 상세한 논의가 필요한 이유이다.

4장

스탈린 체제의 스포츠 관람문화

☭

우리는 이미 3장에서 스탈린 시대의 스포츠 문화를 이미지라는 매개로 살펴보았고, 그것이 이념적 원칙을 포기하는 급격한 전환은 아니었음을 알았다. 그렇지만 의문은 여전히 남는다. 승패를 다투는 스포츠 문화를 허용한다면 승패가 결정되는 과정을 지켜보는 다수 '관중'의 존재를 허용해야 한다. 그런데 이러한 관중은 신체문화의 이념에서 강조하는 참여와 실천보다는 경기의 과정을 관람하며 만족을 얻는 수동적 존재이다. 관중의 존재를 생각할 때 과연 스탈린 시대의 스포츠 문화에서 이념적 측면의 지속을 주장할 수 있을까? 스포츠를 관람하는 다수 인민을 소비에트 권력이 허용한 이유는 무엇일까?

1930년대 스탈린 체제는 어떤 면에서 21세기에도 전체주의적 통제를 유지하는 유일의 권력인 북한 체제의 선구자로서 알려져 있었지만 지금까지 축적된 다양한 연구 성과를 기반으로 할 때 스탈린 체제를 전체주의적 사회의 성공모형으로서 단순히 규정할 수는 없다. 전체주의적 통제의 기조를 국가권력이 가지고 있었지만 체제의 구성원들은 삶의 다양한 방식을 통해서 어떤 순간에는 체제에 '협력'하기도 했고 어떤 순간에는 '저항'하는 모습을 보였기 때문이다.[1] 이러한 인식을 바탕으로 스탈린 체제를 분석하는 방식도 획기적으로 변할 수 있었다. 즉 계급, 근대, 사회 유동성 등을 중시하는 거대 담론의 시각에서 벗어나 구성원들의 다양한 삶의 층위를 세밀하게 묘사하는 일상사적 접근이 등장하였던 것이다.

스탈린 체제의 일상사적 접근의 단초를 소련 체제의 붕괴와 연관하여 생각하기 쉽다. 전체주의적 통제가 일상의 영역에까지 미쳤다면 체제의 파국적 붕괴는 피할 수 있었고, 체제의 균열을 낳게 하였던 일상에 대한 관심을 갖지 않았을까라고 사고하는 방식이다. 그렇지만 냉전이 한참 진행 중이던 1950년대에도 소비에트 체제의 작동원리를 서구로 망명한 소련 시민들의 삶에 관한 설문조사를 통해 밝히려는 시도가 있었다. 설문은 소비에트 체제에서의 일상생활, 즉 개인 간의 정보교환 과정, 청소년 문제, 사적인 관계 형성망, 알콜중독, 범죄 등 다양한 측면을 망라하였다. 설문의 분석 결과 냉전 시대의 전체주의적 사고에서 강조하였듯이 소련 사회가 개개인의 일상생활 모두에 국가권력이 침투하였던 사회는 아니라는 점이 밝혀졌다. 국가권력이 지원하였던 '공식문화'와 더불어 '전통문화' 또한 일상생활의 다양한 영역에서 유지되고 있었고 가족 구성원들은 체제 내에서 다양한 생존전략을 구사하고 있었던 것이다.[2]

이 장은 스탈린 체제에 대한 일상사의 시각을 일정 정도 공유한다. 스포츠와 같은 여가활동의 영역에 대한 국가권력의 통제 정도는 스탈린 체제의 전체주의적 성격 규정과 관련하여 또 다른 시사점을 제공한다고 생각한다. 이러한 시사점을 얻기 위한 시도로서 나는 스탈린 시대의 스포츠 관람문화를 '형성', '소비,' 그리고 '공간'의 관점에서 분석해 보려고 한다. 스포츠 사회학에서 소비라 함은 "어떤 욕구를 충족시키기 위한 수단으로 스포츠를 선택하고 (…) 거기에서 무언가의 충족을 얻는 행동"으로 정의한다.[3] 어떤 욕구를 충족시키기 위해 스포츠를 선택한다고 할 때 그것은 스포츠에 직접 참가한다는 의미일 수도 있고 승패를 겨루는 경기 관람을 한다는 의미일 수도 있다. 적극적인 참여를 통한 의식의 발전을 도모하였던 신체문화의 관점에서 수동적인 관람행위는 당연히 배척될 수밖에 없는 행위였다. 그렇지만 1930년대에 들어와 승패를 다투는 스포츠 경기의 관람은 무조건 배척할 수만은 없는 여가형태 중의 하나였다. 적극적인 참여 대신에 소극적인 관람을 용인하면서 소비에트 권력은 현실적인 필요 이외의 정당성을 확보할 필요도 있었다. 즉 스포츠를 '관람'한다는 '소비'행위를 허용함으로써 소비에트 권력이 가지고 있었던 내밀한 의도는 무엇이었는가? 그리고 선수와 관중 사이에 소비가 일어났던 '공간', 즉 경기장 같은 공간을 조성하는 과정에서 제시되었던 구체적 이념과 현실적인 어려움은 무엇이었는가? 또한 그러한 소비를 가능하게 만들었던 주체, 즉 관중과 선수들은 소비에트 권력의 내밀한 의도에 대해 어떻게 반응하였는가? 나는 이러한 질문들에 대한 설명을 여기에서 시도해 보려고 한다. 이러한 질문들에 대한 설명은 1930년대 소비에트 스포츠 분야의 정책 변화에 관여했던 주체와 객체의 상호작용을 보다 세부적으로 살펴본다는 의의를 가질 것이다. 더 나아가 이러한 고찰은 1930년대 스탈린 체제의 성격을 해명하는 데 간접적 시사점을 제공해 줄 것이다.

1. 스포츠 관람문화의 생산주체 – 국가권력과 스포츠 스타

1920년대에 소비에트형 인간을 형성하기 위한 삶의 전반적 지침으로서 제시된 신체문화의 이념은 스포츠 관중의 확대와는 배치되는 이념이었다. 신체문화의 이념에서는 경기를 관람하는 수동적 태도가 아니라 집단적 참여를 통해 공동체적 의식과 정치의식의 함양을 강조하기 때문이다. 그렇지만 대중 모두를 신체문화의 이념에만 부합하는 활동에 묶어 둘 수는 없었다. 노동자들은 이념적 성격을 강하게 드러내는 놀이형태보다는 작업장별 운동시합을 훨씬 즐겨 하였기 때문이다.[4] 자본주의 체제의 타락한 문화형태, 즉 팍스트롯과 같은 춤 문화, 바(bar)에서의 음주문화가 네프기에 대도시를 중심으로 살아나고 있는 마당[5]에 이념적 성격이 강한 스포츠문화만을 고집할 수는 없었다. 문화정책의 면에 있어서 1920년대는 이념적 내용을 중시하는 '강성 문화'와 이전 시대의 문화적 양태를 인정하는 '연성 문화' 사이의 취약한 균형관계가 성립해 있었다고 할 수 있다.

스탈린의 '문화혁명'은 이념적 기조를 강하게 드러냈지만 인민의 수동적 참여를 허용하는 관람 스포츠와 집단적 참여를 중시하는 신체문화 사이에서 아직 확고한 방향을 정하지는 못했다. 관람 스포츠의 확대와 신체문화의 실천을 주장하는 목소리 모두가 분출하는 상황이었다. 문화혁명과는 또 다른 맥락에서 스탈린 체제의 고착화를 가능케 했던 '위로부터의 혁명'으로 스포츠 문화와 연관된 변화의 조짐이 등장했다.

'위로부터의 혁명'의 핵심내용이라고 할 수 있는 농업 집단화와 경제개발 5개년 계획은 농민의 희생으로 마련된 재원을 바탕으로 소비에트 러시아를 농업국가에서 공업국가로 변모시키겠다는 스탈린의 전략이었다. 농업에서 공업으로 산업의 기반을 변화시켜 사회주의 체제의 핵심 지원세력이라고 할 수 있는 노동계급의 생활수준 향상을 또한 목표로 내걸었다. 그렇지만 이러한 급격한 정책 전환이 노동계급 전체의 생활수준 향상을 단번에 가져올 수는 없었다. 임금 수준의 면에서 공장 노동자의 경우 1925년 1월과 1928년 12월을 비교할 때 최고 임금과 최저 임금의 격차는 44.39루블에서 49.23루블로 늘어났다. 사무직 노동자의 경우 격차는 더 확대되어 30.44루블에서 71.60루블로 늘어났다.[6] 인민의 평등을 명목상으로 강조하며 스탈린

이 '위로부터의 혁명'을 단행했을 때 노동에 대한 차별적 보상은 여전했다. 일상생활을 꾸려 나가는 데 필요한 소비의 측면에서 이러한 불평등은 스탈린 체제가 공고해진 1930년대 중반 이후에 가면 더욱 분명해졌다. 명령경제의 작동과정에 직접적 영향력을 행사하는 고위 관리들, 혹은 그들과 관계를 맺고 있는 보통 사람들은 캐비아나 샴페인 등의 '사치품'마저도 소비할 수 있었지만 대부분의 인민들은 '생필품'의 확보를 위해 상점 앞에서 몇 시간이나 기다려야 했다.[7]

스탈린의 급격한 정책 실시에도 불구하고 민중의 생활은 실질적으로 개선되지 않았다. 이런 상황에서 스포츠 관람에 대한 민중의 욕구를 무시하고 이념성을 강조하는 신체문화의 정책만을 강조할 수만은 없었다. 그들의 일상생활에서 발생할 수 있는 불만을 해소시킬 만한 대체수단도 필요하였던 것이다.

소련에서 일정한 공간을 갖춘 경기장에 다수의 관람객을 끌어들일 수 있는 유인을 갖는 스포츠는 축구가 유일했다. 소련은 올림픽과 같은 국제 스포츠무대에 1952년에 가서야 진출했기 때문에 국가 간의 승패를 겨루는 장면을 보기 위해 인민들이 모일 기회는 거의 없었다. 육상종목에서 뛰어난 기록을 보유한 선수들에게 환호를 보내기는 했지만 축구만큼 다수의 관중을 불러 모으지는 못했다. 1901년부터 시대항 축구리그를 개최하면서 1907년에는 모스크바와 페테르부르크 간의 연례 축구시합에 열광한 경험이 있는 노동자들에게 축구야말로 소비에트 체제에서도 많은 사람을 동원할 수 있는 관람 스포츠였다.[8]

축구의 대중적 인기를 유지하기 위해서라도 시합에 나서는 팀들은 우수한 기량의 선수를 확보하기 위해 노력했다. 자신들에게 응원을 보내는 관중의 기대에 부응하지 못하는 축구 팀이 많은 관중을 불러 모을 수는 없기 때문이다. 그러한 선수를 확보하기 위한 팀 간의 물질적인 보상 경쟁이 스탈린 체제의 출범과 더불어 더욱 가속화되었다. 사실 제한적 의미에서 시장경제체제를 허용했던 네프 시기에도 금전적 보상을 통한 선수확보의 경쟁은 뜨거웠다. 1926년 간행물 기사에 따르면 "유명한" 선수들은 높은 이적료를 제시하는 팀만 있으면 시기에 관계없이 소속 팀을 변경하려는 의사를 가지고 있었다.[9] 스탈린의 급격한 정책전환으로 이러한 경향은 잠시 주춤하였지만 1930년대 초반의 정치경제적 상황 변화로 이러한 경향은 되살아날 수 있었다.

경제개발 5개년 계획에서 강조하는 생산력 강화를 위해 노동자들 사이에서 '사회주의적 경쟁'을 도입해야 한다는 주장이 제기되었다. 사회주의적 경쟁은 보다 많은 생산물 산출을 위한 경쟁의식을 노동자들에게 갖도록 하여 그에 따른 임금의 차별적 지급까지도 받아들여야 한다는 내용을 가지고 있었다. 실례로 1930년 무렵에 성과급 임금을 받는 노동자의 비율은 전체의 29% 정도였지만 1932년에 그 비율은 68%로 증가했다.[10] 성과급 체계를 도입함으로써 사회주의 체제의 평등이라는 이상은 허울에 불과하게 되었다. 생산현장에서 성과에 근거한 차별적 대우가 허용되는 마당에 더 많은 물질적 유인책을 제공하여 우수한 기량의 선수를 확보하려는 팀 간의 경쟁을 막을 명분은 줄어들었다.

1935년 국가 챔피언의 타이틀을 놓고 벌이는 축구 리그 개최, 1936년 좀 더 규모가 확대된 전 소련 축구리그와 컵 대회가 시작되면서 승리를 위한 선수확보의 경쟁은 더욱 치열해졌다. 자본주의 체제의 프로선수들과 같은 물질적 혜택은 소비에트 체제에서도 낯선 현상이 아니었다. 이미 1920년대부터 축구 선수로서 명성을 날리고 있었던 스타로스틴 형제는 축구 스타로서 남다른 혜택을 누리던 대표적 선수들이었다. 1930년대 중반을 기준으로 선수들의 기본 월급은 800루블 정도였지만 이들 형제들은 매달 2,000루블 정도를 받았다. 여기에 이들이 해외의 원정시합에서 얻을 수 있었던 선물, 연습장 근처의 다차 이용권리 등까지 감안한다면 축구선수로서의 스타로스틴 형제의 생활은 고위 당 간부 못지않은 특혜를 누리는 생활이었다.[11] 이들 형제들은 소비에트 축구를 대표하는 인물들이 가난뱅이와 같이 살아야 할 하등의 이유도 없다면서 자신들의 생활을 합리화했다.

자본주의 체제의 직업 운동선수들이 누리는 바와 같은 차별적 대우를 소비에트 체제가 용인하였다 하더라도 그것이 선수들이 가져야 하는 정치적 책무를 면제시킨다는 의미는 아니었다. 일반 노동자들이 누리지 못하는 다양한 혜택을 누리고 있던 스타하노프 운동가들의 정당성은 그들이 생산현장에서 높은 생산성을 달성함으로써 소비에트 체제의 생산력 발전에 기여한다는 것이었다. 스타하노프 운동가들의 체제에 대한 이러한 기여를 전제로 스탈린은 1935년 11월 스타하노프 운동가 제1차 전국협의회에서 "동지들, 우리의 삶이 보다 좋아졌고 보다 즐거워졌다"[12]고 자랑스럽게 선언할 수 있었다. 스탈린은 스타하노프 운동가들에 대한 차별적 대우를 그들의 높은 생산성을 근거로 합리화하였던 것이다. 스타로스틴 형제들과 같은 스포츠 스타들이 자신들에게 부여된 물질적 혜택을 체제의 발전과는 무관하게 사적인 쾌락을 위해 이용한다면 비난에서 자유로울 수는 없었다.

세계기록을 보유하여 국제적으로 명성을 얻고 있는 스포츠 스타는 "운동복을 착용한 외교관"으로서 체제의 가치를 대외적으로 과시하는 모범적인 역할을 수행해야 한다는 인식이 있었다. 국제무대에 진출할 정도의 기량을 가진 선수들 중에는 정신적으로 미숙하여 기분에 따라 행동을 제어하지 못하는 선수들도 있었다. 신체문화와스포츠국가위원회의 선전국은 이러한 선수들에 대한 정치교육의 필요성을 강조했다. 정치교육을 받지 않고 이들이 '부르주아 자본주의 국가들'의 선수, 관중, 언론인 등과 접촉할 때 이들이 소비에트 체제의 이데올로기에 합당한 정치적 행동, 예를 들어 방문국가에 있는 공산당 내지 전쟁 기념관등을 방문하며 체제를 대표하는 외교사절로서 합당한 모습을 보일지는 자신할 수 없었기 때문이다.[13]

"운동복을 착용한 외교관"에 어울리는 행동이 스타로스틴 형제와 같은 대중적 스타에게는 더욱 요구되었다. 그들은 스포츠 분야의 '스타하노프'로 남다른 특혜를 누리는 만큼 정부 당국은 개인의 사적이익을 초월한 모습을 보여 줄 것이라고 기대했다. 그러나 형제 중의 맏이인 니콜라이가 프랑스 방문 중에 보인 행동은 이러한 기대에서 현격하게 벗어나 있었다. 1,500m와 10,000m 달리기의 소비에트 기록 보유자로서 니콜라이와 동행했던 즈나멘스키 형제는 니콜라이가 "사적 이익을 추구하는 스포츠 단체의 소유주"처럼 행동하는 부르주아적 모습과 닮아 있었다고 고발했다. 즉 니콜라이는 공장노동자에게 수류탄 던지기 등을 가르치면서 신체문화의 정신을 프랑스 노동자에게 전파하기보다는 많은 관중을 끌어들여 최대한의 수익을 올릴 수 있는 관람 스포츠문화의 확산에 더 많은 관심을 가지고 있었다는 것이다. 니콜라이의 둘째 동생 안드레이 또한 소비에트를 대표하는 사절단의 일원에 합당하는 처신을 하지 못하기는 마찬가지였다. 그는 평범한 보통 사람들의 한 달 치 월급에 맞먹는 돈을 들여 새벽까지 이어지는 음주파티를 동료들과 벌이곤 했다.[14] 스포츠 관람이 대중에게 즐거움을 선사하기 위해서 스타로스틴 형제와 같은 '스포츠 스타'에게 남다른 혜택을 부여했다 하더라도 그들이 그것을 체제의 가치와 부합하지 않는 방향으로 활용한다면 그에 대한 비판은 피할 수 없었다.

스타로스틴 형제의 활약이 중요했던 스파르탁(спартак)의 결성과정을 보면 이렇듯 체제의 공적 가치를 이들 형제가 상대적으로 소홀히 할 수 있는 여지는 내포되어 있었다. 이미 1920년대부터 축구와 아이스하키 두 종목에서 남다른 기량을 선보이며 전국적으로 유명세를 타고 있었던 이들 형제는 1920년대부터 등장하고 있었던 지역 차원의 스포츠 조직을 전국 규모로 확대하고 싶어 했다. 즉 비밀경찰의 후원을 받는 디나모나 적군 중앙클럽과는 구별되는 별도의 조직을 상정하였던 것이다. 이 조직에는 축구와 같은 인기종목뿐만 아니라 육상, 하키 등의 종목 선수도 포함하여 모든 스포츠 종목을 아우르는 대표적 스포츠 단체로 발전시킨다는 것이 니콜라이의 야심이었다.[15]

니콜라이가 자신의 의도를 구현하기 위해 제휴한 조직은 콤소몰이었다. 스포츠는 소비에트 신세대의 체력증진과 가치관 함양을 목표로 하는 신체문화의 한 부분이기 때문에 스포츠에 대한 콤소몰의 관심은 당연했다. 1930년대 초 스포츠 분야의 책임자였던 이반 하르첸코(И. Харченко)가 콤소몰의 부서기였다는 점을 보더라도 스포츠 분야에 대한 콤소몰의 영향력은 지대했다. 특히 콤소몰의 서기 알렉산드르 코사레프(А. Косарев)는 스포츠의 발전과 관리에 콤소몰이 더 많은 역할을 할 수 있기를 원했다. 니콜라이와 코사레프가 두 손을 맞잡는 데 필요한 계기가 마련된 셈이다.

스파르탁의 창설에 있어서 코사레프가 정치적 후원을 했다면 경제적 후원자로 니콜라이가 의도한 인물은 이반 파블로프(И. Павлов)였다. 파블로프는 네프기 제한적 시장 상행위의 허용으로 점차 늘어나고 있었던 상인, 서비스업 종사자, 수공업자 등을 주축으로 하는 상공협동조합(промкооперация)의 수장이었다. 상공협동조합은 1930년대에 상공 인민위원부 산하조직으로 편입되었지만 사회주의 체제의 이념에서 핵심적 위치를 차지하고 있는 공장노동자들이 주축이 되는 조직은 아니었기 때문에 국가기구의 관심에서 벗어나 상대적인 자율권을 누릴 수 있었다. 네프기에 비해 감소하긴 했지만 조직의 상인[16]

들은 상당한 정도의 자금을 축적하고 있는 상태였다. 니콜라이는 이런 조직의 수장과 개인적 친분을 맺어 경제적 지원을 받는다면 자신이 의도했던 조직의 창설을 앞당길 수 있을 것으로 생각했다.[17] 1934년 여름, 니콜라이는 코사레프, 파블로프를 초대하여 사냥을 하며 친목을 다지는 자리를 마련했다. 사냥으로 획득한 피를 흘리는 동물들을 보며 니콜라이는 그러한 유대감을 조성할 수 있었다. 스파르탁의 우승에 필요한 우수한 자질의 선수를 스카우트하는 데 필요한 자금지원을 파블로프는 약속했다.[18] 코사레프와 파블로프라는 든든한 지원군을 확보한 니콜라이는 1934년 9월 22일 스파르탁의 창설을 공표했다.[19] 형성과정에서 국가기구의 주도에서 벗어난 스포츠 조직의 등장이었다. 로마의 노예반란 지도자 스팔타쿠스의 이름을 연상시키는 스파르탁이라는 조직의 명칭에서도 인민친화적인 성격을 강조하려는 의도가 간접적으로 드러나고 있었다.

성립의 주체라는 문제에 초점을 맞춘다면 디나모(динамо)는 스파르탁과 달랐다. 디나모에서는 니콜라이 스타로스틴 같은 개인이 창단과정을 주도하지 않았다. 1923년 4월 18일 디나모의 출범에 주도적 역할을 수행한 것은 비밀경찰을 포함한 경찰조직이었다. 스포츠를 체제의 공고화에 어떻게 이용할 것인가에 관심을 가졌던 국가조직이 디나모의 출범에 처음부터 깊이 관여하였다는 의미이다. 그리하여 디나모는 신체의 단련을 체제 방어의 과제와 연결시켜 생각하였던 총군사훈련국의 기본구조와 인적 자원의 상당 부분을 계승했다. 또한 처음에는 그렇지 않았지만 얼마 지나지 않아 디나모는 가입자격을 내무 인민위원부의 직원으로 한정했다.[20]

출범과정에서 드러나듯이 디나모는 국가권력과의 밀착 정도가 스파르탁에 비해 상대적으로 강했다. 국가권력의 이러한 지원은 지역 차원에서 활동하고 있던 다른 조직들과는 비교가 무의미할 정도로 막강한 것이었다. 디나모 소속 축구 팀은 지역의 공장이나 노동조합이 지원하는 축구 팀이 상상하기 힘든 많은 특권을 누릴 수 있었다. 1928년 소비에트 러시아 최초의 현대식 스타디움이 같은 이름으로 건설되었다는 사실만으로도 디나모가 누렸던 혜택을 짐작할 수 있다. 1920년대 말까지 디나모에 필적할 만한 스포츠 조직은 출현하지 않았다.

1930년대 초반까지 디나모의 상대적으로 우월한 지위는 지속될 수 있었다. 스탈린 체제에서 비밀경찰의 위상이 확대되어 나가는 상황에서 그것은 더 많은 예산을 확보할 수 있었다. 늘어난 예산 배당액을 기반으로 디나모는 우수한 기량의 선수를 확보하기 위해 노력했다.[21] 그렇지만 스타로스틴 형제와 같은 대중적 스타가 디나모에게는 없었다. 네프기의 상대적으로 자율적인 축구 클럽의 분위기에서 성장했던 이들 형제는 국가권력의 의지가 강하게 작용하는 조직에서 자신들의 기량을 발휘하고 싶지 않았다. 비밀경찰보다 정치적 위상이 낮은 콤소몰과 연계하여 새로운 조직에서 활동하는 것이 자신들의 대중성을 더욱 높이는 방법으로 생각했다.[22] 디나모는 이런 배경에서 성장한 스파르탁을 1930년대 중반 이후에는 압도하지 못했다. 1936년부터 시작한 전 소련 축구리그와 컵대회에서 디나모는 1936년에는 리그경기에서, 1937년에는 컵대회에서 승리를 하여 체면을 유지하는 듯 보였다. 그렇지만 1938년과 1939년에 디나모는 컵대회와 리그경기 모두에서 스파르탁에 챔피언의 자리를 내주고 말았다.[23]

국가권력을 상징하는 팀과 재정지원의 측면에서도 차별성을 지닌 스파르탁은 1930년대에 들어와 디나모에 대해 확실한 대립구도를 형성했다. 특히 국가 비밀경찰의 폭력이 점증하는 1930년대의 스탈린 체제에서 디나모와 스파르탁의 축구 경기는 억눌렸던 인민의 감정표출 기회였다. 두 팀의 경기를 보기 위해 많은 관중이 모인 것도 이러한 맥락에서 이해할 수 있다. 1938년 컵대회 결승에서 맞붙게 된 디나모와 스파르탁의 경기를 보기 위해 모여든 관중은 경기장 내로 수용할 수 없을 정도로 많은 인원이었다.[24]

스파르탁과 디나모의 대립구도는 스탈린 시대의 스포츠 관람문화가 확산될 수 있는 한 요소였다. 승리를 위해 최선을 다하는 선수들의 모습을 보면서 관중은 일상생활에서 느끼기 힘든 위안을 잠시라도 얻고 싶었을 것이다. 그렇지만 두 팀의 승부를 정정당당한 기량만으로 결정하기는 어려웠다. 앞서 지적했듯이 스탈린 체제의 폭력적 억압을 대표하는 국가기관의 권위가 두 팀의 경기에 관여하고 있었기 때문이다. 베리아는 1939년 그루지아의 티빌리시에서 열린 컵대회 준결승전에서 디나모가 스파르탁에 패하고 스파르탁이 결국 결승에서 우승컵을 차지한 결과를 그대로 승복할 수 없었다. 정당하게 확정된 경기결과를 뒤집는다는 생각을 할 수 있을 정도로 베리아의 권위는 막강하였다. 새로운 심판을 배정한 상태에서 디나모와 스파르탁의 재경기가 열렸다. 그럼에도 불구하고 결과는 베리아에게 치욕적이었다. 스파르탁이 3대 2로 승리하였던 것이다. 스타로스틴의 회고에 따르면 베리아는 패배가 확정되자 분을 참지 못하여 의자를 박차며 경기장을 떠났다고 한다.[25] 이후에도 비밀경찰의 수장 베리아는 디나모의 운영방식, 예를 들어 코치의 선임, 선수기용 등의 문제에 지속적으로 관여했다.[26] 베리아의 이러한 개입은 최고 권력기구 중의 하나인 비밀경찰의 지원에도 불구하고 콤소몰의 지원을 받는 스파르탁과의 경기에서 패하는 디나모에 대한 불만의 표출이었다.

디나모의 패배는 단순히 스포츠 분야에서 경쟁상대인 스파르탁에 대한 패배가 아니었다. 국가 비밀경찰이라는 막강한 조직이 지원하는 디나모가 패배한다는 것은 인민에 대한 권위를 상실한다는 의미로 비칠 수도 있었다. 사회주의 초기의 신체문화의 원칙에 어긋나는 스포츠 관람을 허용하면서 스탈린 체제의 지도자들은 그러한 공간에서 자신들이 지원하는 클럽 팀이 우승하는 모습을 통해 최고 권력기관의 권위를 지켜내고 싶었다. 그러한 확인을 통해 관람 스포츠 문화의 공간에서도 인민에 대한 통제는 이루어질 수 있다고 생각하였던 것이다. 그렇지만 그러한 공간에 집결한 인민들이 국가권력의 의도에 충실히 부합했는가는 또 다른 문제이다.

2. 스포츠 관람문화의 소비주체 – 관중

스파르탁과 디나모의 대립 구도는 스탈린 체제에서 민중을 경기장으로 향하게 만든 하나의 요소였다. 디나모가 국가권력을 상징하는 '그들의 팀'이라면 스파르탁은 '우리의 팀'이라는 인식이 있었기 때문에 스파르탁의 승리는 암혹한 현실을 잠시 잊게 만드는 위안이었다. 스파르탁에 대한 이러한 태도는 사실 소비에트 체제의 성립과 더불어 갑자기 등장하지는 않았다. 노동자들의 밀집 거주지역인 모스크바의 프레스냐에서 축구는 혁명 전부터 그들의 삶에 침투해 있었다. 영국의 노동계급에게 그랬던 것처럼 축구는 경제적 면에서 상대적으로 빈곤한 노동자들이 공간만 확보한다면 손쉽게 접근할 수 있는 스포츠였다. 코트와 라켓, 티 없이 하얀 경기복 등을 갖춰야 하는 귀족적 취향의 테니스에 비해 축구는 제한적이긴 했지만 분명 서민적 스포츠였다.[27] 노동자들이 밀집해 있던 모스크바의 프레스냐 지역에서는 이러한 친숙성을 바탕으로 뛰어난 기량을 가진 선수들을 갖춘 축구 팀이 출현하였다. '크라스냐 프레스냐'라는 이름의 이 팀에 스타로스틴 형제들은 1920년대부터 활동했다. '크라스냐 프레스냐'에서 뛰면서 노동계급에게 일찍부터 친숙하였던 스타로스틴 형제들이 스파르탁의 창단에 주도적 역할[28]을 하면서 스파르탁은 디나모와는 달리

'우리의 팀'이라는 친근함을 가질 수 있었다.

스파르탁의 이러한 이미지는 공개적인 장소에서 모임의 기회를 좀처럼 갖기 힘든 인민들을 스타디움에 집결시키는 요인이었다. 체제에 대한 인민의 충성도를 확신할 수 없었던 경찰의 입장에서 다수 인민의 집결은 쉽게 허용할 수 없는 사건이었지만 디나모로 대표되는 '그들'의 팀이 스파르탁을 이긴다면 국가권력의 권위를 또한 공식적으로 확인할 수 있는 기회였기 때문에 그것을 의도적으로 막을 필요는 없었다. 두 팀이 겨루는 모스크바의 스타디움에 모인 관중의 수는 스탈린 시대의 붉은 광장에서 벌어졌던 신체문화 축제 퍼레이드, 노동절 및 혁명 기념일 퍼레이드와 같은 국가적 규모의 사회주의적 의식(儀式)[29] 참가자들에 뒤지지 않았다. 아래의 표는 두 팀의 경기가 갖는 이러한 인기도를 잘 보여 준다.[30]

연도	스파르탁		디나모	
	모스크바	모스크바 외부	모스크바	모스크바 외부
1936	29,500	23,300	30,000	24,000
1937	34,000	30,000	37,800	28,700
1938	27,700	19,500	22,300	18,900
1939	46,800	27,800	39,500	23,500
1940	53,900	25,900	44,400	26,000

표 1. 스파르탁과 디나모 경기에 모인 관중 수

위의 표는 디나모와 스파르탁이 모스크바에서 경기를 가질 때 관중의 수는 축구 종가인 영국 클럽 팀의 그것에 뒤지지 않았다는 점을 보여 준다. 1939년 스파르탁과 디나모의 모스크바 경기에 모인 관중의 수는 각각 46,800명과 39,500명이었다. 스파르탁과 디나모 모두 모스크바를 연고지로 가지고 있었기 때문에 모스크바 외부 경기에 모인 관중의 수는 이보다는 적었다. 1938~1939년 시즌에 영국 리그의 애스턴 빌라가 매 경기마다 끌어들인 관중 수는 39,932명이었고 아스날은 39,102명이었다. 리그 챔피언이었던 에버턴은 35,040명이었음을 고려[31]한다면 모스크바에서 디나모와 스파르탁이 각각 어느 팀과 경기를 벌이든 그것은 영국 클럽 팀의 경기에 뒤지지 않는 인기를 누리는 이벤트였다고 말할 수 있다. 스파르탁과 디나모의 관중 수만 비교한다면 1937년 이후 스파르탁의 모스크바 경기는 디나모를 항상 능가했다. 이러한 수치도 '우리'의 팀이라는 스파르탁에 대한 인식이 반영된 결과라고 말할 수 있다. 그렇다면 이렇게 모인 관중의 정체성을 어떻게 규정할 수 있을까?

'우리' 팀이라는 인식을 가능케 만든 스파르탁을 응원하기 위해 모인 관중의 집단적 정체성을 규정하기란 어렵다. 그렇지만 발리 닭싸움의 관중을 "일시적 동질성의 집단(focused gathering)"이라고 묘사한 기어츠의 표현[32]에서 하나의 시사점을 얻을 수 있다. 즉 그들은 아무런 연관이 없는 군중은 아니고 그렇다고 조직화된 집단도 아니었다. 적어도 경기가 진행되는 스타디움 내에서 스파르탁의 승리를 위해 응원하는 동안 그들은 유대감을 느낄 수 있었다. 물론 그러한 유대감을 경기장 밖에서까지 지속해 나가지는 않았다. 경기장 내에서 흥분하며 단합하였던 관중들은 경기가 끝나자 다시 일상에서 원자화된 개인으로 돌아갔다. 그렇다고 스타디움의 경험이 그들에게 무의미한 것은 아니었다. 스포츠사 연구에 사회학적 이론을 도입하여 연구의 지평을 넓힌 더닝(Dunning)은 다음과 같이 지적한다. 더닝에 따르면 관중의 정서적 유대는 일시적이었지만 경기장 안에서 그들은 서로에 대한 공동체 의식을 형성하면서 자신들을 통제하려고 하는 권력자들의 의도를 회피하여 "자율의 외딴 섬"을 창조해 내었다고 한다.[33] 일상의 공개적 장소에서 자발적으로 모일 수 있는 기회를 가지기 힘들었던 스탈린 시대의 인민에게 스타디움은 잠시나마 권력의 영향에서 벗어나 자신들의 감정을 분출할 수 있는 기회로 다가왔다.

당시 간행물에는 권력의 통제에서 벗어난 관중에 대한 묘사가 등장한다. 기사의 작성자는 소비에트 체제의 스포츠와 관련하여 여러 차례 기사를 게재한 바 있는 미하일 롬(Михаил Ромм)이었다. 롬은 1936년 시즌 마지막 경기인 스파르탁과 적군 중앙클럽의 경기에서 나온 관중의 행동을 다음과 같이 기술했다.

전반전이 끝난 휴식시간에 펜스 뒤에 있었던 관중이 운동장으로 한꺼번에 쏟아져 들어왔다. 수천 명의 사람이 눈사태처럼 운동장으로 밀려와 빈틈없는 벽처럼 사이드라인을 따라 운동장을 둘러쌌다. 그들은 잠시 후 골대 주변을 둘러싸 직사각형의 운동장을 타원으로 만들었다.[34]

후반전이 끝나고 흥분한 관중의 일부는 골대 하나를 부수었다. 스파르탁이 이 경기에서 3-1로 승리했기 때문에 관중의 이러한 행동은 경기결과에 대한 불만은 아니었다. 권력기관으로부터 상대적으로 독립해 있던 '우리' 팀인 스파르탁의 유대를 기반[35]으로 팬들은 이러한 한정된 공간에서나마 질서와 권위에 대한 복종을 요구하는 권력에 대해 작은 저항의 몸짓을 하였던 것이다. 이 점은 영국 언론인에게 스파르탁의 팬이 소비에트 체제에서 갖는 의미를 설명하였던 아르메니아 출신 인류학자 레본 아브라미안을 통해서도 확인된다. "사회주의 체제에서 (…) 인민이 지지하는 축구 팀은 인민 스스로가 가입을 선택하였던 공동체였다. 체제는 어느 특정 팀을 지지하라고 인민에게 말하지 않았다. (…) 그것은 인민이 공동체를 선택하는 유일한 기회일 수도 있고 또한 그 공동체 안에서 인민은 그들이 원하는 대로 자신들을 표현할 수 있었다. (…) 서로 다른 사회계급을 대표하는 여러 팀들이 당시에 있었다. (…) 대부분의 스파르탁 팬들은 하층계급 출신이었고 (…) 다소 과격했다."[36] '우리' 팀이라는 스파르탁에 대해 갖는 정서를 바탕으로 인민은 당 혹은 국가에 대한 반감을 상대적으로 자유롭게 스타디움에서 표출하였던 것이다.

그렇다고 관중을 스타디움 외부의 일상적 질서와 권위를 조롱하며 파괴시키려는 저항세력으로 규정하자는 의미는 아니다. 일시적으로 공적 담론을 전복시키는 민중문화의 가능성을 바흐친이 지적한 바 있듯이[37] 스탈린 체제의 관중에게서도 그러한 모습을 제한적 공간과 한정적 시간을 전제로 발견할 수 있음을 지적하고 있는 것이다. 스타디움의 관중은 경기장 밖에서 다시 "원자화된 개인"으로 돌아가 조직적인 저항세력으로 결집하지는 못했다. 그렇지만 스타디움에 입장하는 순간부터 그들은 정해진 규칙과 질서를 무시하는 방법을 알고 있었다. 특히 스파르탁과 디나모가 경기를 벌이는 날처럼 많은 관중이 몰렸을 때 규칙 위반은 보다 용이하였다. 당시의 경험을 올레슈크(Ю. Олещук)는 다음과 같이 회고한다.

> 바보만이 검표원을 혼자 통과하려고 한다. (…) 집단적으로 통과하는 다른 방법이 있다. 우리에게는 "증기기관"이라고 불리는 믿을 만한 다른 방법이 있다. 표를 사지 않은 30, 40, 혹은 50여 명이 출입구 중의 한 곳에 무절제하게 모여 있다가 신호를 교환하여 정해진 순간에 출입구 쪽으로 엄청난 힘으로 몰려 들어간다. 검표원은 소리를 지르며 우리를 잡으려고 하지만 우리를 멈출 수는 없다.[38]

올레뉴크의 회상에 따르면 권위를 행사하려는 검표원은 관중에 의하여 무시당하고 있다. 일상의 영역에서 국가권력이 강제하는 질서와 권위를 좀처럼 부정하기 힘들었던 관중은 스타디움이라는 한정된 공간에서나마 권위에 대해 "작게나마 저항하는" 그들의 방식을 가지고

있었다.[39]

우승을 다투는 스파르탁과 디나모의 선수들 못지않게 각각의 팀을 응원하는 관중 사이의 적대감도 만만치 않았다. 그들 사이의 싸움을 방지하기 위해 응원단의 좌석은 완전히 분리되었다. 스파르탁의 팬들은 상대적으로 값이 싼 스타디움의 동쪽 자리에 모였다. 디나모의 팬들은 북쪽과 남쪽 스탠드에 자리 잡았다. 스파르탁 팬들의 좌석이 '서민'의 것이었다면 디나모 팬들의 좌석은 '귀족'의 것이었다. 스타디움 좌석 배치에서 권력의 위계질서를 감지하였던 스파르탁의 팬들이 디나모 선수들을 권력의 대리자로 생각하며 공격적 언사를 발설하는 행동도 이러한 맥락에서 이해할 수 있다. 스파르탁 팬들의 구호는 "경찰 혹은 군인을 때려잡자"였다.[40] 스파르탁의 팬들은 디나모에 대한 승리를 자신들을 억압하는 경찰, 혹은 군대에 대한 보복으로 생각했던 것이다.

스탈린 체제에서 관중은 이와 같이 제한적 공간에서 벌어지는 스포츠를 통해 자신들의 목소리를 미약하게나마 발설했다. 관중의 이러한 행동이 스탈린 체제의 노동자들이 수동적인 방관자로 남아 있지만은 않았다[41]는 하나의 암시로서 해석될 수도 있지만 관중의 정확한 사회적 구성을 드러내는 증거자료로 보강되지 않는 한 신중하게 평가할 필요는 남는다. 다만 분명한 것은 신체문화의 원칙과 어긋나는 '보는 스포츠'를 스탈린 체제의 인민들이 한정된 공간에서 향유하면서 그러한 공간 내에서 그들은 순종적인 인민으로 남아 있지 않았다는 점이다. 스타디움 밖에서의 저항으로까지 진전시키지 못하는 한계를 가지고 있었지만 스타디움 내에서의 인민은 체제의 통제를 저항 없이 받아들이는 수동적인 존재는 아니었던 것이다. 이런 의미에서 스탈린 체제의 인민에게 어떻게 그러한 의미를 갖는 공간이 제공되었는가를 살펴볼 필요가 있으며 이는 다음의 주제이다.

3. 스탈린 체제의 관람 스포츠 공간 - 스타디움

20세기 스포츠 산업의 선두주자라고 할 수 있는 미국에서 스포츠 문화의 형성공간인 스타디움은 특별한 가치를 지니는 장소였다. 1910년대 아이비리그 소속 대학교 간의 경쟁에서 스타디움 건설을 통한 시합 유치는 대학이 위치하고 있는 소도시의 이름을 언론을 통해 미국전역에 알릴 수 있는 기회였다. 대도시에 연고를 두고 있는 메이저리그 소속팀의 경우 콘크리트와 같은 견고한 소재로 지어진 거대한 규모의 야구장은 경기의 승패와 무관하게 도시의 상대적 우월성을 과시할 수 있는 장소이기도 했다.[42] 스타디움은 단순히 경기의 승패를 가르기 위한 장소라는 일차적 기능을 넘어 복합적인 기능을 수행할 수 있는 장소라는 인식을 당시 미국의 스포츠 문화 형성자들은 가지고 있었다.

스타디움과 관련하여 1930년대 유럽에서 전개된 논의는 미국에서의 그것과 맥락상 일치하지는 않았다. 프랑스에서는 상업적인 이해와 결부된 스타디움 건설을 부정적으로 보는 시각이 남아 있었다. 이러한 시각에 따르자면 다목적의 거대한 스타디움은 보다 많은 관중을 단순히 구경꾼으로 전락시킴으로써 상업적인 이해에만 봉사할 뿐이다. 스포츠를 통한 전 국민의 육체적 능력 증진은 이러한 방식으로 성취될 수 없었다. 그러나 다른 한편에서 스타디움은 1936년 베를린 올림픽이 보여 주었듯이 프랑스 국민들에게 자긍심과 위대함을 심어 줄 수 있는 유대의 장소로서 활용될 수 있었다. 다수가 참여할 수 있는 거대한 매스게임의 장소, 그리고 전체가 하나와 같이 움직일 수 있는 규율의 장소로서 스타디움이 활용된다면 스타디움은 소수의 참가자만이 기량을 과시하는 부정적 공간이 아니었다. 스타디움이 단순

히 적극적인 참여를 생각한 바 없는 관중을 위한 공간이라는 시각은 따라서 재고되어야 하는 것이었다.[43]

소비에트 체제에서 여가활동을 위한 공간조성의 필요성은 정치 및 사회경제의 현안에 밀려 최우선적 해결과제는 아니었지만 완전히 방치되지는 않았다. 특히 체제가 혁명 직후의 내전의 위기 상황을 극복한 1921년부터 체제의 인민들을 위한 여가활동을 위한 공간조성의 필요성은 이미 제기되고 있었다. 이러한 노력은 마침내 1928년 모스크바 레닌언덕[44]에 문화 및 여가를 위한 고리키 중앙공원 (Центральный парк культуры и отдыха имени Горького)의 조성으로 결실을 맺었다. 그렇지만 고리키 공원은 자본주의 체제 대도시의 녹지공간과 같이 도시의 삭막한 외관에 초록의 공간을 제공한다는 기능에만 머물러 있을 수 없었다. 스탈린 체제가 출범하면서 고리키 공원은 소비에트 체제의 가치를 인민들에게 주입하는 장이자 체제의 안정성을 과시하기 위해 기획된 축제의 장으로도 활용되어야 했다.[45] 물론 이러한 초기의 의미부여는 스탈린 체제 후반기로 갈수록 상당 부분 퇴색한 것도 사실이지만 여가활동을 위한 공간을 소비에트 체제는 새로운 인간형 창출이라는 목적과 어느 정도 결부시키려고 하였음을 보여 주는 사례였다.

스포츠를 위한 공간조성은 다수 인민이 쉽게 접근할 수 있는 공원과는 다른 맥락에서 논의되어야 했다. 혁명 이전 도시의 하층계급은 스포츠를 즐길 수 있는 공간에 접근할 수는 있었지만 그러한 공간이 '사회적 융합'의 장은 아니었다. 도시의 노동계급이 스포츠에 참여할 수 있는 공간은 도시 외곽에 위치하는 경우가 많았고 도시 내의 스포츠 시설을 이용하기 위해 그들은 오랜 시간을 기다려야 하는 경우도 있었다.[46] 인민의 평등을 체제의 이상으로 내건 소비에트 체제는 이러한 문제점을 해결한 '붉은 스타디움'을 건설해야 했다. '붉은 스타디움'은 인민 모두가 스포츠를 소비할 수 있는 평등의 공간이어야 했다.

'붉은 스타디움'은 또한 수동적인 소비의 측면이 강했던 자본주의 체제의 스타디움과는 구별되어야 했다. 이미 언급한 바 있듯이 소비에트 권력 초기에 관중을 앞에 두고 승리를 최고의 가치로 삼는 스포츠 문화는 부정적으로 받아들여졌다. 그렇지만 '보는 스포츠'의 즐거움을 혁명 이전과 같이 도시의 중산층에게만 한정시킬 수는 없었다. 이념적 원칙을 중시하는 신체문화만을 가지고서는 노동계급 전반을 끌어들일 수 없었기 때문이다. 소비에트 권력은, 노동계급의 흥미를 유발할 수 있는 공간은 허용은 하되 그러한 공간이 단지 수동적인 소비의 공간이 아니라 보다 창조적인 기능을 수행하기를 원했다. 부연하자면 그러한 공간을 통해 새로운 '소비에트 인간형'이 생성될 수 있는 가능성을 볼셰비키 정부는 찾고 싶었던 것이다.

1920년대에 '붉은 스타디움'의 건설과 관련한 다양한 제안은 이러한 맥락에서 등장했다. 1922년 결성된 붉은 스타디움 건설협회는 2년 후인 1924년에 적합한 설계도를 찾기 위한 공모전까지 개최하였다. 전 복싱선수이자 대중집회의 조직가인 하르람피에프(A. Харлампиев)는 새로운 스타디움은 주변의 자연환경과 단절되지 않는 개방적 구조를 가져야 한다고 주장했다. 사회주의 체제의 스타디움이 이렇게 자연환경에 열려 있는 개방적 구조를 가져야 대중집회를 열고 싶은 인민의 욕구에 부합할 수 있다고 그는 생각했다. 그는 또한 '붉은 스타디움'이 스포츠를 위한 공간만이 아니라 문화 전반을 포괄하는 기능과 정치적 기능까지 수행할 수 있도록 설계되어야 한다고 주장했다. 그렇지만 그는 그러한 복합적인 기능을 수행할 수 있는 구체적 방법을 제안하지는 못했다.[47]

공모전을 통해 이상적인 스타디움의 구체적 모습을 확보하지는 못했지만 이와 관련된 논의는 지속되었다. 고등예술기술학교(Вхутемас)의 건축학과 교수인 라도프스키(Н. Ладовский)가 스타디움 건설 위원회의 위원장을 맡으면서 논의를 이끌어 나갔다. 라도프스키의 제안에도 스타디움 건설을 위한 구체적 재원마련의 방법이라든가 대중을 끌어들이기 위해 스타디움이 갖추어야 할 편의시설에 대한 논의는 빠져 있었다. 육체와 정신의 조화로운 발전을 달성해 내기 위한 스타디움의 구조, 타원형의 스타디움 외관이 이러한 조화를 달성하는 데 유용한 이유 같은 다분히 추상적인 논의가 라도프스키 논의의 중심에 자리 잡고 있었다.[48] 스타디움 건설을 위한 적극적인 움직임은 이러한 추상적인 논의 수준에서는 가시화될 수 없었다.

자본주의 체제의 스포츠 문화에 대한 소비에트 지도부의 부정적 견해는 새삼스러운 것은 아니지만 네프 말기에 보다 빈번하게 등장했다. 저명한 소설가 막심 고리키는 1928년 당 기관지 『프라브다』에 다음과 같은 견해를 표명하였다. "부르주아 스포츠는 분명한 하나의 목적이 있다. 인간을 원래 상태보다 어리석게 만드는 것 (…) 부르주아 국가에서 스포츠는 제국주의 전쟁을 위한 병졸들을 생산하기 위해 이용된다."[49] 교육 인민위원부의 수장 루나차르스키 또한 개인주의, 기록 지상주의, 경쟁적 원리 등을 내용으로 하는 자본주의 스포츠 문화는 억제해야 할 악으로 규정했다.[50] 노동계급의 국제적 연대를 강화하는 동시에 사회주의 모국으로서 소비에트 러시아의 위상을 강화시킬 수 있는 국제적 스포츠 제전의 개최는 이러한 부정적 측면을 해소할 수 있는 대안으로 부각되었다. 볼셰비키 정부는 올림픽에 대응하는 스파르타키아드라는 국제적 제전을 4년마다 개최하여 승리 지상주의에 빠져 있는 자본주의 체제의 스포츠 문화를 극복해야 된다는 것이었다. 스파르타키아드가 열리지 않는 중간 시기에는 소비에트의 각 공화국, 주 및 노동조합을 대표하는 선수들이 모이는 소비에트만의 스파르타키아드를 개최하여 인민들의 내적 결속력 또한 강화시키자는 제안 또한 등장하였지만 1930년대 중반 이전에는 실현되지 못했다.[51]

다수 군중이 참여하는 의식(儀式)을 중요한 선전수단의 하나로 활용함으로써 인민의 정치의식의 사회화를 달성하려고 하였던 소비에트 체제로서는 국제적 스포츠 행사에 필요한 공간의 확보는 더 이상 추상적 차원의 논의로만 끝낼 수 없는 문제였다. 10월 혁명의 성취 10주년을 경과한 시점에서 "경제적, 문화적 업적"의 산 증거이자 선전장으로 활용할 수 있는 공간을 확보한다면 사회주의 조국에 대한 애국심과 대외적 자긍심 향상에도 기여할 것이라는 전망도 제시되었다.[52] 건축가 알렉산드르 랑그만(А. Лангман)과 레오니트 체리코베르 (Л. Чериковер)의 설계도를 바탕으로 한 디나모 경기장이 1928년 그 위용을 드러낼 수 있었던 것도 이러한 배경에서였다. 디나모 경기장은 35,000개의 좌석과 입석으로 12,000명을 더 수용할 수 있는 공간을 갖추고 있었기 때문에 뉴욕의 양키 스타디움이나 로스엔젤레스의 콜로세움에 필적할 수 있는 소비에트의 최고 스포츠 시설이었다.[53]

디나모와 같은 소비에트 체제의 최고 스포츠 공간을 4년마다 열리는 스파르타키아드만을 위해 사용할 수는 없었다. 정치적 의미를 내포하고 있는 행사를 위해 디나모를 활용할 필요도 있었지만 스포츠 경기를 통해 얻을 수 있는 일상적 즐거움을 제공하는 공간으로 활용할 필요도 있었던 것이다. 더구나 디나모 경기장 가까이에 콤소몰보다 어린 나이의 청소년들이 주축이 되는 피오네르 소년단을 위한 스포츠 종합단지가 1932년 완성되었기 때문에 이 일대를 4년마다 열리는 국제적 행사를 위한 공간으로만 방치할 수는 없었다. 요컨대 디나모를 중심으로 한 이 공간을 1930년대 신체문화의 이념을 구현하기 위한 중심장소로 만들자는 발상이 힘을 얻을 수 있었다.[54] 인민 대중을 디나모 스타디움으로 쉽게 접근하도록 하기 위한 디나모 지하철역의 건설 또한 이 공간을 4년마다 벌어지는 국제적 행사를 위한 공간 이상으로 활용하겠다는 의지의 표현이었다.

디나모를 중심으로 한 공간조성이 1930년대 신체문화의 이념을 구현하기 위해 실현되었지만 구체적 양상은 1920년대와 동일할 수 없었다. 1930년대에 신체문화의 원론적 의미만을 추구할 수는 없었기 때문에 디나모 같은 스타디움은 다수의 참여를 전제로 하는 매스게임이나 퍼레이드 이외에도 '보는 즐거움'을 제공해야 했다. 승패를 다투는 우수한 기량의 선수들을 보면서 스타디움에 모인 관중은 즐거움을 얻고 싶었다는 의미이다. 디나모 지하철 내부에는 관중의 이러한 욕구에 부합이라도 하려는 듯 운동선수의 뛰어난 기량을 형상화하는 장식물들이 배치되었다. 얕은 부조의 형태를 띠고 있는 이들 장식물들은 신체문화의 원론적 의미에서 강조하였던 집단적 이미지보다는 스포츠의 다양한 종목에서 기량을 보이는 개인을 형상화하고 있다. 허들을 뛰어넘는 민첩한 이미지의 육상선수, 날렵하면서도 발달한 근육을 가지고 있는 여자 투포환 선수, 우아한 곡선미를 통해 예술적 기량을 뽐내려는 여자 피겨 스케이팅 선수를 이들 이미지는 표현하고 있다.[55]

디나모라는 새로운 공간을 통해 디나모 건설 이전부터 '보는 스포츠'로 가장 인기가 높았던 축구선수를 볼 수 있는 기회는 늘어났다. 디나모 건설 이전에 모스크바에서 가장 큰 스포츠 공간은 피쉐빅(пищевик) 스타디움이었다. 이름에서 드러나듯이 피쉐빅 스타디움은 식품 노동자조합이 1926년에 건설한 공간으로 15,000명의 관중을 수용할 정도의 규모였다. 노동조합의 지도자 이름을 따라 톰스키 스타디움으로 개명한 피쉐빅 스타디움은 그 정도의 공간이 존재하지 않았던 1926년 이전의 상황과 비교할 때 하나의 축복이었다. 대부분의 축구 팀은 이보다 훨씬 작은 규모의 스타디움에서 경기를 치러야 했기 때문이다. 가장 많은 팬을 가지고 있는 축구 팀도 외야에 무너져 내릴 듯한 5,000석을 보유한 경기장에서 시합을 치른 것과 비교해 보면 톰스키 스타디움은 축구 경기를 즐겨하는 관중의 욕구를 어느 정도 해소했다.[56] 수용능력이 더 확대된 디나모 스타디움은 '관람 스포츠'의 즐거움을 확대시켰던 공간이었다.

선수들에게 디나모 스타디움은 보다 많은 관중 앞에서 자신들의 기량을 과시한다는 의미 이외에도 선수로서 이전에 누리지 못했던 다양한 특혜를 누리는 공간이었다. 디나모 스타디움 건설 이전에 선수들의 라커룸은 시합 전후에 경기를 준비할 수 있을 정도의 시설을 구비하고 있지 않았다. 운동복을 갖춰 입을 수 있는 공간이라든가 경기 후에 온수로 샤워할 수 있는 시설이 완비되지 못한 경기장이 대부분이었다. 디나모 스타디움에서 선수들은 이제 온수로 샤워를 할 수 있고 각자에게 제공된 락커를 사용할 수 있었다.[57] 디나모 스타디움이 가지고 있는 이러한 편의성은 디나모를 가장 인기가 높은 팀 간의 경기를 위한 장소로 빈번히 활용하는 이유이기도 했다.

디나모 스타디움의 완성은 1920년대부터 성장하고 있었던 '관람 스포츠'의 확산에 일정 정도 기여했다. 스탈린은 1931년 러시아 사회주의연방 신체문화 군(郡), 주, 공화국협의회에서 이러한 공간의 확보가 소비에트의 노동자에게 모든 종류의 "문화적 필요"를 제공하는 필요조건이라고 언급했다. 즉 "소비에트의 노동자는 모든 종류의 물질적, 문화적 필요"를 확보한 상태에서 살기를 원하는데 "노동자들은 그러한 권리를 가지고 있고 소비에트 권력은 그러한 조건을 제공해야만 한다"는 것이었다.[58]

"문화적 필요"라는 포괄적 용어를 사용했지만 신체문화 협의회라는 특정의 목적을 지닌 회합에서 나온 용어임을 고려할 때 그 말은 신체문화의 이념을 실현할 수 있는 공간의 확충을 의미한다고 지적할 수 있다. 그런데 디나모와 같은 공간은 인민의 직접적 참여를 통해 신체문화의 이념을 구현하는 공간이기보다는 '관람 스포츠'를 위한 공간의 기능이 강해졌다. 물론 디나모의 출발은 스파르타키아드와 같은 정치적 행사를 통해 소비에트의 국제적 위상을 강화하는 것이었지만 4년마다 열리는 행사만을 위해 다수 인민의 즐거움을 희생할 수는 없었다. 소비에트 지도부는 공식 석상에서 새로운 공간의 창조가 신체문화의 이념을 구현하기 위한 필요한 조건이라고 언급하면서도 그러한 공간에서 인민이 신체문화의 이념을 적극적으로 구현하는 주체로 '탄생'할 수 있는 가능성은 많지 않았다. 관람 스포츠가 확산되어 가는 스포츠문화에서 신체문화의 이념을 구현하자는 구호는 점점 더 공허하게 들렸다. 스타디움이라는 제한적 공간에서이긴 하지만 '우리'와 '그들'이라는 사회적 차별을 강하게 느끼게 된 인민도 체제와의 일체성보다는 그것에 대한 작은 저항의 몸짓을 드러내고 있었다.

스탈린 시대의 관람 스포츠 문화를 생산한 주체로서 국가권력과 스포츠 스타를 일차적으로 거론할 수 있다. 그렇지만 신체문화의 원칙을 이념적으로 고수하는 상태에서 스포츠 스타의 존재는 국가권력의 허용 없이는 불가능했기 때문에 스포츠 관람문화의 궁극적 주체는 국가권력이라고 할 수 있다. 스포츠 관람문화가 형성되는 공간으로서 스타디움의 확보도 국가권력의 의지와 지원이 필수적이었기 때문에 '생성 주체'로서의 국가권력의 역할은 더욱 분명해진다. 이렇게 형성된 스포츠 관람문화를 '소비하는 주체'로서의 관중은 스타디움이라는 한정된 공간에서였지만 국가권력에 대해 수동적인 집단으로만 머물러 있지 않았다. 일시적인 집단 정체성이라는 한계를 내포하고 있었지만 그들은 그러한 정체성을 기반으로 국가권력에 대한 작은 저항의 몸짓을 보이고 있었다. 스포츠 관람문화는 이런 면에서 스탈린 체제가 일상의 세세한 측면에 이르기까지 전체주의적 통제를 확립하지 못했다는 또 하나의 지표로 볼 수 있다.

신체문화와 스포츠의 관점에서 볼 때 1920년대와 스탈린 시대는 '불안한 동거'의 시대라고 할 수 있다. 사회주의 체제의 출범 직후인 1920년대는 체제의 기반을 다지기 위한 다양한 정책들이 제시되던 시기였다. 체제의 기반 공고화에 기여할 수 있는 이념적 내용과 연결되어 있는 신체문화의 정책은 이러한 시대적 배경에서 강조되었다. 그렇다고 이념적 내용이 다분한 신체문화 정책을 인민의 일상생활 모두에서 관철시킬 수는 없었다. 신경제 정책이라는 1920년대 정책 기조는 인민의 구체적 요구를 무시한 사회주의 체제건설은 기대할 수 없다는 자각이었다. 인민은 여가생활과 같은 일상을 이념성을 강하게 드러내는 놀이문화로만 채우려고 하지 않았다. 그들에게는 혁명 이전부터 그래왔듯이 이념과는 무관하게 작업장별 시합이라든가 개개인의 기량을 겨룰 수 있는 스포츠 여가문화의 형태도 중요했다. 따라서 1920년대는 신체문화의 이념적 내용이 우세했지만 그것과 대비되는 스포츠 문화도 공존하는 시대였다. 문화정책의 방향도 인민의 구체적 요구에 부응하여 일정 정도의 양보가 필요했다.

스탈린 시대에 들어와 이념적 내용이 강한 신체문화 정책의 우월성은 다소 약화되었다. 계급적 원칙에 기반한 문화혁명이 기층 민중에 대한 특권과 평등을 강조했다면 문화혁명 이후 스탈린 체제의 정책 기조는 이와는 달랐다. 스탈린 체제는 사회주의적 경쟁을 도입하여 생산성 향성에 크게 기여한 노동자들에게 물질적 특혜를 부여했다. 노동자들의 경쟁을 유도하는 정책 기조 아래에서 집단정신과 집단 전체의 성과를 강조하기란 어려웠다. 신체문화 정책에서 비판되었던 경쟁을 통해 우승자를 가리는 스포츠와 그러한 우승에 기여하는 선수들을 보기 위한 관람 행위도 문화의 한 형태로서 확산되기 시작했다. 문화적 측면에서 이러한 변화가 등장했다고 해서 스탈린 체제가 이념을 포기하고 현실에 순응하려고 했다는 의미는 아니다. 이러한 문화형태의 확산과정에서 스탈린 체제는 이념을 지켜 내기 위한 시도를 멈추지는 않았던 것이다. 이전 시대에는 등장하기 어려웠던 스포츠 영웅에게 사회주의 체제를 대표하는 운동선수로서의 모습을 보여 주기를 요구했고 스포츠를 수동적으로 관람하는 관중에게도 사회주의적 규율을 습득하는 계기로서 활용하고자 했다. 신체문화와 스포츠 사이의 일정한 긴장관계가 1930년대에도 존재했다. 정책의 우선순위 면에서 체제 내에서 이러한 긴장은 2차 세계대전 이후 스포츠를 체제 선전의 도구로 활용하려는 소련 정부의 의지에 의해 약화되어 갔다.

2부

올림픽 '열전'의 실제

소련의 올림픽 참가부터 개최까지

5장

소련의 1952년 하계 올림픽 참가

☭

냉전이 최고조에 달했을 때 올림픽은 양대 진영을 대표하는 미국과 소련의 '열전'이 벌어지던 무대였다. 경기에서의 승리가 체제의 우월성을 증명하는 직접적 지표였기에 체제를 대표하는 선수들은 승리를 위해 사활을 걸었다. 확고한 의지로 무장하여 승리를 쟁취한 선수들은 두 나라 모두에서 일약 스포츠 스타로 부상했다. 올림픽의 스타들은 소련에서 공훈 스포츠 선수로서 보통의 인민들이 누리기 힘든 막대한 물질적 혜택을 누렸다. 이들에게는 값비싼 승용차는 물론 안락한 주거시설이 제공되었다. 이러한 면을 강조한다면 소련의 국가대표 선수들의 승리에 대한 열망은 소비에트 권력이 선전한 대로 체제에 대한 충성심에서 분출했다기보다, 국가가 부여하는 물질적 보상을 획득하기 위한 이기심에서 나왔다고 지적하는 것이 더 타당해 보인다. 어쨌든 올림픽에서 메달 획득의 수가 체제의 우수성을 증명하는 지표라고 한다면 소련은 소기의 목적을 달성했다. 1952년부터 1988년까지 하계 올림픽을 기준으로 전체 메달 획득 수에서 소련이 미국에 뒤처진 해는 1952년, 1968년 두 해뿐이었다. 1980년 모스크바 올림픽은 미국의 보이콧, 1984년 LA 올림픽은 소련의 보이콧 아래 열렸기 때문에 두 올림픽에서 미국과 소련의 대결은 없었다. 1988년의 서울 올림픽에서 소련은 메달 획득의 수에서 동독의 102개를 앞선 132개로 1위였고 미국은 94개로 3위였다.[1]

이와 같이 소련은 스포츠를 매개로 한 전쟁에서 상대인 미국을 압도했다. 소련이 그럴 수 있었던 이유는 앞에서도 말했듯이 국가가 수여하는 물질적 혜택을 누리고자 하는 선수들의 욕구, 재능 있는 선수들을 일찍부터 발굴하여 체제를 대표하는 선수들로 양성하였던 시스템 등을 지적할 수 있다. 올림픽에서 소련의 부각을 가능케 했던 상세한 논의는 7장에서 기술하기로 하고 여기서 내가 논의하고 싶은 내용은 소련이 올림픽에 참가하기까지의 대내외 장애물을 제거해 내는 과정이다. 이러한 과정이 의미를 갖는 이유는 다음과 같다.

소비에트 러시아의 스포츠 정책은 원칙적으로 자본주의 체제의 경쟁을 배제하는 내용으로 출범했지만 1930년대에 들어와 인기종목인 축구를 중심으로 승패를 겨루는 관람 스포츠문화가 정착되면서 팀 간의 경쟁은 가열되었다. 승자를 우대하는 스포츠 문화를 국내적 차원에서는 허용했다고는 하지만 이러한 분위기가 체제를 달리하는 국가들과의 시합으로 확대되지는 않았다. 자본주의 체제 국가와의 대항전에서 패한다면 소비에트 권력이 선전하였던 체제의 우월성이 허구라는 것을 드러내기 때문에 섣불리 나설 수는 없었다. 1952년에 와서야 소련은 올림픽에 처음 모습을 드러냈다. 그렇다면 1952년에 올림픽에 참여하기까지 소비에트 지도부는 어떠한 준비과정을 거쳤을까? 소비에트의 참여결정은 단순히 국제 스포츠 무대에서 자신들의 우월성을 보여 줄 수 있다는 자신감의 발로였는가, 혹은 국제 올림픽위원회(IOC)와 같은 외부조직과의 힘겨루기에서 나온 결과였는가? 소비에트 권력 내부에서 올림픽의 참가를 추동하는 요소들은 존재하지 않았는가? 그러한 내부적인 요인들이 혹시 존재했다면 올림픽 참가의 최종 목표를 성취하기까지 어떠한 장애들을 이겨내야 하는가?

이러한 질문들에 대한 대답을 아래에서 모색해 보려고 한다.

1. 소련의 국제 스포츠 제전

소련의 스포츠가 국제 스포츠 무대에 진출하는 과정에서 우선 등장하는 조직은 루체른스포츠인터내셔날(Lucerne Sport International, 이하 LSI)과 적색스포츠인터내셔날(Red Sports International, 이하 RSI)이다. 앞서 언급한 바 있듯이 LSI는 노동자 대중과 유리된 세계 혁명운동의 전략을 부정하며 노동자 스포츠조직의 교류를 혁명운동의 수출에 한정시키는 데 반대했다. 각 나라의 스포츠조직에는 공산주의 이념에 동조하지 않는 다수의 노동자가 존재하기 때문에, 체제타도를 위한 선전의 장으로 노동자 스포츠조직의 교류를 이용한다면 이들의 이탈을 초래한다고 우려했기 때문이다. LSI는 노동계급 스포츠 조직의 빈번한 교류를 강화하는 것이 노동자들의 유대와 단결을 성취하는 지름길이라고 주장했다. 정치적 의도보다는 노동자들의 친목을 우선시하는 태도였다. 반면에 RSI는 국제적 스포츠 교류를 소비에트 사회주의의 우수성을 과시하는 기회로 삼아야 한다고 주장했다. 소비에트 체제의 위대함을 각인시키기 위한 기회로 자본주의 국가의 스포츠 팀과의 경기를 활용할 필요가 있었다. 물론 소비에트 대표 팀의 승리를 보장하지 못하는 자본주의 국가 스포츠 팀과의 경기는 신중하게 결정되어야 하지만, 동시에 스포츠의 활용은 체제의 우수성을 과시하기 위한 선전의 장으로 강조되어야 했다.[2] 한마디로 RSI는 국제 스포츠 교류의 장을 노동자들의 국제적 연대보다는 소련을 위한 선전의 도구로 활용하려고 했다.

LSI와 RSI의 이러한 노선 차이는 노동계급의 연대를 확인하는 국제 스포츠 제전의 개최와 관련하여 협조적 관계 구축을 어렵게 했다.

LSI는 올림픽의 대안으로 1925년 국제노동자올림피아드(International Workers' Olympiads)를 독일의 슈라이버하우에서 개최했다. 국제노동자올림피아드의 노동자들은 국기가 아닌 적색기 하나만을 들고 모임으로써 국가를 초월한 노동자들의 유대를 과시했다. RSI의 회원국인 소련, 체코슬로바키아, 프랑스, 노르웨이의 4개국도 대회의 참석을 신청했다. LSI의 집행부는 이들의 참가 신청을 놓고 장기간 숙의를 거듭한 끝에 이들의 신청을 거부하였다. 이들 회원국이 RSI의 노골적인 정치적 성향을 드러낼 것이라고 우려하였기 때문이다.[3] RSI와의 우호적 관계 수립의 의지를 LSI가 가지고 있지 않다는 점을 노골적으로 드러낸 것이었다. LSI는 더 나아가 자신의 노선을 명확히 하기 위해 1928년 1월 사회주의노동자국제스포츠연맹(Socialist Worker Sports International)으로 이름을 바꿨다.[4] 노동계급의 국제 스포츠제전을 소련의 이익에 봉사하는 도구로 떨어드리지 않겠다는 강한 의지의 표현이었다.

RSI를 배제한 국제 스포츠제전의 개최를 감행하는 LSI에 맞서 RSI도 대응책을 강구했다. 1928년 모스크바에서 개최한 스파르타키아드(Spartakiad)는 그러한 대응책의 일환이었다. 고대 로마의 노예 반란을 이끌었던 '스파르타쿠스'의 이름을 연상시키는 대회 명칭이 암시하듯이 스파르타키아드는 노동계급의 스포츠 제전을 통해 프롤레타리아의 국제주의를 성취하겠다는 의지의 표현이었다. 더 나아가 스파르타키아드는 LSI의 개혁주의적 성향과의 단절을 명확히 했다. 소비에트 러시아의 스포츠 정책을 총괄했던 신체문화 최고위원회[5]의 의장 미하일로프의 다음의 언급은 이 점을 더욱 분명히 했다.

개혁주의적 루체른스포츠인터내셔날은 노동자들을 프롤레타리아 혁명의 과제로부터 이탈시키는 데 스포츠를 활용함으로써 부르주아지를 도왔다. 영국의 노동조합주의자들이 1926년 총파업의 와중에서 다음의 '불길한' 결의문으로 노동자들을 어떻게 이탈시켰는지 누구나 알고 있다: "파업의 기간에 경찰과 축구경기를 조직할 것을 요구한다." 적색스포츠인터내셔날은 노동계급의 혁명적 과제로부터 광범위한 대중을 이탈시키기 위해 스포츠를 활용하려는 시도에 대해 모든 수단을 동원하여 단호히 맞서야 한다.[6]

이데올로기적 방향성을 분명히 한 스파르타키아드를 명실상부한 전 세계 노동자들을 위한 스포츠 제전으로 발전시킬 것인가는 또 다른 문제였다. 스파르타키아드의 대다수 프로그램은 전 세계 노동자들이 한자리에 모여 기량을 겨루면서 즐거움을 얻는다는 축제 분위기 형성과는 거리가 멀었다. 스파르타키아드의 참가 선수들은 본격적인 경기 이전에 붉은 광장에서 열리는 군대의 열병과도 같은 퍼레이드에 참석해야 했다. 퍼레이드 후에 3만 명 정도의 군중이 모스크바 시의 레닌언덕까지 산보하는 "집단 걷기"의 프로그램도 전야제 행사의 일부였다. 특히 붉은 광장에서의 퍼레이드는 스파르타키아드를 군사적 성격의 스포츠 제전과 연결시키려는 공산당 지도부의 의지의 표현이었다. '세계 프롤레타리아트와 세계 부르주아지의 모의전쟁'과 같은 스포츠라고 얘기하기 어려운 종목까지 포함한 것을 보면 스파르타키아드에서 올림픽과 같은 흥분을 기대하기는 어려웠다.[7]

스파르타키아드를 국제 스포츠 행사로 부르기에 미흡한 또 다른 요인이 있었다. 전 세계 노동계급의 유대를 확인하는 장이라는 선전이 무색할 정도로 스파르타키아드에 참가하는 국가들의 수는 소수에 불과했다. 게다가 스파르타키아드에 선수들을 파견하려는 노동자 스포츠 단체의 시도에 대해 독일, 프랑스 정부 등은 선수들의 해외여행에 필요한 비자발급을 거부했다. 비자를 발급한다 하더라도 스파르타키아드에 열리게 되어 있는 모든 종목에 참여할 정도의 대규모 선수단이 아니라 소수의 노동자들에게만 비자를 발급했다.[8] 결과적으로 스파르타키아드 선수단의 압도적 다수는 소련의 선수들이어서 노동계급의 국제적 유대는 허울에 불과했다. 스파르타키아드는 소련의 노동자들을 위한 정치적 행사의 성격이 강했지 전 세계의 노동자들이 어울리는 국제적 스포츠 제전이라고 부르기에는 미흡했다.

스포츠를 체제 선전의 수단으로 활용하려는 RSI의 입장에서 스파르타키아드가 그 목적을 충족시키기에는 어려워 보였다. 스파르타키아드가 체제와 이념을 달리하는 선수들까지 포용하는 국제 스포츠 제전으로 발전할 수 있는 가능성을 제시하지 못했기 때문이다. 자본주의 체제 국가들의 스포츠 제전인 올림픽을 노동계급의 전투의식을 약화시키고 지배계급의 기득권을 강화시키는 행사라고 규정하며 그것을 대체하기 위해 국제노동자 올림피아드나 스파르타키아드를 개최하긴 했지만, 그러한 행사들만을 가지고 체제의 우수성을 증명하기란 어려웠다. 이념을 같이하는 소규모의 '그들만의 잔치'에서 체제의 우수성을 선전한다는 것은 의미가 없어 보였기 때문이다. 1920년대 말, 소비에트 체제는 침체에 빠진 자본주의 체제와 달리 1차 경제개발 5개년계획과 농업 집단화 정책을 통해 활력을 증명한 바 있듯이 국제 스포츠 제전도 체제의 우수성을 증명하는 구체적 외양을 지닐 필요가 있었다. 자본주의 국가의 선수들과 직접적 경쟁을 회피해서는 안 되었다. 1933년부터 언론 매체를 통해 자본주의 국가의 선수들을 능가해야 한다는 주장이 등장하고 다음 해에 이르러 "스포츠 분야의 부르주아 기록을 따라잡고 이를 추월하자"는 공식구호의 등장[9]도 이러한 배경과 무관하지 않았다. 자본주의 체제의 최대 스포츠 제전이라고 할 수 있는 올림픽에 대한 거부 기류가 서서히 변해 가는 것이었다. 그렇지만 최종적으로 소련이 올림픽의 성원이 되기까지는 내외부적으로 해결해야 할 문제가 적지 않았다.

2. 소련의 올림픽 참가 – 내부의 선결과제

승패를 겨루는 스포츠 문화는 소비에트 체제 초기의 이념에 부합하지 않았다. '신체문화(физическая культура)'라는 개념으로 제시된 이념에 따르면 자본주의 체제의 경쟁적 스포츠 문화는 승리에 기여하는 우수한 자질의 선수만을 우대하여 체제 수호에 필요한 집단정신을 퇴색시킨다. 이념을 달리하는 소비에트 체제의 스포츠 문화는 승리를 위한 경쟁과 기록 지상주의를 탈피해야 한다. 스포츠는 자질 있는 소수의 선수만을 위한 활동이 아니라 다수의 인민이 참여하면서 체제의 가치를 공유하고 체득하는 활동이어야 한다. 이러한 전제에서 자본주의 체제에서와 같이 다수의 참여를 배제하고 뛰어난 기량의 선수들을 보면서 대리만족을 얻는 '관람 스포츠문화'가 정착하기는 어려웠다.

신체문화의 이념적 원칙을 강조하는 1920년대의 분위기는 스탈린 체제의 등장과 더불어 변화했다. 1차 경제개발 5개년계획과 농업 집단화를 통해 체제의 기반을 강화했다고 판단한 스탈린은 자본주의 체제와의 경쟁에서도 승산이 있다고 판단했다. 1920년대 말 스탈린의 다음과 같은 언급은 이러한 자신감의 표현이었다. "우리는 경제적으로나 정치적으로도 부르주아지와의 경쟁에서 성과를 못 내지 않았다. 스포츠에서 경쟁하지 못할 이유가 무엇인가?"[10] 경제공황의 조짐을 보이고 있는 자본주의 체제의 현재와 경제개발의 기치를 내걸며 활력을 보이고 있는 소비에트 체제의 비교에서 그 우위는 확실히 드러났기 때문에 다른 영역에서도 체제의 우위를 증명할 수 있는 기회를 주저할 이유는 없다는 것이었다. 스포츠를 체제의 우위를 확인하는 수단으로 활용하기 위해서는 경기에서의 승리가 중요했다. 그리고 1920년대 '집단' 전체를 강조하는 스포츠 정책에서 '엘리트'를 우선하는 정책으로 변화가 필요했다. 1930년대의 우수한 자질을 가진 선수들에 대한 우대정책은 이러한 분위기를 공식적으로 인정하는 것이었다.

승패를 겨루고 기록을 중시하는 스포츠 문화에 대한 공식적 반감은 줄어들었다. 앞에서 지적했듯이 부르주아 국가 출신의 선수 기록을 따라잡고 그들과의 경쟁에서 승리하자는 구호가 1934년 이후 더 빈번하게 등장했다. 스포츠 정책의 목표는 세계 모두가 부러워하는 영광을 소비에트 스포츠에 선사하고 "세계 최고의 자리를 소비에트 스포츠가 차지"하도록 돕는 것이었다.[11] 『프라브다』는 소련을 모든 스포츠 종목의 "세계기록을 보유한 나라"로 만들어야 된다고 선언했다.[12] 높은 생산성을 달성한 스타하노프 운동가들에게 보통의 노동자들이 누리기 어려운 특혜를 부여하는 상황에서 세계기록을 보유한 선수들을 합당하게 대우하는 것도 필요했다. 1934년 소비에트 정부는 '공훈 운동선수'의 직위를 도입하여 스포츠 정책이 이전 시대와 같이 집단 전체만이 아니라 엘리트 선수 양성의 내용도 포함하고 있다는 점을 분명히 했다.[13] 스타하노프 운동가들처럼 이들 '공훈 운동선수'들은 젊은 세대의 역할 모델로서 기능하면서 소비에트 체제 발전에 기여할 것이었다.[14]

또한 체제의 우수성을 증명하는 엘리트 선수의 양성을 위해서 국제 스포츠 무대에서 기량을 겨뤄보는 기회를 선수들에게 자주 부여해야 했다. 스파르타키아드를 통해 이러한 목적을 성취하기는 힘들어 보였다. 축구와 같이 대중성을 확보한 종목에서는 제한적 상황에서도 국제적인 교류가 가능했다. 실제로 1934년 소비에트를 대표하여 모스크바의 스파르탁과 체코슬로바키아 프로 축구 팀 중 상위 랭

킹을 차지하는 팀과의 경기가 홈앤드어웨이 방식으로 열렸다.[15] 1937년에는 스페인 바스크 지역의 대표 팀이 모스크바에서 경기를 가졌다.[16] 두 경우 모두에서 소비에트의 축구 팀은 상대편을 압도하는 좋은 성과를 올렸지만 경기의 정치적 효과는 제한적이었다. 세계 최고의 축구 팀을 가리는 월드컵이 1930년부터 시작된 상황에서 이들의 경기가 국제적 관심을 끌기는 어려웠기 때문이다. 보다 많은 나라의 관심을 유발하는 국제 스포츠 무대에 소련이 진출할 필요가 있었다.

FIFA와 같은 국제 스포츠 기구의 가입은 이러한 맥락에서 필요한 절차였다. FIFA는 앞서 있었던 소비에트 러시아와 체코슬로바키아의 경기를 예외적으로 몇 차례 허용하였지만 1937년부터는 비회원국인 소비에트 러시아와의 경기를 금지했다. 국제육상연맹(IAAF) 또한 FIFA와 마찬가지로 1937년부터 회원국과 소련 육상선수와의 교류를 금지했다. 국제 스포츠 기구에서 배제된 상태에서 소비에트 스포츠의 역량을 세계무대에서 과시할 기회는 가질 수 없다고 생각한 신체문화와스포츠국가위원회는 소련의 가입을 추진했다. 그렇지만 FIFA 가입이 낙관적으로 보이지만은 않았다. 국가위원회의 평가에 따르면 소련에 적대적 입장을 가지고 있는 "파시스트 인사"들이 FIFA를 이끌고 있기 때문이다.[17]

우려 속에서 진행된 FIFA의 가입은 1930년대 말까지 실현되지 않았다. FIFA 집행부가 가입의 조건으로 제시한 사항들이 소련의 스포츠에 대한 통제권을 잃어버릴 수도 있다는 우려가 국가위원회 내에서 제기되었기 때문이다. 시기적으로도 국제 스포츠 조직의 가입에 유리한 상황은 아니었다. 국내적으로는 테러의 광풍이 가시지 않은 상태였고 국외적 상황도 소련의 위기의식을 가중시켰다. 1936년에 독일과 일본은 반코민테른 협정을 체결했고 이탈리아는 1937년에, 에스파니아는 1938년에 그 조약에 합류했다. 극동에서도 일본과의 긴장은 높아져 갔고 독일은 언제라도 소련을 침략해 올 것 같았다.[18] 소련의 안보가 다른 무엇보다도 최우선이었다. 결국 소련은 1946년이 돼서야 FIFA에 가입할 수 있었다.[19] 같은 해에 소련은 세계육상연맹에도 가입하였다.

소련이 국제 스포츠 기구의 가입을 통해 외부 선수들과 경기 기회를 늘려나감으로써 스포츠의 수준을 향상하려는 행보를 시작한 마당에 올림픽을 더 이상 거부할 수만은 없었다. 올림픽은 다양한 스포츠 종목을 포괄하는 "전 세계 스포츠인의 축제"이기 때문에 이 무대에서 괄목할 만한 성과 획득은 소비에트 체제의 우수성을 전 세계인들에게 빠르게 각인시킬 수 있는 기회였다. 그렇지만 제5회 대회인 1912년 스톡홀름 올림픽에 러시아 대표단을 보낸 이후 40년이 지난 1952년 헬싱키 올림픽에 소련의 대표단을 파견하기 위해서는 선결되어야 할 문제들이 있었다.

볼셰비키 권력의 출범 초기, 정부 지도자들에게 올림픽은 비난의 대상이었다. 그들의 규정에 따르면 올림픽은 "노동자들을 계급투쟁에서 이탈시켜 그들을 신제국주의 전쟁의 전사"로 만들기 위한 고안물이었다.[20] 이러한 이념적 규정에 따라 그들은 앞에서 지적하였듯이 RSI와 같은 국제 조직이나 스파르타키아드와 같은 행사를 통해 독자적 행보를 걷고자 했다. 그렇지만 올림픽을 초기의 이념 노선에 따라 계속해서 배척한다면 국제무대에서 프로파간다의 달성을 위해 스포츠를 활용할 기회는 많지 않았다. 프로파간다를 위해 올림픽을 수용해야 한다는 인식과 더불어 올림픽에 대한 긍정적 인식전환도 필요했다.

1936년 베를린 올림픽에서 소련의 올림픽에 대한 수사에 있어서 변화를 감지할 수 있었다. 계급 지배를 강화한다는 이유에서 올림픽을 비난하는 차원에서 벗어나 나치 독일이 올림픽의 평화주의와 인종평등의 정신을 위반했기 때문에 거부해야 한다는 수사가 등장하였기 때문이다. 이러한 수사는 올림픽이 평화주의와 인종평등의 이상을 성취하기 위한 스포츠 제전이어야 한다는 인식을 간접적으로 드러내는 것이었다. 스포츠 업무에 관여하는 코민테른의 위원회는 각 지역의 공산당들에게 "민족들 간의 우정과 평화를 강화하고 스포츠의 진보적이고 교화적인 발전을 보장하기 위해 스포츠 부문에 존재하는 강력한 올림픽 정신을 활용"할 것을 제안하기까지 했다.[21] 이러한 맥락에 따르면 올림픽은 앞서의 이념적 규정과 같이 무조건 배척되어야 하는 행사는 아니었다.

이렇게 올림픽과 화해할 수 있는 분위기가 생성되기는 했지만 소련의 올림픽 참가를 실현하기 위해 해결해야 할 핵심문제가 남아 있었다. 소련은 여전히 국제올림픽위원회(IOC)의 회원국이 아니었다. IOC는 정치와 무관하게 보편성의 원칙을 준수하는 조직이라고 주장해 왔지만 소련에 회원자격을 부여하자는 제안을 지속적으로 거부했다. 1924년과 1932년 올림픽 개최국인 프랑스와 미국의 올림픽위원회는 소련의 참가를 성사하기 위해 노력했지만, IOC는 최종 단계에서 두 나라의 요구를 거부했다. 벨기에 출신의 IOC의 의장 바예-라투르(Baillet-Latour)는 이러한 결정을 다음과 같이 합리화했다. "나는 열광적 선전을 위해 올림픽에 참가하려는 붉은 무리들과 전 세계 젊은이들의 교류를 허용함으로써 젊은 세대의 타락을 촉진시키고 싶지 않습니다. 국제연맹의 실수를 반복하지 맙시다."[22] 올림픽의 보편주의 정신을 근대 올림픽의 창시자 쿠베르탱이 강조한 바 있지만 당시 IOC 의장단에게는 그것이 하나의 이상에 불과했다.

외부에서 소련의 올림픽 참가를 저지하는 요소에 대해 당 지도부는 적극적으로 대응하지 않았다. 국제 스포츠 기구의 가입은 경우에 따라서 소련이 원치 않는 국가의 대표 팀과도 경기를 가져야 한다는 것을 의미했다. 올림픽의 많은 종목에서 소련의 우세가 확실히 보장되지 못한 상황에서 소비에트의 지도부는 올림픽의 참가를 서두를 필요는 없다고 생각했다.[23] 또한 1930년대 후반 소련의 정치적 상황이 스포츠를 매개로 타국과 시합을 벌일 정도로 한가하지 않았다. 스탈린의 테러는 당 간부는 물론 운동선수, 트레이너, 스포츠 정책을 담당하는 관리들에게도 미쳤다. 1930년대 소련 축구계의 스타였던 스타로스틴 형제도 비밀경찰의 본부 루뱐카에 1942년 구금되었다. 이듬해 이들 형제는 "부르주아 스포츠를 찬양하고 부르주아의 관습을 소비에트 스포츠에 이식하려고 했다는 혐의"로 강제노동수용소로 보내졌다.[24] 테러의 광풍이 어느 정도 잦아든 후에 시작된 나치 독일과의 전쟁으로 올림픽의 참가 문제는 정책의 주요 안건에서 더더욱 밀려나 있었다.

2차 세계대전의 승전국 중 하나의 자리를 소련이 당당히 차지하면서 세계 스포츠 무대에 보다 적극적으로 소련이 진출해야 된다는 분위기가 형성되었다. 스포츠 정책과 관련하여 당의 공세적 태도로의 변화가 가능했다. 군사적 승리에 동반된 소비에트 체제의 자부심은 스포츠 분야에서의 경쟁에서도 이길 수 있다는 확신을 가지게 하였다. 1949년 당 결의문은 이러한 입장을 다음과 같이 드러냈다. 모든 스포츠 위원회는 "나라의 곳곳에 스포츠를 확산하고 기술 수준을 향상시키도록 노력해야 하고 그러한 기초 위에서 소비에트의 선수들이 빠른 시일 내에 주요한 종목에서 세계 1위의 자리를 차지하도록 도와야 한다"는 것이었다.[25]

결의안은 이제 소비에트의 선수들이 세계 기록을 가지고 있거나 최고의 순위에 위치해 있는 개별 팀 혹은 선수와의 경쟁에 나설 것을 요구하고 있다. 이러한 결의문은 일차적으로 전쟁 이후 국제 정치무대에서 높아진 소련의 자신감을 반영하고 있기도 하지만 소비에트 행정부 내에서 소련의 올림픽 참가를 적극적으로 추진했던 니콜라이 로마노프(H. Романов)가 있었기 때문에 가능했다. 그는 1945~1948년, 그리고 다시 1951~1952년에 소비에트 스포츠 정책의 최고 총괄 기구였던 신체문화와스포츠국가위원회의 의장이었다.[26] 의장직에서 물러났던 1949~1951년에는 국가위원회의 부의장이었기 때문에 로마노프는 1952년까지 소비에트 러시아의 스포츠 정책 방향을 설정하는 핵심인물이었다고 얘기하더라도 지나친 말은 아닐 것이다. 1951년 결성된 소련 국가 올림픽위원회가 국가위원회의 하부기구로 편입된 사실을 보더라도 소련의 올림픽 참가에 있어서 국가위원회의 최종 승인은 필수적이었다.

로마노프는 소비에트 운동선수들이 사회주의의 이념을 전파하는 대사로서의 사명과 경기에서의 승리를 통해 소련에 영광을 선사할 사명을 강조하며 소련의 올림픽 참가를 옹호했다. "올림픽은 전 세계의 사람이 관심을 갖는 스포츠 제전이며 참가국의 수도 해마다 늘어가고 있다, 이런 상황에서 올림픽의 거부는 세계 스포츠 무대로부터의 고립을 초래할 수도 있다, 아울러 올림픽의 이상적 메시지는 세계대전의 참화를 벗어난 세계인들에게 호감을 주는 요인이다"라는 것이 로마노프의 생각이었다. 로마노프는 올림픽 경기가 "평화의 상징이라는 점을 고려하면 1948년 올림픽의 소련 참가는 특히 권장할 만하다"라고 지적했다.[27] 지난 수년간 소비에트 정부의 지도 아래에서 스포츠의 수준은 꾸준히 높아져 왔기 때문에 소비에트의 선수들은 다양한 종목에 걸친 우승의 가능성도 높다는 것이 로마노프의 생각이었다.

로마노프가 국가위원회의 의장으로서 올림픽의 참가를 역설했지만 정부의 공식 입장은 여전히 올림픽 참가에 부정적이었다. 정부의 입장을 대변하는 주간지 『신체문화와 스포츠』는 "올림픽 무대 이면에서 무슨 일이 일어나고 있는가?"라는 기사를 통해 로마노프의 입장을 반박했다. 이에 따르면 올림픽은 자본가와 귀족들이 주도하는 잔치이며 노동자들이 기량을 겨룰 기회는 거의 없기 때문에 올림픽의 참가는 거부되어야 한다. 또한 1936년 베를린 올림픽에서는 유대인과 흑인들에 대한 인종차별이 있었고, 이러한 정책을 동유럽인에게도 적용하려고 하기 때문에 IOC에 대한 거부는 정당하다고 강변했다.[28]

올림픽에 대한 정부 내의 반대기류를 역전시키기 위해 로마노프는 소비에트 대표 팀의 승리에 대한 확신을 지도부에 전파하려고 했다. 1946년 유럽 레슬링 선수권대회에서 2위를 차지한 소련 팀의 결과를 보고 스탈린은 소련의 위신을 떨어뜨린 대표 팀을 보낸 로마노프를 비난했다. 스탈린은 로마노프에게 "준비가 되어 있지 않다면 경기에 참가할 이유가 없다"며 국제 경기의 참가는 승리가 전제되어야 함을 강조했다.[29] 로마노프는 이때의 경험을 상기하며 1948년 올림픽의 참가는 "팀 전체의 완전한 승리"가 가능하기 때문에 허용되어야 한다고 주장했다. 로마노프의 이러한 확신의 근거는 올림픽 각 종목의 1위에서 6위까지의 국가에 부여하는 점수에 따라 순위를 결정하는 비공식적 순위체계였다. 소련은 육상, 권투, 수영 등 미국이 우세를 보이는 종목에서 미국을 앞지를 수 없다고 로마노프는 인정했다. 그러나 소련이 올림픽의 대부분의 종목에 선수를 파견하여 모든 종목에서 6위 안에 든다면 로마노프는 "비공식 점수제"에 따라 전체 1위를 차지할 수 있다고 주장했다.[30]

올림픽에 참가하고 있는 대부분의 국가들이 공식적 메달 집계가 아닌 비공식 점수제에 의한 순위 산정을 시행하고 있었기 때문에 로마노프의 주장은 전혀 황당하지만은 않았다. 그러나 스포츠 정책을 책임져야 하는 로마노프에게 뜻밖의 시련이 찾아왔다. 로마노프는 빙상 선수들이 아직 세계무대에서 겨룰 정도의 기량을 가지고 있지 못하다는 이유로 반대했지만 소련은 1948년 헬싱키에서 열린 빙상 세계선수권대회에 대표 팀을 파견했다. 소련 대표 팀의 결과는 기대 이하였다. 로마노프를 누를 만한 어떤 힘이 대표 팀의 파견에 작용했는지 현재로서는 알 길이 없지만 로마노프는 스포츠 정책의 책임자로서 이에 대한 책임을 져야 하는 역설적 상황에 놓였다. 니콜라이 아폴로노프(Н. Аполлонов)가 국가위원회의 의장으로 취임하면서 로마노프는 스포츠 정책의 최고 책임자의 자리에서 물러났다.[31] 1949년 2월 아폴로노프의 추천으로 국가위원회 부의장에 임명되었기 때문에 스포츠 정책에서 완전히 물러나지 않았지만 소련의 올림픽 참가는 1949년 말까지 여전히 가능성이 적어 보였다.

아폴로노프는 기량이 뛰어난 선수 양성에 집중하는 엘리트 중심의 스포츠 정책과 광범위한 대중의 참여를 유도하는 스포츠 정책 사이에서 후자의 방향을 중시했다. 사실 스포츠 엘리트 양성과 대중의 참여를 강조하는 스포츠 정책의 두 방향은 앞서 지적한 바 있듯이 스탈린 시대 동안 명목상으로는 동일한 비중을 가지고 있었다. 아폴로노프는 스포츠 정책에 할당된 예산을 고려할 때 두 정책을 동시에 추진하는 것은 비현실적이라고 생각했다. 국가위원회는 1949년부터 1951년까지 스포츠 교육과 지방 스포츠 조직의 확대를 중시했다. 즉 체육 교과과정의 확대와 다수 인민의 스포츠 참여를 가능케 하는 시설 확충 등에 보다 많은 예산이 투입되었다.[32] 이러한 방식의 예산배분은 대표 선수들의 외국 선수들과의 시합을 위한 지원 예산금이라든가 엘리트 선수들에 대한 장려금 지급규모의 축소 등을 의미하는 것이었다. 국가의 명예를 드높이는 수단으로 올림픽을 활용하려고 했던 소련 지도부가 이런 상황에서 대표단의 올림픽 파견을 승인할 수는 없었다.

소련의 1948년 하계 올림픽 참가는 무산되었지만 1952년 헬싱키 올림픽의 참가를 가능케 하는 우호적인 조건이 서서히 생성되었다. 올림픽 참가에 내내 부정적이었던 스탈린은 1952년에 생의 마지막 단계에 와 있었다. 스탈린은 스포츠 정책에 대한 장악력을 이 단계에 상당 부분 상실한 상태였다. 또한 국가위원회의 의장 아폴로노프에 대한 비난이 갈수록 증가했다. 국제 스포츠 무대에서 경쟁을 제한함으로써 아폴로노프는 소련 스포츠의 위신 하락과 더 나아가 소련 자체에도 위해를 가했다는 비난이 콤소몰의 간부들로부터 나왔다. 국가위원회 내부에서도 아폴로노프가 우선적으로 추진했던 사업, 즉 교육기관의 확대, 농촌과 노동조합 내에서의 신체문화의 확산과 같은 사업은 계획된 성과를 거두지 못했다는 비난이 거셌다.[33] 국가위원회의 의장 자리에서 잠시 물러나 있던 로마노프가 1951년 다시 복귀할 수 있었던 것도 아폴로노프에 대한 비판적 평가와 무관하지 않았다.

아폴로노프가 국가위원회의 의장으로 있었던 1951년 초까지 소비에트의 대표 선수들은 국가의 전폭적인 지지를 받지는 못했지만 기회가 있을 때마다 외국의 선수들과 경기를 벌여 왔다. 소련은 이미 1946년에 국제육상연맹과 국제축구연맹에 가입했기 때문에 외국 선수들과의 경쟁 기회를 늘려 나갈 수 있었다.[34] 이 밖에 역도, 레슬링 종목에서 소련 선수들은 외국 선수들과의 경기 대부분을 승리로 이끄는 기대 이상의 성과를 거두면서 자신감을 갖게 되었다. 이러한 자신감은 올림픽의 다양한 종목에 선수들을 파견할 정도로 소련 스포츠가 성숙했다는 결론을 낳게 했다.[35] 어떤 면에서 소비에트 정부는 1950년과 1951년에 걸쳐 올림픽 참가의 확신을 위한 '실험'을 지속하다가 만족할 만한 결과를 얻게 되자 1952년 올림픽 참가결정을 내렸다고 말할 수 있다.

올림픽 참가를 둘러싼 부정적 기류가 걷힌 다음 해결되어야 할 과제는 IOC에서 소련을 대표할 소련 올림픽위원회의 구성이었다. IOC 의 규약에 따르면 국가 올림픽위원회는 정부의 영향으로부터 독립 하여 올림픽의 세계정신을 구현하는 데 앞장서야 했다. 소련 올림 픽위원회의 의장으로 선출된 콘스탄틴 안드리아노프(Константин Андрианов)는 소련의 스포츠 정책을 총괄하는 국가위원회 부의장이 었고 올림픽위원회의 서기 또한 국가위원회 산하 국제스포츠 분과의 장이었다. 국가기구에 소속되어 있는 인물들이 소련 올림픽위원회의 독립성을 지켜 낼 수 있을 것인가의 문제가 제기될 수도 있는 상황 이었지만 IOC는 소련 올림픽위원회를 1951년 4월 승인하였다. 당시 IOC의 의장, 영국과 벨기에 IOC 위원은 객관적인 증거가 아니라 안 드리아노프와의 개인적 친분에서 나온 확신을 근거로 그에게 IOC 위 원 자격을 부여하였다.[36] 소련의 1952년 헬싱키 올림픽 참가를 위한 일차적 조건이 마련된 셈이었다.

　로마노프는 헬싱키 올림픽의 소련 참여가 가시화된 상황에서 자신 이 공언한 실질적 성과를 내기 위한 수단 등을 확보해야 했다. 소련 대표선수의 훈련을 위한 외국 코치의 영입, 외국 운동선수들과 대표 선수들과의 보다 빈번한 시합의 개최 등이 그의 요구 사항이었다. 로 마노프의 요구는 엘리트 운동선수 양성을 위한 예산 증액을 의미했 다. 더 나아가 그는 선수 개개인에게 하루 65루블 상당의 식대 지급 을 관철시켰다. 1952년 농업 부문 이외의 노동자들의 평균 월급이 약 671루블로 하루에 쓸 수 있는 비용은 약 22.5루블 정도였다.[37] 선수들 에게 식대만으로 하루 67루블을 지급한다는 로마노프의 결정은 이러 한 사정을 감안한다면 엄청난 물질적 혜택을 부여한다는 의미였다. 소련의 올림픽 참여가 확실시되기 이전까지 이러한 물질적 혜택을 둘 러싼 외부의 시선은 우호적이지 않았다. 비우호적인 외부 시선에 대 한 대응을 적절히 하지 못했다면 소련의 올림픽 참가는 불가능했을 것이다. 승리에 기여하는 엘리트 선수 양성을 위한 소련의 정책에 대한 외부 시선을 살펴볼 필요가 여기에 있다.

3. 소련 올림픽 참가를 반대하는 외부의 명분

1952년 올림픽에 참가한 첫해부터 소련의 성과는 놀라웠다. 메달 획득의 수는 무려 미국의 76개에 이은 71개였다. 1988년 서울 올림픽까지의 하계 올림픽만을 대상으로 할 때 메달 획득 수에 있어서 소련이 미국에 뒤졌던 해는 1968년 멕시코 올림픽이 유일했다. 특히 서울 올림픽에서 소련은 전체 메달의 1/4을 가져가[38] 우리에게 제1의 스포츠 강국으로서의 이미지를 각인시켰다. 올림픽 무대에서 이렇게 소련의 위신을 드높인 선수들은 소련의 영웅으로서 공훈메달과 평범한 시민들이 누리지 못하는 물질적 혜택을 누렸다.

소련을 대표하는 선수들이 누렸던 물질적 혜택은 올림픽의 참가 때부터 갑자기 생겨난 것은 아니었다. 1930년대부터 축구와 같은 인기종목을 중심으로 관람 스포츠문화가 확산되기 시작하면서 스포츠스타의 영입을 위한 경쟁은 치열했다. 영입 경쟁에서 이기는 강력한 수단 중의 하나가 거부하기 힘든 물질적 혜택을 부여하는 것이었다. 물질적 보상을 통해 선수들의 경기력을 향상시키려는 열망은 국가의 위신이 걸린 올림픽 참가 문제와 결부되면서 더욱 강해졌다.

1945년 10월의 소련 정부 법령은 뛰어난 성과를 낸 선수들에 대한 특별 상여금 지급을 공식적으로 허용했다. 이에 따르면 세계기록을 능가하는 국가기록 보유자는 15,000~25,000루블, 세계기록에 못 미치는 국가기록 보유자는 5,000~15,000루블, 그리고 소련 선수권 대회에서 1등부터 3등을 차지한 선수들은 2,000~5,000루블의 가치에 해당하는 상품을 받을 수 있었다.[39] 소련 정부는 현금과 같은 물질적 보상이야말로 세계무대의 경쟁에서 이길 수 있는 엘리트 선수를 양성하는 지름길로 생각하고 있었던 것이다.

엘리트 선수들에 대한 소련의 보상은 올림픽 정신에 대한 위반이기 때문에 소련의 올림픽 참가를 반대하는 근거로 활용될 수 있었다. 1947년 IOC 특별위원회는 올림픽에 참여할 수 있는 아마추어 선수를 다음과 같이 규정했다. "과거부터 지금까지 줄곧 즐거움만을 위해 스포츠에 참여했던 선수들, 또한 그러한 참여로부터 육체적, 정신적, 사회적 혜택을 얻는 선수들, 직간접의 어떠한 물질적 이득과 상관없이 스포츠를 그저 즐거움으로 대하는 선수들."[40] 아마추어리즘의 이러한 정신에 소련의 선수들은 전혀 부합하지 않았다. 그들은 국가 간의 경기를 앞두고 훈련 캠프에 소집되어 생업으로부터 면제된다. 정부는 이들 선수들에게 높은 급료와 보통의 시민들은 누리지 못하는 특별 식량을 제공한다. 세계기록을 갱신한 선수들에 대한 금전적 보상 또한 행해지고 있다.[41]

올림픽 정신 중의 하나인 아마추어리즘을 위반한다는 이유와 더불어 IOC 위원들 중에는 소련에 대한 혐오감을 드러내면서 올림픽 참가를 반대하는 의견도 있었다. IOC 집행위원회 위원 네덜란드의 샤로(Pieter W. Scharroo)가 그러한 인물이었다. 그는 소련의 스포츠 정책의 이념인 신체문화를 강하게 혐오하며 그것이 전인적 인간양성을 위한 이념이 아니라 러시아인들의 군사력과 경제력을 증대하기 위한 수단으로 규정했다. 또한 정부에 독립적인 올림픽위원회 창설이 불가능하다고 생각했다. 샤로는 소련의 IOC 위원이 정부에 손과 발이 묶인 꼭두각시에 불과하다고 생각했다. 소련에서는 어느 누구도 자유로운 독립적 존재가 될 수 없으며 개인은 국가를 구성하는 숫자에 불과한 존재였다.[42]

사회주의 체제를 대표하는 선수들에게 스포츠는 단순히 즐거움을 얻기 위한 수단이 아니라 생사의 문제와 연관되었다. 샤로는 국제 경기 및 그 밖의 경기에서 정상의 기량을 발휘하지 못한 선수들이 가혹한 처벌을 받는다고 지적했다. 이러한 점은 로마노프의 회고록에서도 발견되는 소련 스포츠의 현실이었다. "최종 결과에 대한 책임은 매우 엄청났다. 결과가 패배인 경우 매우 심각했다."[43] 샤로의 주장과 로마노프의 회고록을 이용한다면 소련의 올림픽 참가 문제와 관련한 결론은 분명했다. 소련의 선수들은 IOC의 아마추어 규정을 따르지 않기 때문에 올림픽에 참가할 수 없다는 것이다.

올림픽에서의 체제 경쟁을 위한 발판으로 특별 상여금제도를 공식적으로 시행하고 있는 상태에서 IOC가 요구하는 아마추어리즘을 충족할 수는 없는 노릇이었다. 1947년 7월 소련 내각협의회는 IOC의 요구에 외형적으로 부응하는 특별 결의안을 발표하였다. "소비에트 선수들의 성과에 대한 보상과 관련하여"라는 제목의 결의안은 앞서 지적한 바 있는 1945년의 결의안을 뒤집는 것이었다. 즉 세계기록 및 국가기록 보유자들에게 가능한 유일한 보상을 금전이 아닌 금은메달과 은과 동의 배지만으로 규정했다.[44] 실질적인 가능성의 여부는 차치하더라도 외형상으로 소련에서 금전적 이익을 위한 수단으로 스포츠를 활용하는 선수들은 존재하지 않는다는 선언이었다.

스포츠를 생계수단으로 삼는 직업 운동선수는 존재하지 않는다는 명목상의 선언을 그대로 받아들이는 분위기는 IOC 내에 존재하지 않았다. 1946년부터 1952년까지 IOC의 부의장이었던 미국의 에이브리 브런디지(Avery Brundage)는 다음과 같은 말로 IOC의 이러한 분위기를 대변했다. "소련의 선수들이 올림픽에 참여한다면 그들이 아마추어인지 아닌지를 우리가 알 수 있는 방법이 없다는 점이 나를 불편하게 한다. 그들은 심지어 아마추어가 무엇인지 알지 못하는 것 같다." IOC 의장단의 일원으로서 브런디지도 외교상의 수사를 잊지는 않았다. 즉 본인도 소련이 올림픽 가족의 일원으로 들어오기를 기원한다는 것이었다. 그렇지만 그가 보건대 소련 선수들은 페어플레이, 스포츠 정신, 아마추어 정신을 알지 못하기 때문에 그들의 올림픽 참가는 문제만을 양산할 뿐이었다.[45]

IOC 의장 에즈트롬(Sigfrid Edstrom) 역시 아마추어리즘의 정의에 입각할 때 소련의 올림픽 참가는 거부되어야 한다고 지적했다. "국제경기에 참석할 예정의 소련 선수들은 훈련 캠프에 집결한다. (…) 그들은 자신들의 생업으로부터 벗어나 정부로부터 많은 돈을 받는다. 선수들뿐만 아니라 가족들도 많은 양의 특별한 음식을 받는다."[46] 특히 세계기록을 갱신한 선수들에게 지급되는 장려금은 아마추어 선수 자격규정에 대한 위반이라고 말했다. 이러한 비판에 대해 소련 정부는 앞에서 지적했듯이 1957년부터 금전적 보상을 금지한다고 선언했지만 IOC는 이를 믿지 않았다. IOC의 눈에 소련의 선수들은 국가가 지급하는 돈으로 생계를 꾸려 나가는 직업 운동선수에 지나지 않았다.

아마추어 정신을 모른다는 IOC의 비난에 소련은 침묵으로 일관하지 않았다. 소련의 언론은 미국의 스포츠 또한 아마추어 정신을 준수하지 않기는 마찬가지라고 지적했다. 미국의 스포츠는 "이윤을 추구하는 기업"으로 그 안에서 선수들은 "스포츠의 이런저런 파벌들의 재산"에 불과했다.[47] 미국대학의 선수들이 아마추어라는 "부르주아 언론"의 주장은 소비에트 언론의 시각에서 기만에 불과했다. 왜냐하면 미국대학의 상위 선수들은 장학금의 명목으로 "거액을 들여 매수한" 선수들이며 궁극적으로 "거대 기업의 이익에 봉사"하기 때문이다.[48] 이에 반해 소련의 스포츠는 올림픽 정신을 제대로 구현하고 있다. 소련의 스포츠는 누구나가 참여할 수 있는 동등한 기회를 부여하며 젊은 세대들에게 "집단정신, 질서의식, 동료의식"을 가지게 한다는 것이다.[49] 소련 언론은 이러한 반격을 통해 아마추어 정신을 빌미로 소련의 올림픽 참가를 저지하려는 미국의 기만성을 폭로하고 있다.

에즈트롬과 브런디지는 아마추어 정신만이 아니라 자신들의 이념적 기반에서 소련의 올림픽 참여를 반대했다. 공산주의를 반대한다는 개인적 견해를 이들은 공공연하게 드러내었다. 소련 스포츠 위원회 국제분과의 책임자인 소볼레프(П. Соболев)는 이 점을 다음과 같이 증언했다.

> 에즈트롬 (…) 은 반동적 인물이고 독일 나치체제의 지지자였다. 그는 국제 스포츠 조직을 민주화하기 위한 모든 시도에 반대한다. 집행위원회 부의장은 에이브리 브런디지이다. (…) 그는 미국의 아마추어 스포츠의 모든 사항을 결정하며 그것을 타락으로 이끈 시카고의 강력한 사업가이다. 브런디지는 친파시스트로 잘 알려져 있다. 일본의 진주만 공격 직전까지 그는 히틀러에 공감한다고 공공연히 말하곤 했다.[50]

이데올로기적 신념을 근거로 소련의 올림픽 참가를 공공연히 반대하는 IOC 지도부의 분위기만으로 IOC 전체를 일반화할 수는 없었다. IOC 내부에서 이데올로기적 입장을 떠나 소련의 올림픽 참가를 지지하는 인물도 있었다. 이런 인물의 우호적 입장을 잘 활용한다면 소련의 1952년 헬싱키 올림픽 참가는 불가능한 염원은 아니었다. 1946년 국제육상연맹의 회장으로 선출되어 1948년 런던 올림픽의 준비위원장직을 맡고 있던 영국의 버글리 경(Lord Burghley)은 소련의 이러한 입장에서 중요한 인물이었다. 1948년 런던 올림픽에 소련의 참가를 성사시키기 위해 그는 1947년 소련을 방문했다. 방문기간 동안 그는 2만 명 이상의 선수들이 참여하여 벌이는 신체문화 퍼레이드를 보고 깊은 감명을 받았다. 붉은 광장에서 이들이 벌이는 질서정연한 행렬은 소련 청년들의 규율과 잠재적 군사력의 과시로 비쳤다. 이들의 행진은 1937년 신체문화 퍼레이드에 관한 기사의 표현을 빌리자면 소련 내의 여러 민족들이 하나로 단결하여 전 세계를 향해 "뜨거운 형제애와 양도할 수 없는 우정"을 외치는 것이었고 "용감하고 강인한 소련 젊은이들이 적군의 메마르지 않는 수원"임을 증명하는 것이었다.[51] 엄청난 수의 소련 젊은이들이 한 사람이 움직이는 듯한 집단행동을 선보이는 능력은 서구의 청년들도 배워야 하는 그들의 장점이라고 버글리 경은 생각했다.

사회주의 이념의 추종자는 아니었지만 버글리 경은 소련의 올림픽 참가를 적극적으로 후원했다. 소련 올림픽위원회의 인정문제와 관련하여 버글리 경의 역할이 컸다. 소련 올림픽위원회의 구성은 1952년 헬싱키 올림픽 참가의 선결조건이었다. IOC는 1951년 5월, 소련이 한 달 전에 구성한 위원회의 승인을 심의하기 위한 회의를 개최하였다. 회의에서 소련 선수들의 아마추어 자격 여부와 소련 올림픽위원회가 IOC의 제반 규정을 지킬 의지가 있는가는 뜨거운 논쟁거리였다. 버글리 경은 논란의 와중에서 소련 올림픽위원회의 인정을 강력히 주장했다. 즉 IOC가 다른 나라의 올림픽위원회에게 IOC의 규정 준수 여부를 요구한 선례가 없고 이러한 요구를 빌미로 소련의 스포츠 규약을 조사할 권리는 없다는 것이었다. 소련 선수들의 아마추어 자격 여부는 위원들 사이에서 여전히 미해결의 문제로 남아 있었지만 IOC는 1951년 5월 7일 소련 올림픽위원회를 31표의 찬성, 반대 0표, 기권 3표로 인정했다.[52]

버글리 경은 IOC의 소련 올림픽위원회의 승인을 의장인 안드리아노프와의 관계를 거론하며 일부 의원이 가지고 있는 불안감을 해소하려고 했다. 즉 일부 의원들은 안드리아노프가 IOC의 공식 언어로 소통할 능력이 없다는 점을 들어 그의 IOC 위원자격 부여에 반대했다. 버글리 경은 이에 대해 언어지식보다도 중요한 점은 안드리아노프가 "진정한 스포츠맨"이라는 사실이라며 IOC 위원자격 부여에 찬성했다.[53] 사실 "진정한 스포츠맨"이라는 수사적 표현만으로 안드리아노프의 IOC위원 자격부여를 버글리 경이 적극 지지한 이유를 설명하기는 어렵다. 이러한 수사적 표현보다는 버글리 경이 1947년 소련 방문을 통해 맺었던 개인적 관계가 안드리아노프의 IOC위원 지명에 도움을 주었을 것이라고 추정하는 것이 더 설득력 있다. 즉 버글리 경은 모스크바 광장에서 벌어진 신체문화 퍼레이드를 참관케 해 준 안드리아노프에 대한 감사의 마음을 가질 이유가 있었다.

그림 9. 1937년 신체문화 퍼레이드[54]

붉은 광장의 신체문화 퍼레이드는 최고 지도자 스탈린이 참관하는 중요 행사였다. 스탈린과 가까운 거리에서 레닌 영묘 앞을 행진하는 퍼레이드를 볼 수 있는 사람들은 당의 핵심간부, 군 장성, 외교관, 특파원 등 특별하게 초대된 인사들뿐이었다. 퍼레이드의 관람을 위해 붉은 광장으로 아무나 들어올 수 있는 것도 아니었다. 당 고위직 인사, 모스크바 시의 유명 인사들이 붉은 광장 관중의 다수를 구성했다.[55] 버글리 경이 이렇게 소비에트 사회의 위계질서를 반영하고 있는 신체문화 퍼레이드를 참관할 수 있었던 것은 안드리아노프의 도움 때문이었다. 이러한 맥락을 고려할 때 안드리아노프의 IOC위원 자격 신청 시 버글리 경의 적극적인 지지 표출은 앞서 호의를 보여 준 안드리아노프에 대한 고마움을 뒤늦게 보상하는 행위였다.

이데올로기를 근거로 소련의 올림픽 참가를 반대했던 IOC 의장단에서는 그러한 입장을 지속적으로 가져갈 때 발생하는 어려움을 토로하기도 했다. 브런디지는 1947년 에즈트롬에게 보낸 서한에서 이와 같은 어려움을 다음과 같이 표현하였다.

> 철의 장막 뒤에 있는 국가들을 대할 때 최대한 주의하라는 당부의 말씀을 드립니다. 의장님도 지적하셨듯이 정치적 신념 혹은 정부의 본질을 이유로 특정 국가를 부정할 수는 없습니다. 그렇지만 우리는 IOC 활동에 정치의 개입을 허용하지 않을 것이라는 우리의 입장을 분명히 할 수 있습니다. 우리는 그들을 계속해서 배제할 수는 없지만 우리의 규칙, 규정을 준수토록 그들처럼 완강해질 수 있습니다. 하나의 썩은 사과가 상자 안의 다른 사과를 크게 상하게 할 수 있습니다.[56]

브런디지는 올림픽의 보편정신에 따라 사회주의 이념을 추구하는 국가들을 배제할 수는 없지만 그렇다고 올림픽을 그들의 선전의 장으로 만들어서는 안 된다고 주장하고 있다. 올림픽을 명실공히 세계인의 축제로 만들기 위해서 이념을 이유로 국가들을 배제할 수는 없다는 현실적인 갈등을 표출하는 것이었다. 의장인 에즈트롬 또한 아마추어 정신을 위반한다는 이유로 소련의 올림픽 참가에 미온적이었지만 그로 인해 헬싱키 올림픽을 "최초의 진정한 올림픽"으로 만들

기회를 놓치고 싶지는 않았다. 소련의 참가로 69개 국가, 4,925명의 선수가 겨루는 헬싱키 올림픽이 최초로 진정한 전 세계의 축제가 될 수 있는 것이었다.[57] 당시의 IOC 의장단에게는 베일의 지적대로 공산주의에 대한 반대보다 올림픽 정신을 보다 더 강력하게 구현하려는 염원이 있었다.[58]

세계정세의 변화도 소련의 올림픽 참여를 가능케 한 하나의 요소였다. 스탈린의 소련도 미국의 뒤를 이어 1949년 원자폭탄의 실험을 성공적으로 마쳤다. 서방의 정보기관은 1951년 중반까지 소련은 25 내지 45기의 핵폭탄을 저장할 능력을 보유할 것이라고 예측했다.[59] 중국의 마오쩌둥은 사회주의의 중국을 출범시켰고 동유럽의 국가들은 소련의 주도 아래 사회주의체제의 블록을 형성했다. 특히 갓 출범한 중국이 한국전쟁에 개입함으로써 체제를 기반으로 한 대결이 동아시아 지역에서도 고착되어 가는 듯 보였다.[60] 소련의 올림픽 참여는 국제정세가 이렇게 위험하게 전개되는 과정에서 평화의 무드를 증진할 수 있는 기회로 받아들여질 수 있었다.

우여곡절을 거치면서 소련은 1952년 헬싱키 올림픽에 참여했다. 올림픽의 정신을 준수하고 IOC의 규약을 중시한다는 명시적 선언을 소련은 거부하지 않았다. 그렇지만 소련과 미국은 올림픽의 경쟁에서 우위를 차지하기 위해서는 명시적 선언만으로 올림픽을 꾸려 나갈 수 없다는 점을 인식하고 있었다. 언론 매체를 통한 상대 선수들에 대한 부정적 이미지 창출, 선수들의 기량 향상을 위한 약물 사용 등을 주저하지 않으면서 올림픽 무대에서의 경쟁은 실로 치열해졌다. 올림픽 무대에서의 '냉전'이 '열전'으로 전개되는 상황의 시작이었다.

냉전 시대의 미국과 소련의 경쟁은 쿠바 미사일 위기, 전략무기 확산경쟁과 같이 양 체제 군사력의 직접적 충돌의 양상을 보일 때도 있었지만 '총성 없는 전쟁'이었다. 경쟁의 분야는 실로 광범위했다. 스푸트니크(Sputnik)로 소련이 우주 진출의 선두주자로 나서자 미국은 대대적인 교육개혁을 통해 충격으로부터 벗어나려고 했다. 영화, 미술, 음악 등의 예술 영역에서도 경쟁이 뜨거웠다. 예술의 교류를 통해 상호 이해의 폭을 넓힌다는 수사보다는 체제의 가치와 우수성을 과시하기 위한 선전의 도구로 이들 문화매체를 어떻게 활용할 것인가의 문제가 양 체제 모두에게 중요했다.[61] 올림픽은 이러한 경쟁의 의지가 구체적으로 드러나고 그 결과를 빠른 시간 안에 확인할 수 있는 장이었다. 1988년 서울 올림픽까지를 기준으로 하계 올림픽에서 소련이 메달 획득 수에 따른 순위에서 1위를 차지하지 못한 해는 올림픽 참가 첫해인 1952년 헬싱키 올림픽, 1964년 도쿄 올림픽, 1968년 멕시코 올림픽의 세 차례에 불과했다. 소련의 정체로서 마지막으로 참여한 1988년까지의 하계 올림픽을 기준으로 할 때 소련은 미국을 압도했다. 이때까지의 올림픽으로 한정해서 말한다면 소련은 미국과의 문화전쟁에서 승리했다.

스포츠 무대에서 소련의 이러한 부상을 냉전체제의 수립으로 인한 직접적 결과로 해석할 수는 없다. 소련이 냉전체제의 시작과 더불어 올림픽의 참가를 기정사실화하고 체제선전을 위한 장으로 활용하려는 의지를 가지고 있지는 않았다는 의미이다. 소련의 올림픽 참가는 스탈린 체제부터 시작된 스포츠 정책의 변화와 체제경쟁의 의지와 결부되어 있으며 그 과정에서 분출한 적지 않은 난관의 극복과정이기도 했다.

정치적 의미에서 올림픽의 활용가치를 소비에트 체제의 지도부가 얼마간 인식했다고 하더라도 소련의 올림픽 참가가 단시일 내에 실현되지는 않았다. 1920년대 말부터 소련의 지도부는 올림픽에 반대하여 이념을 같이하는 선수들끼리의 교류의 장이었던 스파르타키아드라는 행사를 진행하고 있었다. 스파르타키아드는 그렇지만 이념을 같이하는 몇몇 국가의 선수들과 교류의 장에 머무르는 한계를 벗어나지 못했기 때문에 국제적 차원에서 소련 스포츠의 위상을 과시할 수 있는 기회는 아니었다. 스파르타키아드는 어떤 면에서 체제 내부의 결속을 다지는 국내 행사에 불과했다.

올림픽에 참여함으로써 소련 스포츠의 위상을 과시해야 한다는 주장이 서서히 등장했지만 반대의 목소리도 없지는 않았다. 축구 이외의 종목에서 국제무대의 경험을 충분히 갖지 못한 소련의 선수들이 올림픽에서 체제의 우수성을 과시할 정도의 성과를 거둘지는 미지수였다. 소련 스포츠계의 지도부 내에서는 올림픽에서의 성과를 강조하다 보면 소련의 스포츠는 결국 소수 엘리트를 육성하기에 바빠 대중적 기반을 잃어버릴 수도 있다는 반대 의견도 있었다. 로마노프는 이러한 우려를 불식시키며 소련의 올림픽 참가를 성사시키는 데 가장 크게 기여한 인물이었다.

소련 외부로부터의 반대도 만만치 않았다. 소련의 올림픽 참가를 결정하는 IOC 집행부는 적대적 이념을 가지고 있는 소련의 참가는 올림픽을 타락시킨다는 우려를 표명했다. 이념적인 문제 이외에 IOC 의장단 사이에서는 소련 선수들이 올림픽의 아마추어 정신을 위반하고 있기 때문에 참가를 허락할 수 없다는 견해도 있었다. 소련의 올림픽위원회가 정치로부터 독립해야 한다는 IOC의 규정을 지킬 수 있을지에 대해서도 회의적이었다. 이러한 부정적 입장이 존재하기도 했지만 다른 한편에서 IOC 의장단은 올림픽의 보편정신을 소련의 참가를 통해 구현하고 싶었다. 1952년 헬싱키 올림픽 전후의 국제정세의 위기 상황을 소련의 올림픽 참가로 평화의 분위기로 전환하고 싶은 국제사회의 고려도 있었다.

소련의 올림픽 참가 과정을 볼 때 냉전의 요소는 이미 드러나고 있었다. 소련은 올림픽을 거부할 때는 그들만의 국제적 스포츠 제전을 통해 체제의 위상을 강화하려고 했다. 그것이 효과가 없자 올림픽의 참여를 통해 체제의 우수성을 국제무대에서 보다 분명하게 드러내고자 했다. 그러한 의지 실현을 위한 준비를 소비에트의 지도부가 착수했지만 내외부의 저항도 만만치 않았다. 국제무대에서 승리의 보장이 확실하지 않은 상황에서 엘리트 위주의 스포츠 정책이 타당한 것인가의 문제제기가 내부로부터 있었다. 외부로부터는 이념적 적대자에게 올림픽의 문호를 개방하는 것에 대한 반발이 있었다. 이러한 도전들을 이겨내고 올림픽에 소련이 진출한 이후 올림픽 무대는 체제 경쟁의 가장 뜨거운 무대 중의 하나가 되었다.

6장

냉전기(1950~1975) 올림픽에서 미국과 소련의 이미지 경쟁

☭

탈냉전의 세계화 시대에 살고 있는 21세기 현대인에게 스포츠는 정치·사회적 이념과 무관한 여가활동의 한 유형으로 보인다. 스포츠에 직접 참여하면서 그것을 즐기든 프로 선수들의 경기를 관람하면서 대리 만족을 추구하든 간에 스포츠는 대부분의 현대인들에게 이데올로기와 관계없는 여가활동으로 비친다.

개인의 일상생활 영역마저도 체제 경쟁이라는 국제 정세의 환경에서 자유롭지 않았던 냉전시대에 스포츠는 지금보다는 훨씬 분명하게 정치적 목적에 얽혀 있었다. 스포츠 경기의 승리는 실제 전투에서의 승리와 마찬가지로 체제의 우수성을 증명하는 지표로 간주되었다. 미국을 상대로 벌이는 국제 스포츠 경기에서 소련 팀의 승리, 소련 선수들이 달성한 세계 기록, 선수로서의 그들의 뛰어난 자질 등은 모두 "자본주의 국가의 부패한 문화에 대한 소비에트 사회주의 문화의 우월성의 증거"였다.[1] 냉전기 소련과 미국이 보유하고 있던 무기의 파국적 영향력을 고려할 때 스포츠에서 승리의 영광을 걸고 벌이는 경쟁은 "총성 없는 전쟁"[2]의 형태로 체제 절멸의 위험 없이 그 우수성을 과시하는 대안이었다.

올림픽 무대에서의 싸움을 메달의 개수만으로 한정한다면 냉전기 올림픽의 단면적 파악에 불과하다. 미국과 소련은 자국을 대표하여 올림픽에 참가하는 선수들에 대한 '타자화' 작업도 병행했기 때문이다. 여기서 타자화란 상대국을 대표하는 선수들에 대한 적대적 이미지를 유포하는 반면 자국을 대표하는 선수들에 대해서는 우호적 이미지를 생산하는 과정을 의미한다. 상대국 선수들은 이러한 과정에 따라 '비도덕적'이고 '비인간적'인, '이기적' 존재로 규정되는 반면 자국의 선수들은 올림픽 정신을 구현하는 우애 넘치는 존재로 규정된다. 이러한 타자화 과정에 성공한다면 양 체제를 대표하는 선수들은 메달 획득을 둘러싼 경쟁과는 별도로 자신이 속한 체제의 우월성을 확신할 수 있었을 것이다.

나는 여기서 냉전기 올림픽에서 벌어졌던 타자화의 구체적 내용을 재현하려고 한다. 냉전기 미국은 소련이 스푸트니크로 대표되는 과학기술 영역에서 앞서 나가자 대대적 교육 체제 개편 등을 통해 이를 만회하려고 했다.[3] 두 강대국의 경쟁은 첨단 과학기술 영역에 한정되지만은 않았다. 미술, 발레, 영화 등의 예술 문화 영역에서 두 강대국은 자국의 그것이 상대방의 수준을 능가한다는 주장을 서슴지 않았다. 냉전기의 '문화전쟁'이라고도 표현될 수 있는 이러한 경쟁은 상대방 체제의 국민들에게 자국 체제의 문화적 성과물을 보여 주는 형태로 진행되었기 때문에 '전쟁' 수행의 사명을 띠는 사절단의 교류는 필요했다. 그러한 교류의 과정에서 상호의 문화·예술적 가치의 판단기준이 이념의 차이만큼 적대적이지 않을 수 있다는 점도 확인되었다. 마야콥스키 등이 조롱했던 서구 기준의 "세련된" 문화를 소련 역시 가지고 있다는 점을 서구 평단에서 인정한다거나 모더니즘과 같은 서구의 실험적 예술이 제한적 의미에서긴 하지만 소련 내에서 그 예술적 가치를 인정받았던 사례도 있었던 것이다.[4] 그러나 올림픽과 같이 메달 수라는 구체적 결과에 따라 체제의 우열이 결정된다고 여겨지는 무대에서 그러한 상호인정의 가능성은 더욱 줄어들 수밖에 없었다. 즉 메달 수에서 앞선 상대방을 그대로 인정하기보다 상대방 체제를 대표하는 선수들의 인간으로서의 가치, 성(性) 정체성 등에 대한 의문을 제기함으로써 메달 수에서 뒤진 체제의 우위성을 우회적으로 과시하려는 전략을 택했던 것이다. 이 글은 따라서 앞서 제시한 바 있는 '문화전쟁'의 보다 적대적 측면을 부각함으로써 '문화전쟁'의 또 다른 이해를 돕고자 한다.

 냉전기 '문화전쟁'의 무대 중의 하나로서 올림픽에서 벌어졌던 상대방에 대한 미국의 타자화 작업이 진공상태에서 등장하지만은 않았다. 영국 언론은 사회주의 체제와의 스포츠 경기를 단순한 스포츠 행사로 간주해서는 안 된다는 주장을 일찍부터 내놓고 있었다. 2차 세계대전의 종전 이후 소련에 의해 공산화가 된 헝가리 대표 팀과의 경기를 앞둔 영국 팀의 경기를 바라보는 『데일리미러』의 기사는 이 점을 분명하게 지적하고 있다. "그들의 축구에 대항하는 (…) 우리의 축구는 시험대 위에 있다. (…) 소련에 의한 사회주의 국가와 영원한 자유의 나라 영국 간의 차이는 더할 나위 없이 분명하다."[5] 이념을 달리하는 체제 간의 국제 경기는 문화적 교류와 평화적 공존에 기여한다는 선언적 의미 이외에도 체제의 우월성을 증명하는 선전의 장으로 활용해야 한다는 암시를 기사는 전하고 있는 것이다. 경기장은 이러한 선전을 수행하기 위한 장이다. 국제 경기에 참석한 영국의 선수들은 자유의 수호자로서 이미지를 가지는 반면 사회주의 체제의 선수들에 대해서는 야만적이고 악마적인 이미지 생산이 이루어지고 있었다.[6] 이 장은 이와 같은 영국 언론의 타자 이미지 생산시도를 미국 언론이 어떻게 발전시켜 나갔는가를 기술함으로써 메달 획득 경쟁 이면의 '열전'을 고찰하고자 한다.

이 장에서는 '문화전쟁'의 적대적 측면을 강조하기는 하지만 그것은 승자의 위치를 최종적으로 누가 차지했는지를 단정하는 것을 목표로 하지는 않는다. 메달 수를 놓고 벌이는 올림픽의 경쟁과 달리 상대 체제의 선수들의 타자화 작업 결과는 가시적으로 확인하기에는 한계가 있다. 여기서 강조하고 싶은 것은 그러한 타자화 작업이 지속됨으로써 올림픽에서의 냉전의 열기는 '해빙' 시대의 출범과 무관하게 식지 않았다는 점이다. 이런 측면에서 올림픽을 통해 체제와 이념을 초월해 상호이해를 도모한다는 이상은 공허한 구호였다. 냉전기 올림픽 무대는 체제를 지탱하는 이데올로기가 더 이상 효력을 발휘하지 못하는 시기까지 다양한 '열전'의 양상을 보였던 무대였다.

1. 미국 언론에 투영된 소련 선수의 이미지

올림픽 무대 진출 이후 소련은 획득한 메달 수를 근거로 할 때 미국의 자부심에 상당한 상처를 입혔다. 냉전시대 올림픽에서의 소련과 미국의 메달 획득 수의 비교는 미국의 대중에게 치욕과도 같은 것으로 비칠 수 있었다. 1964년 미국의 한 사회학자는 올림픽에서 소련의 성과를 "러시아인들이 우리가 가장 자부심을 갖는 분야, 즉 기술, 스포츠, 교육과 같은 분야에서 우리와 동등하거나 더 낫다는 것을 보여주기 위해 그들의 체제를 조정"해 왔다는 증거로서 해석했다.[7] 메달 획득 수에서 밀린 미국의 자존심을 회복할 수 있는 출구를 찾지 못한다면 냉전기 올림픽 무대에서 소련은 승자의 자리를 확실하게 차지할 수도 있었다.

지금도 미국에서 인기 있는 대중 스포츠 잡지인 『스포츠 일러스트레이티드(Sports Illustrated, 이하 SI)』는 올림픽에 출전한 소련 선수들의 타자적, 비인간적 이미지를 유포하여 냉전기 반공산주의적 문화운동의 선봉에 섰다. 미디어의 영향력이 확대되어 갔던 2차 세계대전 이후의 미국사회에서 미디어의 재현체계는 여성과 여성운동을 대상화하고 폄하하는 데 기여해 왔다.[8] 유사한 맥락에서 미국 언론에 의한 소련 선수들의 재현방식은 올림픽 무대에서의 그들의 성과를 폄하하는데 기여했다. SI는 소련 선수들과 관련된 기사의 어조와 단어 등을 신중하게 선택함으로써 올림픽에 출전한 소련 선수들을 부정적으로 묘사했다. 이러한 묘사를 통해 SI는 올림픽에서 메달을 획득한 소련의 선수들이 자국에서 얻었던 '스포츠 영웅' 이미지가 자유세계인 미국에서 통용될 수 없다는 점을 부각시키고 싶었다.

SI의 기사는 소련 선수들의 뛰어난 기량 과시가 자유의 희생 위에서 가능했다고 은연중에 드러냄으로써 그 의미를 축소시키려고 했다. 전형적 러시아인의 외모를 지닌 러시아 스키선수가 "영양사의 감시 아래 (…) 하루 5,000칼로리의 음식(보통 사람의 2배에 해당하는 섭취량)을 쑤셔 넣었다"는 기사는 SI의 이러한 의도를 잘 드러낸다.[9] "영양사의 감시 아래"와 "쑤셔 넣었다"는 표현을 통해 기사의 작성자는 소련 선수들이 음식의 선택에서도 자유를 가지고 있지 못하다는 점을 부각시키려고 했다. 기사는 더 나아가 소련의 영양사들이 선수들을 주의 깊게 감시하는 이유는 음식 섭취도 사회주의 체제의 이익이라는 전체주의적 관점을 구현하기 위해서라는 함의를 전달한다. 결국 소련 선수들의 메달은 그들의 자유의지를 억압했기 때문에 가능했다는 인상을 기사는 전하고 있다.

SI는 올림픽에 참가한 소련 선수들의 경기에 임하는 방식을 부정적으로 기술했다. 한마디로 줄인다면 소련 선수들은 미국 선수들과는 달리 경기를 즐기지 못한다는 것이다. 미국은 올림픽에서의 우승은 국가의 위신을 드높일 수 있는 중요한 수단이었지만 동시에 우승만을 위한 경쟁의 장이 아니라 참가국 모두의 화합과 평화를 증진한다는 이상을 명목상 내걸었다. SI의 기술에서 소련 선수들은 이러한 이상의 실현과는 거리가 멀었다. SI는 소련 선수들의 숙소가 올림픽 선수촌 외부에 위치하고 있다는 사실을 근거로 소련 선수들이 다른 국가의 선수들과 교류하거나 우호적 관계의 증진에는 관심이 없는 것처럼 보인다고 지적했다. 선수촌 외부에 숙소를 잡는 행위는 물론 소련 이외의 다른 나라도 채용했던 전술 중의 하나다. 그러한 전략을 택하는 나라들은 선수촌 외부에 숙소를 정함으로써 선수들이 경기에만 집중할 수 있다고 생각했다. 그렇지만 소련이 그러한 선택을 하였을 때 SI는 유독 부정적인 의미로 해석했다.

SI의 묘사에 따르면 소련 선수들은 "외딴 호텔에 고립되어 있다." 올림픽에 참가한 선수들 대다수는 "올림픽을 '즐길 수 있는 어떤 것'이라고 생각하지만 소련 선수들은 그렇지 않다"라고 지적한다. 공산주의 이데올로기를 기사가 명시적으로 언급하지는 않았지만 공산주의 국가의 선수들은 올림픽과 같은 스포츠 축제를 즐기는 방법을 알지 못한다고 은연중에 지적한다. SI의 기사는 이에 덧붙여 소련 선수들이 올림픽에 임하는 태도는 서구 국가 선수들의 그것과 차이가 있다고 지적한다. 선수촌 외부에서 소련 선수들의 기거 방식을 표현하는 용어로서 이 기사는 "bivouac"라는 단어를 선택했다.[10] 군대 용어로서 "bivouac"은 적의 공격 시 안전한 피난처가 없는 상태에서 임시 조성된 피난처 혹은 텐트 안에서의 야영을 의미한다. 소련 선수들은 임박한 전쟁의 출전을 기다리는 군인과도 같다는 암시를 이 기사는 하고 있고 따라서 그들은 올림픽의 출전을 즐길 수 있는 축제의 장으로 생각하지 못한다. 서구 국가의 선수들이 승리의 부담 없이 올림픽을 즐길 수 있는 축제의 장으로 생각하는 것과 대조적으로 소련 선수들은 국가의 명령에 복종하는 군인과 다를 바 없다는 암시를 하고 있는 것이다.

SI의 또 다른 기사는 올림픽에 참여한 소련과 미국 선수들의 대조적 행동방식을 기술한다. 소련 선수들이 등장한 사진 아래에 SI는 "붉은 기를 게양하는 엄숙한 러시아인들"이라는 지문을 달았다. 선수촌에 도착한 미국 선수들을 보여 주는 사진의 지문은 "선수촌에 도착한 자유분방한 미국인들"이다.[11] 이 지문은 "엄숙한" 러시아인들은 기 게양과 같은 군대에서의 일상을 올림픽에 와서도 유지해야 되는 반면 "자유분방한" 미국 선수들은 그러한 의무를 의식할 필요 없이 선수촌에 들어왔다는 이미지를 전한다. SI의 이러한 이미지에 따르면 군대에서의 엄격한 규율에 얽매이지 않는 미국 선수들은 올림픽 게임을 즐기면서 다른 나라의 선수들과 우정을 쌓아 나갈 수 있는 가능성이 있다. 반면에 소련 선수들에게 그런 가능성은 찾아보기 힘들며 따라서 올림픽을 축제의 장으로 즐기지도 못한다. 미국 선수들의 태도에서 올림픽의 이상 구현의 가능성을 찾아볼 수는 있지만 소련 선수들에게 그것을 기대하기는 힘들다. SI는 이러한 내포적 의미를 유포함으로써 냉전 시대의 올림픽에서 미국의 도덕적 우위를 드러내려고 했다.

소련의 여성 운동선수들에 대한 부정적 이미지 유포는 미국이 올림픽에서 도덕적 우위를 점하기 위한 또 다른 전략이었다. 생물학적 성에 기초한 남녀의 차별은 2차 세계대전 이후의 몇 세기를 걸쳐 사회의 전 영역에서 약화되어 가고 있는 추세였다. 그러나 스포츠 영역에서 이러한 차별은 여전히 사라지지 않았다. 스포츠에 참가하는 여성들에 대한 부정적 이미지 때문에 여성들은 스포츠에 대한 관심을 적극적으로 드러내지 못하고 있었다.[12] 이런 상황에서 스포츠에 직접 참여하려는 의지를 가진 여성들을 남성들과 확실히 분리해야 한다는 믿음도 광범위하게 퍼져 있었다. 여성 운동선수들은 생물학적으로 남성에 비해 힘이 부족하며 육체적 재능 면에서도 뒤진다는 믿음 때문이었다. 스키 점프나 복싱, 링 운동 같은 종목이 올림픽에서 전적으로 남자 선수들만을 위한 종목으로 간주되고 수중발레와 같은 종목은 여성을 위한 종목이라는 생각은 이러한 의식을 반영한 결과였다.

미국의 언론 매체는 뛰어난 기량을 보인 소련의 여성 선수들을 여성으로서의 성 정체성을 포기한 집단으로 그렸다. 그들은 어떤 의미에서 남성화된 여성, 즉 "여성이 아닌 존재"로 그려졌다. 1970년 7월 2일자 『로스엔젤레스타임스』는 육상경기 종목에서 해설자로 명성이 높은 딕 뱅크(Dick Bank)의 다음과 같은 글을 게재했다.

> 미국에서 여성 육상종목의 발전이 더딘 이유 중의 하나는 (…) 소련의 타마라 프레스(Tamara Press)와 같은 선수들이 이 종목에서 선수로서 뛰기 때문이다. 어떤 측면에서 보자면 (…) 그녀는 여성이라기보다는 남성으로서의 특징을 더 많이 갖고 있다. 여성들이 육상 선수로서 길러질 때 그녀와 같이 된다고 한다면, 미국의 부모들은 자신들의 딸을 수영이나 그 외 다른 종목으로 인도할 것이다.[13]

그림 10. 성 정체성을 의심받았던 프레스 자매[14]

『로스엔젤레스타임스』의 시각에서 타마라 프레스는 "지나치게 남성적"이었다. 원반던지기와 포환던지기 종목에서 포효하는 그녀의 이미지에서 미국의 대중은 여성성을 느낄 수 없었다. 소련은 올림픽에서 미국을 능가하는 성적을 얻기 위해 인간의 자연적 구분인 성(性)적 차이를 무색하게 만들 정도로 여성을 훈련시킨다는 비판을 이 기사는 은연중에 하고 있는 것이다.

소련 여성 운동선수들의 성 정체성에 대한 의심은 그들이 올림픽에서 보여 준 뛰어난 기량에 대한 반작용이었다고 말할 수 있다. 1960년대의 올림픽 무대와 그 외의 국제 경기 무대에서 다른 어떤 선수들보다 더 많은 메달을 획득한 사회주의 진영의 여성 운동선수들이 있었다. 소련의 타마라 프레스(올림픽 금메달 3회), 그녀의 여동생 이리나(올림픽 금메달 2회), 그리고 마리아 이트키나(유럽 선수권 금메달 4회), 타티아나 셀카노바(유럽 선수권 금메달 1회), 루마니아의 욜란다 발라쉬(올림픽 금메달 2회) 등이 그러한 선수들의 구체적 명단이었다.[15] 이들의 뛰어난 기량만을 근거로 할 때 소련은 냉전기의 '문화전쟁'에서 승자로서의 위상을 당당하게 주장할 수 있었다.

올림픽의 메달 획득 면에서 소련에 여러 차례 뒤처져 '문화전쟁'에서 열세를 면치 못했던 미국이 이러한 상황을 조금이라도 만회해 보기 위해 선택한 전략은 소련 여성 선수들의 성 정체성에 대한 의구심 유포였다. 간단히 말해 여성이 아닌 선수들이 경기에 참여했기 때문에 소련 여성 선수들의 메달 획득이 가능했다는 주장이었다. 1966년 부다페스트에서 열린 유럽 육상 선수권대회에 소련 여성 선수들이 성별 검사를 이유로 참가를 거부한 행위를 거론하면서 미국 언론매체는 주장의 신빙성을 높이려고 했다. 스포츠 역사에서 1966년 부다페스트 육상 선수권 대회는 성별 검사를 처음 도입한 국제 대회였다. 『타임스』는 선수권 대회에 소련을 대표하는 다수 여성 선수들이 불참하는 것은 "부상과 가족의 병치레라는 명확한 이유가 있었음에도 여성 선수들의 생리학적 '애매한 사례'라는 주제를 놓고 이곳에서 열띤 토론을 벌이게 했다"라는 기사를 게재했다.[16] 일 년 후 『뉴욕타임스』는 소련 이외의 사회주의권 전체의 선수들을 문제시하는 보다 포괄적 형태로 의구심을 드러냈다: "주로 공산주의 이념의 국가를 대표하는 일부 선수들의 성 정체성이 의심스럽다는 불평이 제기되어 작년부터 성별 검사의 절차가 시작되었다."[17]

성 정체성에 대한 의심은 체제에 대한 비난의 근거였다. 여성사 혹은 젠더사 분야의 일부 역사가들은 육체는 "다양한 사회적 의미를 확인"할 수 있는 장소라고 주장한다.[18] 이들 역사가들에게 육체는 문화적 인식과 공적인 의미를 형성할 수 있는 장소였다. 기술공, 택시 기사, 농업 노동자, 도랑 파는 인부 등과 같이 육체적 노동 강도가 상당한 분야에 종사하는 소련 여성들의 육체는 꾸미는 육체와는 관계가 먼 과체중의, 매력적이지 못한 육체이다. 남성인 트럭 운전사는 운전석에 앉아 담배를 피우며 힘든 노동에서 면제된 반면 여성들은 힘겨운 삽질을 하며 골재를 트럭에 싣고 있는 장면은 소련에서 낯설지 않은 풍경이다.[19] 남녀평등이라는 체제의 선전과는 달리 여성들은 오히려 과중한 육체노동에 시달리고 있다. 비슷한 맥락에서 1952년 올림픽에 참여한 소련의 여성 선수들을 미국의 언론은 "러시아 스텝의 아마조네스 여전사," "성을 알 수 없는," "남자와 같은, 탱크의 형상을 한 존재"라고 묘사함으로써 이들의 육체를 공산주의 체제 실패의 상징으로 활용하려 했다. 소련 여성 선수들을 오도되고 위험한 문화를 직접적으로 체현하는 존재로 그리려는 것이다. 소련의 위험한 문화란 성 질서를 파괴하는 문화였다. 그리하여 건장한 육체의 소련 여성 투포환 선수는 "성적 차이를 매일의 일과에서 위반하여 여성의 육체를 잃어버린" 상징으로 그려졌다.[20]

소련의 선수들과는 대조적으로 미국 선수들의 '여성성'은 의심의 대상이 아니었다. 『로스엔젤레스타임스』의 1968년 기사는 미국 선수들의 '여성성'을 다음과 같이 표현한다.

동계 올림픽에서 가장 아름답고 여성성이 강한 선수 집단이라고 할 수 있는 여성 스키선수들은 자신들이 진정으로 여성인지를 결정하기 위해 검사를 받아야 한다는 지시 때문에 재미있어하기도 하지만 어이없어하기도 한다. 와이오밍 주 잭슨 출신의 회전 활강 대표선수인 카렌 버지(Karen Budge)는 "그러한 지시는 다소 어리석을 뿐만 아니라 어떤 면에서 시간낭비 같기도 하다"라고 말했다. (…) 카렌이 그렇게 말을 한 것은 충분히 이해가 된다. 그녀는 5피트 8인치의 날씬한 금발로, 라스베가스 쇼걸로도 손색이 없다.[21]

기사는 '날씬한 금발'과 같은 표현으로 미와 신체적 허약함이 여성성의 필수적인 요소라는 믿음을 드러내고 있다. 이러한 여성성을 지니고 있기 때문에 미국의 선수들은 '라스베가스 쇼걸'로서의 역할도 충분히 수행할 수 있다고 기사는 암시한다. 미국의 선수들은 소련의 선수들과 달리 올림픽의 메달을 위해 여성성을 희생하지 않았다. 미국의 입장에서는 여성성의 희생을 대가로 획득한 소련의 메달 수는 체제의 우월성을 증명하는 지표가 아니라 체제의 비인간성을 드러내는 지표가 된다.

미국의 언론매체는 소련 선수들의 이미지를 이와 같이 타자화하여 냉전기 문화전쟁의 한 영역에서 우위를 점하고자 하였다. 그렇다면 소련은 자국의 선수들에 대해 어떠한 이미지를 유포함으로써 이에 대응하려고 하였을까? 이에 대한 대답을 다음 장에서 모색해 보자.

2. 자국 선수들의 우호적 이미지 조성을 위한 소련의 대응

소련의 언론은 미국 선수들 전체와 비교할 때 소련 선수들이 "집단 정신, 동료애, 규율" 등을 젊은 세대에게 제공하면서 올림픽 정신을 구현하기 때문에 도덕적 우월성에서 뒤지지 않는다고 주장했다. 그렇지만 그것만으로 자국 선수들의 긍정적 이미지를 확보하기에는 미흡했다. 상대방과 비교할 때 드러낼 수 있는 긍정적 이미지도 중요했지만 소련 체제의 선수들이 갖는 독자적 가치를 또한 드러내 보임으로써 도덕적 우월성을 확보하려는 선전 전략도 가지고 있었다.

체제 지도부의 기대에 따르면 소련의 스포츠 영웅들은 단지 운동 능력이 뛰어난 선수들로 규정될 수만은 없었다. 소련의 스포츠 영웅은 사회주의 체제의 우월성에 대한 신념으로 무장하고 있을 뿐만 아니라 국제 스포츠무대에서 체제의 대표자로서 역할을 자랑스럽게 수행하는 존재로 간주되었다. 그들은 간단히 말해 '운동복을 입은 외교관'과 같은 존재였다. 소련의 시민들에게도 인기가 높은 스포츠 영웅들의 모범적 행동방식을 전파함으로써 개인적 영광과 물질적 부를 추구하는 자본주의 체제의 선수들과는 구별되는 도덕적 우월성을 과시하고자 했다. 그들은 개인보다는 집단 전체와 국가의 영광을 위해 헌신하는 존재로 그려졌다.

1956년 멜버른 올림픽 5,000m와 10,000m 육상 금메달리스트인 블라디미르 쿠츠(Владимир Куц), 1968년 멕시코시티, 1972년 뮌헨, 그리고 1976년 몬트리올 올림픽까지 3회 연속 올림픽에 출전해 총 4개의 금메달을 획득한 체조 선수 루드밀라 투리쉐바(Людмила Турищева)는 소련이 자랑스럽게 유포하고 싶은 스포츠 영웅의 전형이었다. 올림픽 개막 직전 소비에트 언론이 이들 관련 기사를 거의 빠뜨리지 않고 게재했으며 그들의 자서전 또한 출간되었다는 사실로 미루어 볼 때 이들은 '운동복을 입은 외교관'의 이상을 가장 효과적으로 전파할 수 있는 인물로 선택되었다. 이러한 방식의 선전을 통해 소련의 스포츠 영웅 또한 사회주의 체제의 발전을 위해 헌신하는 '호모 소비에티쿠스'의 형성에 기여하는 것이었다.[22]

쿠츠를 선전에 활용하려는 정부의 입장에서 그는 매력적 인물이었다. 그는 노동계급 가정에서 태어나 애국심을 실천하고자 군대에 복무했다. 서방의 언론매체는 쿠츠를 "인간 기계," 혹은 "로봇"으로 표현했다면 소련의 인쇄매체는 그를 "조국의 영광을 위해 분투하는 일인 전사"라고 표현했다.[23] 그는 2차 세계대전 전선에서의 경험을 올림픽 무대에서의 경기와 연결하여 경기에서의 승리가 적들에게 위협받는 조국의 방어와 다를 바 없다는 점을 다음과 같이 드러냈다. "나는 전선의 병사였다. 내가 올림픽 무대에 진출했을 때 그 순간 나는 또한 병사와 같았다. 그리고 나는 여러 차례 마음속으로 '오직 전진만이, 오직 승리만이!'라는 다짐을 되새겼다."[24]

쿠츠에게 올림픽에서의 승리는 소비에트 시민으로서 영예로운 의무를 완수한다는 의미였다. 그렇지만 쿠츠는 이러한 승리를 자신의 탁월한 능력 탓으로 돌리지 않았는데 이 점은 공산주의 체제의 영웅들이 드러냈던 또 다른 전형적 특성 중의 하나였다. 그는 조국과 동료 시민들의 안녕을 자신의 생각과 행동을 정하는 데 있어서 최우선에 둘 것이라는 기대에 따라 살아 왔을 뿐이며 그런 태도가 성공을 가능케 했다고 지적했다. 즉 그는 자신의 올림픽에서의 위업이 체제 시민들의 격려와 응원 때문이었다는 겸손함을 보였고 멜버른까지 축하전문을 보냈던 동료시민들에게 감사를 표시했다. "고국에서 들려오는 소식은 나를 특히 행복하게 만든다. (…) 콤소몰의 젊은 철도노동자, 레닌그라드의 예술가, 투르크멘의 운동선수, 그 외 다른 많은 이들이 따뜻한 격려의 인사를 멜버른의 나에게 보냈다."[25] 소련정부는 쿠츠의 이미지를 이렇게 유포함으로써 자국의 올림픽 영웅은 사회주의 체제의 이상을 몸소 구현하는 존재임을 드러내고자 했다.

투리쉐바 역시 자신의 올림픽에서의 위업을 의무의 이행이자 기대에 대한 부응이라고 생각하는 겸손함을 지니고 있었다. 그러나 그녀는 소련의 스포츠 영웅이 지녀야 할 또 다른 자질을 가장 분명하게 보여 주는 예였다. 즉 그녀는 강한 의지와 근면성을 대표하는 스포츠 영웅으로서 그려졌다. 소련의 언론매체는 그녀를 다음과 같이 기술했다: "완벽은 그녀의 좌우명이다. 모든 일에서 완벽하자! 고등학교와 대학 재학 시절 그녀는 항상 최상의 성적을 받았다. 체조에 대해 얘기할 때 그녀의 희망은 세계 최고가 되는 것이었다."[26] 투리쉐바는 이미 세계가 인정하는 체조선수로서 명성을 획득했지만 학생으로서 의무를 가볍게 생각하는 선수가 아니었다. 소련 정부는 학생의 본분에도 충실한 선수 이미지를 유포함으로써 자국의 선수들이 올림픽에서 메달 획득을 통해 물질적 혜택을 얻는 데 혈안이 되어 있다는 서방 언론의 주장을 반박하려고 했다.

투리쉐바는 소련이 자랑하고 싶은 스포츠 영웅의 자질을 가지고 있는 동시에 서방의 언론이 소련의 선수들을 비난하는 바와 같이 여성성을 잃어버린 선수가 아니었다. 투리쉐바는 소련 여성 선수들이 일반적으로 가지고 있다는 딱딱하고 차가우며 엄격한 이미지가 아니라 부드럽고 사랑스러운 이미지의 선수였다. 뮌헨의 관중 앞에 선 투리쉐바는 서구 언론에서 등장하는 바와 같은 러시아 선수 특유의 굳어 있는 표정이 아니라 "자상하며 미소가 환한 즐거움이 넘치는 소녀"였다.[27] 이러한 모습에서 여성성을 상실했다는 미국 매체의 이미지를 찾아볼 수는 없었다. 그녀는 운동선수로서 뛰어난 자질을 가지고 있으면서도 여성의 아름다움을 잃어버리지 않았던 것이다.

여성 선수들의 운동능력 보유가 여성성의 상징인 아름다움의 포기를 의미하지는 않았다는 점은 다른 매체를 통해서도 드러났다. 소비에트 체제 코미디 영화 장르에서 가장 인기 있는 감독 중의 한 사람인 레오니트 가이다이(Леонид Гайдай)는 1966년 〈캅카스의 포로〉라는 영화에서 여성 선수를 다음과 같이 소개하는 등장인물을 보여 준다. "이 여성은 학생이자 콤소몰의 단원입니다. 그리고 운동선수이기도 하지요. 마지막으로 간단히 말하자면 미인입니다." 소련의 매체는 미국 언론이 형상화하는 남성화된 여성선수들을 부정하고 여성으로서의 외적 아름다움을 유지하는 존재로 자국 선수들을 형상화하였던 것이다.

소련 선수들의 여성성을 의심하는 미국 측의 시각은 국제경기에서 자국 선수들의 저조한 성적에 대한 일종의 푸념과도 같다고 소련의 언론은 지적했다. 미국언론은 이러한 푸념을 다음과 같이 표현하고 있다. 즉 1968년 그레노블 동계 올림픽에서 소련 여성 선수들이 5개의 금메달 획득으로 1개만을 획득한 미국을 압도한 이유는 "러시아와 폴란드를 대표하는 근육질의 일부 선수들은 올림픽 명부에 기록된 바와 같이 여성이 아니기" 때문이다.[28] 하계 올림픽에서도 이러한 의심은 이어졌다. 1976년 몬트리올 올림픽에서 소련 선수단의 전체 메달 수는 125개이지만 미국의 그것은 94개에 불과했다. 이러한 현격한 차이는 근육의 힘과 지구력에서 다른 나라의 여성 선수들을 압도하는 남성화된 여성 선수들 때문이었다. 소련의 여성 선수들의 메달 수는 36개로 이는 전체 메달 수 125개의 30%를 차지했다.[29] 결국 남성화된 여성 선수의 기여가 없었다면 올림픽에서 소련의 성과는 불가능했다는 암시였다.

체제의 우월성을 증명하기 위한 여성 선수의 육성을 위해 여성성을 희생시켰다는 서방 측의 비난은 정부 정책의 변화과정을 상기한다면 반론이 가능한 부분이었다. 이미 1930년대부터 소련 지도부는 여성들에게 해롭거나 그들의 도덕적 타락을 가져올 수 있다고 여겨지는 특정 스포츠 종목의 참여를 반대한다고 공식적으로 선언하고 있었다. 이러한 정책은 스탈린 시대의 여성 정책 전반과도 연관이 있는데 주지하다시피 스탈린 정권은 가정 내에서 여성의 전통적 역할을 다시 강조하기 시작했다.[30] 여성이 사회적 노동보다는 가정의 노동력을 확대 재생산하는 존재로서 기여하기 위해서는 여성성 유지에 방해가 되는 스포츠 활동은 피해야 했다. 물론 스탈린 체제는 대외적 위협으로부터 체제를 지켜내기 위한 군사 방어력 증대를 위해 사격이라든가 낙하산 강하와 같은 여성들의 참여가 제한적이었던 스포츠 활동을 적극적으로 장려하기도 했다.[31] 그렇다고 해서 스탈린 체제가 체제방어를 위해 러시아의 전통적인 여성성을 부정했다는 식으로 해석할 수는 없다. 한 연구자의 지적에 따르면 소련 체제가 진정으로 필요로 하는 여성은 "전통적으로 여성들에게 익숙한 주부, 교육자, 양육자로서의 '여성적' 역할을 (…) 작업장에서의 위생, 품위, 문화수준의 기준을 감독함으로써 소련 사회 전체를 위해 자리매김하는 여성"이었다.[32] 여성들에게 진출의 기회가 제한되었던 영역을 넓힌다고 해서 그것이 기존 러시아 사회에서 요구했던 여성성을 부정하는 데까지 나아가지 않았다는 뜻이다. 스포츠를 이용하여 체제의 우월성을 증명하려고 했더라도 그것이 여성성을 희생하는 정도는 아니었다고 주장하는 이유이다. 스탈린 시대가 막을 내린 한참 후에도 스포츠가 여성성의 유지를 방해해서는 안 된다는 견해는 여전히 남아 있었다. 1973년 소련의 한 스포츠 잡지는 다음과 같은 견해를 피력했다. 즉 "소녀들이 스포츠에 참여할 때 선택의 기준은 아름다운 외모, 우아함, 유연성 유지에 도움을 주느냐의 여부이다. 소년들의 경우 선택의 기준은 힘, 활력, 기술과 민첩함이다."[33]

올림픽에서 우승을 위해 성적 정체성을 잃어버린 여성 선수라는 미국 언론매체의 이미지를 부정하는 것 이외에 소련 정부는 자국 선수들에 대한 또 다른 긍정적 이미지를 유포하려 했다. 서구 언론에 비친 소련 선수들은 물질적인 혜택과 자신들의 개인적 이득만을 추구하는 자들이었다. 이러한 이미지에 대해 소련 정부는 우정에 근거한 공존의 희망에서 세계 모든 사람들의 상호이해에 기여하는 존재라는 이미지를 그려냈다. 소련 선수들은 올림픽에서의 우승을 국가의 영광을 위해 돌릴 줄 아는 존재였다. 또한 그들은 동지적 우정과 열린 마음을 가지고 있기 때문에 미국 언론에서 묘사하는 바와는 다른 행동방식, 즉 세계 다른 나라의 선수들과 즐겁게 섞일 줄 안다. 소련 선수들의 이러한 태도 때문에 미국의 선수들은 1952년 올림픽 선수촌의 소련 대표 팀을 방문한 이후 "우리들 모두가 결국은 크게 다르지 않다는 것을 알고 기뻐했다"라고 언급했다. 이에 대해 소련은 "선량한 마음을 가진 귀국의 모든 사람들에게 우리의 감사인사를 전해 주십시오"라고 응답했다.[34] 이러한 모습에서 미국의 언론매체가 그리는 바와 같은 고립적이고 폐쇄적인 소련 선수들의 이미지를 찾아볼 수 없었다.

소련 선수들의 이러한 이미지는 국제 스포츠 제전에 임하는 국가의 태도의 차이에서 또한 유래한다고 소련의 선전 매체는 서술했다. 예를 들어 1958년부터 1962년 사이에 소련은 미국의 육상 선수들과 여러 차례 시합을 벌였다. 소련의 매체는 경기에 참여한 미국 선수들을 "예외 없이 찬양하며 호감을 드러내는 방식으로" 묘사했다.[35] 그럼으로써 소련을 올림픽의 이상에 부합하는 국제 정치무대의 일원으로 위치시키려 했다. 그렇지만 미국 언론의 태도는 이와는 달리 여전히 적대적 입장을 버리지 못했다. 소련 선수들과 시합을 앞둔 상황에서 미국 언론의 머리기사 제목은 여전히 전투적이다: "러시아인들에게 일격을" "미국 선수들이 육상경기의 무혈전쟁을 위해 모스크바에 입성하다" "마침내 그들이 오다. 완고하며 강인하고 비밀스러운 소련의 선수 군단이 육상 경기를 위해 미국을 침공했지만 반드시 격퇴될 것임."[36] 이러한 대조적 보도 태도만을 거론한다면 소련은 미국과 달리 국제 스포츠 제전을 화합을 위한 교류의 장으로 활용하려 했다는 인상을 주기에 충분했다.

그림 11. 1965년 소련의 체조선수들[37]

소련의 선수들이 집단의지나 국가의 영광을 훨씬 더 중요하게 간주한다는 사실을 거론하면서 서방 측의 언론은 그들을 "기계의 부품"으로 형상화하기도 했다. 소련 선수들의 성취는 아주 빈번하게 국가의 업적과 등치되면서 선수 개인은 국가의 영광을 위해 묻히는 존재로 간주되었다. 그러나 1960년대 소련에서 등장한 시각 이미지는 선수들을 이름과 얼굴이 없는 존재로서 묘사하지만은 않았다. 당시에 공식 이미지를 생산하는 대표적 화가 중의 하나였던 드미트리 질린스키(Дмитрий Жилинский)의 〈1965년 소련의 체조선수들〉이란 그림에서 이러한 점은 잘 드러난다. 질린스키는 여기서 소련의 체조 선수들을 여러 부품이 결합된 기계와 같이 형상화하지 않았다. 소련의 체조 팀은 각기 다른 신체와 개성을 지니면서 조화를 유지하는 결합체와 같이 제시되었다. 그림에서 선수 개개인은 각자의 필요에 따라 상이한 동작들을 취하고 있다. 한 선수는 코치로부터 조언을 듣고 있고 다른 선수는 자신의 팀 동료와 다음 단계의 전략을 상의하면서 자신의 경연을 준비하고 있다.[38] 각 선수는 자신의 의지를 가지고 있으며 최고 수준의 경연을 보이기 위해 최선을 다하고 있음을 이러한 이미지로부터 느낄 수 있다. 선수 개개인이 불행하거나 수동적으로 움직이고 있다는 흔적을 여기서 찾아볼 수는 없다. 오히려 그들은 자신들의 개인적 기여와 장점을 인식한 상태에서 적극적이고 즐겁게 움직이는 느낌을 전달한다. 체제 전체의 영광을 위해 분투하며 생명력이 없는 기계의 부품과 같은 존재로서 이미지화되는 소련의 선수들에 대한 대항 이미지는 이렇게 지속적으로 만들어지고 있었다.

냉전의 환경에서 올림픽은 정치적 개입 없이 세계 모든 사람의 화합을 위한 순수한 스포츠 축제로서의 역할을 하기는 어려웠다. 미국과 소련이 대표하는 양 체제의 지도자들은 "팍스 아메리카나(pax Americana)와 팍스 소비에티카(pax sovietica)" 간의 당대의 제국주의적 투쟁에서 스포츠의 유용성을 알고 있었다.[39] 부연하자면 그들은 스포츠를 "군사교전이라는 관습적 형태의 대립이 사라진 상태에서 자본주의와 공산주의 질서 각각의 시민적, 이데올로기적, 군사적 우위를 확인하기 위한" 수단으로 활용하려 했다.[40] 올림픽에서의 매달 수를 근거로 소련은 일차적으로 사회주의 체제의 우월성을 증명하는 데 성공한 듯 보였다.

그렇지만 올림픽에서 '문화전쟁'은 더 많은 메달을 획득하는 데 그치지 않았다. 올림픽에 참가하는 상대편 선수들에 대한 적대적 이미지를 두 나라 모두 인쇄매체나 시각 이미지를 통해 생산해 냈다. 미국 측의 입장에서 이러한 이미지는 메달 수 경쟁에서 처진 자신들의 감정을 보완해 주는 것이었고 소련 측 입장에서 이것은 자신들의 이념적, 도덕적 우위를 보완하는 것이었다.

미국 언론에 비친 소련 선수들의 모습은 올림픽 무대에서 승리만이 목표인 냉혈한과 다를 바 없었다. 그들은 또한 국가의 영광을 위해 봉사하며 자유의지를 가지고 있지 못한 도구에 지나지 않은 존재였다. 게다가 미국 매체에 의한 형상화에서 여성 선수들은 승리를 위해 '여성성'마저도 포기해야 하는 존재로 그려졌다. 소련의 선전물들은 미국 언론에서 제시된 이러한 이미지를 부정하기 위해 적극적으로 대응했다. 소련의 선수들은 개인이 누려야 되는 즐거움을 박탈당한 채 전체의 이익을 위해 봉사하는 "기계의 부품"과도 같은 존재는 아니었다. 그들은 열린 마음으로 다른 나라의 선수들과 어울리기를 좋아하고 따뜻한 마음을 지닌 존재였다. 소련의 여성 선수들 또한 외적 아름다움과 체형을 희생하면서까지 승리에만 몰두하는 "남성화된 여성"은 아니었다. 소련의 선수들이 국가의 영광을 위해 승리를 쟁취하려고 하지만 그렇다고 그들이 성적 정체성과 인간으로서의 자유의지까지 상실한 존재는 아니었던 것이다.

이렇게 냉전기 올림픽 무대에서 미국과 소련은 메달 수 획득이라는 전쟁 이면에서 자신에게 유리한 이미지 생산을 위한 전쟁도 벌이고 있었다. 냉전의 이데올로기가 활력을 잃지 않는 한 이미지 생산을 둘러싼 이면의 전쟁은 쉽게 수그러들지 않았고 그 결과 양국은 1980년과 1984년 각각 상대방이 주최하는 올림픽을 거부했다. 정치 이데올로기가 강하게 작용하는 국제환경에서 올림픽을 통해 화해와 평화를 추구한다는 이상을 쉽게 성취할 수는 없었다.

7장

올림픽 속에서의 '열전'
- 우승 아니면 죽음을!

☭

1952년 헬싱키 올림픽부터 참가하기 시작한 소련이 국제 스포츠 무대에서 거둔 성과는 미국의 우려를 자아내기에 충분했다. 올림픽에서 메달 획득의 수를 체제 우수성을 드러내는 하나의 지표라고 간주할 때 미국은 그러한 의미의 체제경쟁에서 패배했다. 미국의 입장에서 충격적인 또 하나의 사건이 1959년 1월, 칠레 산티아고에서 개최됐던 세계 농구선수권 대회에서 있었다. 농구 최강국으로 자부하던 미국 대표 팀이 24,000여 명의 관중이 운집한 경기에서 62 대 37이라는 참담한 득점 차로 패배하였던 것이다. 당시 미국 대표 팀의 구성이 NBA의 프로 선수라든가 미국 대학농구의 대표 선수들이 빠진 채 이루어졌다 하더라도 결과는 충격적이었다. 라틴 아메리카의 신생 독립국들에서 미국 영향력의 확대를 위해 일하고 있던 미 정보국의 관리들은 경기결과를 특히 심각하게 간주했다. 미국의 패배는 소련에게 "심리적 우월감"을 가져다주는 동시에 신생 독립국의 평범한 사람들에게 "미국에 대한 소련의 우위"를 확인하는 또 다른 지표라는 의식을 그들은 가지고 있었다.[1]

국제 스포츠 무대에서의 결과가 체제의 우열을 판가름하는 지표로 간주되는 상황에서 스포츠는 체력증진을 위한 도구만으로 머무를 수는 없었다. 스푸트니크 위성 1호 발사 성공은 소련이 과학기술 면에서도 미국에 뒤떨어지지 않았다는 것을 국제사회에 확인시켰는데 스포츠 무대에서까지 소련에 뒤처진다면 미국은 체제경쟁에서 패자로 전락한다는 위기감이 팽배했다. 미국 뉴햄프셔 상원의원 스타일즈 브리지스는 육상, 수영, 축구 등의 종목에서 소련 선수들이 획득한 금메달은 신생 독립국가의 주민들에게 소련 우주 조종사의 성과만큼, 혹은 그 이상으로 값진 것으로 비친다는 견해를 피력했다.[2]

미국 정부와 정치인들에게 위협적으로 비쳤던 올림픽 무대에서 소련의 성과가 어떠한 환경에서 만들어질 수 있었는가라는 의문에 대한 해명이 이 장의 목표이다. 올림픽에서의 성과가 일반 대중에게 미치는 선전 효과가 결코 적지 않다는 것을 소련 정부가 인지하고 있는 상황에서 그것을 성취하기 위한 이념적 근거만을 가지고 올림픽에서의 소련의 성공을 기술[3]한다면 구체성을 결여할 수밖에 없다. 성공을 기대할 수 있는 구체적 체계와 방법에 대한 고찰이 필요한 이유이다. 올림픽에 스포츠 관람기회의 확대에 기여한 소극적 의미만 부여[4]한다면 소련 국가권력의 치열한 노력이 과소평가 받는다는 느낌을 지울 수 없다. 소련 시민에게 여가문화의 확산이라는 의미를 뛰어넘어 체제의 우월함을 증명하는 무대로서 올림픽을 활용하려고 했기 때문에 국가차원의 적극적 지원과 체계정립은 더욱 필요했다. 이러한 소련의 노력에 대해 미국의 구체적 대응방식도 병행해서 살펴볼 필요가 있다. 미국 역시도 올림픽에서의 우승이 가지는 선전효과를 뚜렷이 인식하고 있는 상황에서 소련의 우승확보 전략만을 기술한다면 올림픽에서의 '열전'의 구체적 양상이 재현되지 않기 때문이다. 또한 소련의 대표선수들을 압도하기 위한 미국의 '총성 없는 전쟁'을 동시에 살펴봄으로써 올림픽에서의 '열전'의 구체성을 보다 선명하게 재현할 수 있을 것이다.

1. 우승 확보를 위한 선수 양성 체제

소련의 선수 양성

올림픽에서의 우승이 체제의 우월함을 과시할 수 있는 하나의 지표라고 생각하는 이상 소련 정부에게는 우승을 보장할 수 있는 선수 양성이 시급한 과제였다. 1930년대 이전까지 소련 정부의 스포츠 정책은 소수의 엘리트 선수 양성을 강조하기보다는 다수의 참여를 유도하여 집단정신과 규율을 스포츠를 통해 함양하는 데 있었다. 1930년대 스탈린 체제의 정착과 더불어 이러한 정책기조에는 변화가 있었다. 스탈린은 농업 집단화와 1차 5개년 경제개발 계획을 통해 1920년대 말에 침체에 빠진 자본주의 체제와 달리 사회주의 체제의 활력을 증명하고 싶었다. 경제 체제가 우월하다는 증명은 단기간에 성취되기는 어려웠지만 국제 스포츠 무대에서의 승리는 즉각적인 효과를 가지는 것이었다. 1933년부터 공식 언론매체는 자본주의 국가의 선수들을 능가해야 한다는 주장을 내놓았고, 그 이듬해에 와서는 "스포츠 분야의 부르주아 기록을 따라잡고 이를 추월하자"라는 공식구호도 등장했다.[5]

스탈린 체제의 스포츠 정책이 이렇게 엘리트 선수 양성의 필요성을 인정하기 시작했지만 광범위한 인민의 참여를 강조하는 이전 시대의 원칙을 포기한 것은 아니었다. 에블린 머틴(Evelyn Mertin)의 지적대로 스포츠 정책의 '대중 지향성'과 '영웅 지향성'은 공존하고 있었다.[6] 이러한 공존을 잘 드러내고 있는 정책 중의 하나가 '노동과 국방 이상 무(Готов к труду и обороне, 이하 GTO)' 프로그램이었다. 프로그램의 이름이 암시하듯이 이것은 체제의 공고화와 수호에 기여하는 인민을 만들어 내기 위해 스포츠 참여를 사회주의 체제 인민의 일상으로 만든다는 것이다. GTO 프로그램은 특정 스포츠 종목의 집중으로 인한 불균형적 신체발달을 지양하고 다양한 종목의 스포츠 활동을 통한 균형적 발달을 목표로 한다. GTO 프로그램은 스포츠 참여뿐만 아니라 위생과 구급에 관한 이론적 지식도 갖추게 함으로써 제국주의자들의 공격 방어에 기여하는 인민의 형성도 지향했다. 전반적 신체활동을 지향하는 프로그램에 참여함으로써 소련의 모든 인민은 체제의 경제발전과 수호에 기여할 수 있을 것이라고 기대되었다.[7]

GTO 프로그램의 이런 내용만을 보면 소련 스포츠 정책의 이중 지향성은 드러나지 않는다. GTO 프로그램의 또 다른 목적은 대중의 다양한 스포츠 종목 참여를 유도하는 전제 위에 잠재적 '스포츠 영웅'을 발굴하는 것이었다. 즉 다양한 종목의 스포츠에 참여하는 대중 가운데 특정 종목에 뛰어난 자질을 보이는 사람들을 선발하며 이들 선발자들을 4단계로 구분하여 그들의 잠재력을 실현하기 위한 장려금과 훈련 시설 등을 제공한다는 내용이었다. 1934년 5월 당 중앙집행위원회의 법령은 가장 높은 등급의 선수는 소련 공훈 운동선수의 영예를 가지게 될 것이라고 규정했다. 공훈 운동선수의 자격은 소련 최고기록을 갱신하거나 소련 선수권 우승자, 혹은 두 개 이상의 스포츠 종목에서 1등급을 획득한 선수에게 주어졌다. 『프라브다』는 공훈 운동선수가 스스로의 능력을 계속해서 발전시킬 수 있도록 선수 집단 전체는 관심을 기울여야 하며 또한 그러한 상호 협력 과정에서 소련 선수들의 전체적 기량은 그를 본받아 향상할 것이라는 희망을 피력하기도 했다.[8] 1937년부터 육상, 권투, 펜싱, 체조, 사격, 수영, 역도, 레슬링 등의 종목에서 공훈 운동선수의 뒤를 이은 1등급, 2등급, 3등급의 선수 서열은 소련 스포츠계의 특징 중의 하나로 정착했다.

2차 세계대전이 끝나고 국제 스포츠 무대에서 두각을 나타내려는 소련 정부의 의지는 더욱 강해졌다. 특정 스포츠 종목에서 뛰어난 기량을 가진 선수들을 보다 효과적으로 발굴하기 위해서 GTO 프로그램의 개편이 필요하다는 주장이 등장했다. GTO 프로그램의 이수를 위해서 참가자들은 어떤 측면에서 만능 스포츠맨에 가까운 기량을 가지고 있어야 했다. 이러한 조건 아래서는 세계무대에서 우승을 기대할 수 있는 선수를 발굴할 수 없다는 판단 아래 1946년부터 GTO 프로그램의 개편이 단행되었다. GTO 1단계 이수를 위해 필요한 종목의 수를 이전 15개 종목에서 9개로, 2단계 이수를 위해 필요한 자격요건을 이전 22개에서 9개로 축소하는 개편을 단행했던 것이다. 개편의 결과 프로그램 이수자의 수는 1945~1948년 사이에 936,000명에서 2,624,000명으로 늘어났다.[9] 그렇지만 이러한 개편에도 GTO 프로그램이 국제무대에서 소련을 대표하는 선수들을 양산하지 못한다는 비판에 따라 1955년과 1958년에 추가적인 개편이 단행되었다. 1955년 개편의 내용은 14~15세의 청소년들에게 GTO 프로그램의 전단계로서 예비 프로그램을 시행하고 GTO 프로그램도 16~18세의 청소년에게는 1단계, 18세 이상 청소년에게는 2단계 이수를 규정하는 것이었다. 이러한 개편만으로 중앙권력이 의도했던 우수한 자질의 선수로 성장하기 위한 예비적 자질들을 전체적으로 확산시키지는 못했다. 소련의 정책 집행과정에서 나타났던 고질적 문제가 이 부문에서도 나타났다. 정책 집행자들은 중앙으로부터 과제를 수치상으로 만족시키기 위해 실제 이수에 필요한 자질을 갖추고 있지 못한 대상자에게도 이수 자격증을 남발했던 것이다.[10] GTO 프로그램의 개편이 이후에도 지속적으로 시도되었던 이유이다.

1949년에 전연방신체문화와스포츠위원회는 선수들의 서열 편입 기준을 당시의 국제적 기준과 일치시키기 위해 4년마다 개정한다고 결정한 바 있었다. 이는 소련의 선수 서열이 국제기준과 비교할 때

뒤떨어지지 않도록 하여 서열체계에 편입된 선수들의 국제대회 입상 가능성을 높인다는 취지였다. 육상, 수영, 사이클, 조정 등의 종목에서 서열에 들기 위한 기준은 눈에 띄게 높아졌지만 그렇다고 서열에 편입된 선수의 수가 줄어들지는 않았다. 1945~1948년 사이 서열에 편입된 선수의 수가 1,273,000명이었다면 1957~1960년에 그 수는 6,154,000명으로 늘어났다.[11] 국제대회에서 두각을 나타낼 수 있는 선수층이 넓어졌다는 의미이다.

1965년에는 선수 서열 체제를 개편하여 3개의 새로운 호칭을 최고 등급의 선수에게 도입했다. 최고의 영예로운 호칭은 '국제적 수준의 스포츠 달인'이었고 그 뒤를 '소련의 스포츠 달인', '스포츠 달인 후보'가 따랐다. '국제적 수준의 스포츠 달인' 호칭을 얻기 위해서는 올림픽, 세계 선수권 혹은 유럽 선수권 대회에서 입상하거나 특정 종목의 세계 선수권 대회에서 입상해야 했다. 소련의 스포츠 달인 호칭은 국제 대회에서 두각을 나타내거나 특정 종목의 스포츠에서 남다른 결과를 얻어 내야 했다. 이러한 호칭을 얻기 위해서는 최소 자격기준을 통과해야 했다. 예를 들어 100m 달리기에서 국제적 수준의 스포츠 달인의 호칭을 얻기 위한 기록은 10.0초, 소련의 스포츠 달인에 대한 기준은 10.3초, 달인 후보에게는 10.5초의 기록이 최소 기준이었다. 그 아래의 1등급과 3등급의 선수들에게도 각각 11.0초, 12.3초의 최소 자격기준이 필요했다.[12] 전연방신체문화스포츠위원회는 이렇게 최소한의 자격기준을 국제 기록의 갱신 여부와 연계하여 필요에 따라 개정하고, 최고 자질의 선수들에게는 영예로운 호칭을 부여하여 국제 스포츠 무대에서 우승을 가능케 하는 선수들을 양성하려고 했다.

국제무대에서 소련 체제의 우수성을 증명할 수 있는 선수들의 지속적 공급도 정부의 주요 관심사항이었다. GTO 프로그램의 예비단계 격인 프로그램에 14세 이하 아동들의 적극적 참여를 유도함과 동시에 자질 있는 아동들을 어린 나이에 발굴하여 육성하는 것도 중요했다. 스포츠 기숙학교는 그런 목적을 달성하기 위한 수단이었다. 몇 년 앞서 동독에 설립된 기숙학교의 형태를 본받아 1962년에 타쉬켄트에서 스포츠 기숙학교가 처음 출범한 이후 소련의 다른 공화국에서도 그런 유형의 학교가 등장했다. 소련 중앙정부가 그러한 학교의 창설을 공식적으로 승인 결정한 해인 1970년에 이르면 소련 전체에 20여 개의 학교가 이미 존재했고 가까운 장래에 추가로 24개의 학교가 설립 예정이었다. 모스크바에서 최초의 스포츠 기숙학교가 문을 연 해는 1971년이었고 한 해 뒤 레닌그라드에서도 기숙학교가 개교했다. 체조, 농구 등 하나의 종목만을 집중하여 훈련하는 기숙학교도 있었지만 레닌그라드의 기숙학교에서는 10개 종목의 훈련이 이루어졌다. 어떤 유형의 훈련방식을 택하든 이러한 기술학교에서는 오직 올림픽에서 채택하고 있는 종목만이 훈련 대상이었다.[13]

소련을 구성하는 공화국이 주관하는 학교 대항 경기에서 두각을 나타냈던 어린 선수들은 스포츠 기숙학교의 우선 선발 대상이었다. 10일간에 걸친 입학시험을 통과한 지원자는 부모가 동의하면 기숙학교에 입학할 수 있었다. 입학 이후 기숙학교의 학생들은 나이에 따라 스포츠 훈련에 할당하는 시간을 늘여 나갔다. 타쉬켄트의 학교에 11세에 입학한 학생이 자신의 종목 훈련에 할당하는 시간은 주당(6일 기준) 6시간이었다. 12~13세 때 그것은 8시간, 14~15세 때는 10시간, 16~17세 때는 12시간, 18세 때는 14시간으로 늘어나는 식이었다. 탈린의 체조 전문 기숙학교에서는 18세 때 주당 23시간을 스포츠에 할당하고 그중 19시간을 체조에 집중하는 형태로 운영되었다.[14]

스포츠 기숙학교는 예술, 음악 등의 분야에 자질을 가지고 있는 아동들에게 조기 집중교육이 필요한 것과 마찬가지로 스포츠에 자질을 보이는 어린 학생들을 조기에 발굴하여 육성해야 한다는 논리였다. 자질을 지닌 어린 선수들을 방치하지 않고, 통제된 환경에서 식단을 조절하고 훈련에 필요한 시설을 갖춘 시설에서 훌륭한 코치의 지도를 받는다면 세계무대에서 우승을 차지하는 선수로 커 갈 수 있다는 기대감의 표현이었다. 특히 육상, 체조, 수영과 같은 종목에서 두각을 나타내는 선수들에게는 어린 나이부터 해당 종목의 훈련에만 집중하게 해야지만 국제무대의 우승에 필요한 높은 수준에 도달할 수 있다는 믿음이 있었다. 특히 이들 세 종목의 메달 수는 올림픽 전체 메달 수의 70%를 차지하고 있기 때문에 이들 종목의 선수 양성은 메달 수를 기준으로 올림픽의 우승을 정하는 관례에 비추어 볼 때 필수적이었다. 레닌그라드 스포츠 기숙학교의 교장은 이와 같은 믿음을 다음과 같이 표현했다. "기숙학교는 오늘날 세계 선수권대회에서 우승을 위한 유일한 방법이다. (…) 스포츠의 자질은 대중 스포츠를 위해서가 아니라 육상, 수영, 체조, 단체 경기, 피겨 스케이팅, 스키와 스피드 스케이팅, 즉 올림픽 경기의 기본을 구성하는 스포츠 전문학교에 특히 중요하다."[15] 올림픽 핵심종목에서 우승을 기대할 수 있는 선수들을 조기에 발굴하여 올림픽 무대에서 소련의 대외적 위신과 체제의 우수성을 입증하는 데 활용하자는 취지였다.

스포츠 기숙학교에서 어린 나이의 학생들을 특정 종목의 스포츠 전문가로 양성하는 방식에 대해 비판의 목소리가 전혀 없지는 않았다. 특정 종목의 집중 훈련만을 하다 보면 전인적 성장을 어렵게 하여 화려한 빛깔의 꽃이 피기도 전에 시들게 만드는 잘못을 범한다는 비판이었다. 게다가 학업과 운동을 병행하면서 스포츠 기숙학교에서 요구하는 교과과정을 끝내지 못하고 탈락하는 학생들의 수도 적지 않았다. 수영 전문 스포츠 학교의 경우 평균적 탈락비율이 50%에서 60% 사이라는 고발기사도 있었다. 또한 일부 부모들은 자녀들이 일찍부터 기숙학교에 배정되어 제도화된 환경 아래에서 양육되는 상황을 달갑지 않게 여겼다.[16] 그렇지만 이러한 비판이 실용적 필요성을 압도하지는 못했다. 경쟁이 치열하고 전문화의 정도가 커지는 작금의 국제 스포츠무대에서 우승을 하기 위해서는 중앙집권적인 정부의 계획에 의거하여 가용자원을 최대한으로 활용해야 한다는 주장이 힘을 얻었다. 소련의 이러한 선수 양성에 대한 대응을 미국이 소홀히 한다면 스포츠 무대에서의 우승을 통한 체제 우월성의 증명은 소련의 차지였다. 소련의 선수양성 체제에 대응할 수 있는 미국식의 방법을 모색해야 했다.

미국의 대응 – 아마추어 정신의 변형?

1952년 소련의 하계 올림픽 참가 이후 메달 획득의 수를 기준으로 한 미국의 압도적 우위는 옛말이 되었다. 올림픽과 같은 국제 스포츠 무대를 체제의 우월성을 과시하기 위한 수단으로 활용하기 위해 소련은 엘리트 선수 양성 체계를 국가 주도로 확립해 나갔다. 대립적인 이념을 선도하는 미국의 입장에서 소련과 같이 국가권력이 주도하는 선수양성 체계를 확립하여 올림픽에서의 열세를 만회할 수는 없었다. 미국은 쿠베르탱이 세계 평화에 기여하는 올림픽 개최를 제안했을 때 영국과 더불어 올림픽의 탄생을 도왔던 국가 중의 하나였다. 1896년 아테네 1회 올림픽 참가 준비를 위해 미국올림픽위원회(United States Olympic Committee, USOC)가 2년 전인 1894년에 출범했다. 이와 같이 올림픽 출발에 깊이 관여했던 미국은 올림픽의 출범 초기 원칙, 즉 국제 스포츠조직은 정치와 분리되어야 한다는 원칙을 명목상 강하게 주장했다. 국가권력이 스포츠를 활용하기 위해 국가 대표선수들을 직접 양성해 내는 소련의 방식을 그대로 따라갈 수 없었던 이유 중의 하나였다. 그러나 이후의 올림픽에서 드러나듯이 올림픽이 정치와 무관한 순수한 스포츠 축제로 남을 수는 없었다. IOC는 1920년 안트워프 올림픽에 독일과 동맹국 진영에 참여했던 국가들을 초대하지 않았다. 1924년 파리 올림픽에 이르러 오스트리아와 헝가리의 참여는 가능했지만 독일은 1928년에 가서야 올림픽에 참여할 수 있었다.[17] 1차 세계대전의 참화를 일으킨 독일에 대해 정치적 편견을 버리고 올림픽 정신이 추구하는 형제애를 IOC 회원국들에게 처음부터 기대할 수는 없었다.

1936년 베를린 올림픽은 세계인의 스포츠 축제가 정치적 고려와 무관할 수 없음을 더욱 분명하게 보여 주었다. 히틀러는 1차 세계대전의 패전국이라는 이미지를 제거할 수 있는 기회로 올림픽 무대를 활용하려고 했다. 히틀러의 참모들은 그리스로부터 베를린으로 이어지는 성화 봉송 행사를 올림픽 역사에서 처음으로 기획했다. 아테네에서 채화된 성화가 베를린의 성화대로 이어져 올림픽 기간 내내 타오른다는 것은 유럽 문명의 출발인 그리스 문명이 히틀러의 제3제국으로 계승되었음을 상징적으로 알리는 행사였다. 아울러 올림픽 홍보 영화 중의 하나인 〈올림피아〉는 아리아인의 인종적 우수성을 구현하는 뛰어난 기량의 선수들을 형상화하였다.[18] 미국의 흑인 선수 제시 오웬이 육상 4개 종목에서 금메달을 획득하는 바람에 나치 정권의 의도가 완전히 달성되지는 못했지만 최종 결과를 볼 때 나치 정권의 우월성이 크게 손상되지는 않았다. 독일의 최종 메달 획득 수는 미국의 56개를 능가하는 89개로 1위였다. 자유세계를 대표하는 미국은 나치정권의 선수들을 압도하는 기량의 선수들을 길러 내지는 못하고 있었다.

냉전의 분위기가 한층 무르익은 시기라고 할 수 있는 1972년 뮌헨 올림픽은 미국의 선수 양성체계에 대한 재고 필요성을 더욱 강하게 부각시켰다. 팔레스타인 테러 단체에 의한 이스라엘 선수들의 학살 사건으로 올림픽 역사의 한 장을 차지하고 있는 뮌헨 올림픽은 미국의 시각에서도 잊기 어려운 기억이었다. 보통의 미국인들은 수영 7개 종목에서 세계 신기록으로 금메달을 획득한 마크 스피츠의 위대한 업적을 기억하고 싶겠지만 그 이면에는 미국에 치욕적인 사건도 있었다. 미국 육상 팀 감독은 예선 시간표를 착각하여 대표 선수들이 100m 예선전에서 실격당하는 수모를 겪게 만들었다. 100m 육상경기의 최종 금메달 수여자는 소련의 발레리 보르조프였기 때문에 미국인들은 울고 싶은데 뺨 맞은 격이었다. 게다가 미국인 대다수가 우승을 기대했던 농구 결승전에서 소련은 미국을 제치고 금메달을 획득했다. 올림픽 역사상 최악의 오심 중의 하나로 기록되는 경기에서 소련이 금메달을 획득하긴 했지만 미국의 국민 스포츠 중의 하나인 농구 경기에서 패배했다는 사실은 미국 스포츠계의 커다란 충격이 아닐 수 없었다.[19]

올림픽에서 미국을 압도하는 소련의 위치를 그대로 방치할 수 없다는 인식은 정치권에서도 등장했다. 1962년 미네소타 상원의원 후버트 험프리(Hubert Humphrey)는 세계 스포츠 무대에서 두각을 나타내는 소련 선수들이 미국의 국제 전략에 미치는 파괴적 영향을 다음과 같이 지적했다.

라틴 아메리카와 아시아 전역에서 소련의 코치와 대표 팀들은 신생 독립국의 선수들과 관중들을 만나고 있다. 적색 선전은 신생 국가들의 수백만 명을 이른바 소비에트 수퍼맨의 이미지로 세뇌하고 있다. (…) 육상, 수영, 축구에서의 소련 금메달리스트들은 신생 독립국에서 소련의 우주인만큼, 혹은 그 이상으로 인기가 높다. 소련의 스포츠 스타들은 베를린에서 치욕의 벽을 순찰하는 붉은 병사들과는 결정적으로 상이한 이미지를 전 세계인들에게 전달한다.[20]

국제 스포츠무대에서의 소련의 두각은 식민지배로부터 갓 독립한 신생 독립국들을 소련에 우호적으로 만들어 미국의 국제적 영향력을 약화시킬 수 있다는 우려였다. 냉전의 환경에서 벌어지는 스포츠 경쟁은 일회적 경쟁의 의미로만 볼 수 없다는 인식이기도 했다. 이러한 인식의 구현을 위해서는 스포츠를 국민 체력증진을 위한 수단으로 간주하는 과거의 관리 방식을 버려야 했다.

1888년에 창설된 아마추어선수연맹(Amateur Athletic Union, AAU)과 1910년 출범한 전미대학체육협회(National Collegiate Athletic Association, NCAA)의 양대 조직이 미국의 스포츠 관리체제의 핵심이었다. 이름에서부터 아마추어 정신을 강하게 표방하는 AAU는 올림픽과 같은 국제 스포츠 행사에 미국을 대표하는 선수의 선발과 파견에 강한 영향력을 발휘했다. NCAA는 대학 간 벌어지는 경기 규칙을 통일하고 경기 자체의 안정성을 높이자는 루스벨트의 제안을 뉴욕대학의 총장 헨리 맥크랙켄(Henry MacCracken) 등이 수용하여 1910년 출범했다. NCAA의 조직확대와 더불어 AAU와의 갈등의 소지도 늘어났다. 즉 AAU는 이미 지적했듯이 국제 스포츠경기에 참여하는 미국 대표선수들의 선발권을 가지고 있었다. 1924년 NCAA는 자신이 후원하는 파리 국제 육상경기에 찰스 패독(Charles Paddock)이라는 선수를 참가시키려고 했지만 AAU는 이를 불허했다. AAU가 인정하지 않은 미국 대표선수의 파견은 가능하지 않다는 것이었다.[21] 이 사건은 미국 대표선수의 선발권을 어느 조직이 가져야 하는지의 문제를 표면적으로 드러낸 것이었다.

소련이 올림픽에서 미국을 압도하는 현실에 직면한 연방정부는 AAU와 NCAA의 갈등을 바라보고만 있을 수 없었다. 1962년 12월 케네디 대통령은 두 조직의 분쟁으로 특히 선수들이 가장 많이 피해를 본다고 지적하고 1920년대에 두 조직의 대립을 해소하여 최상의 미국 대표 팀 구성을 위해 일한 경험이 있는 더글라스 맥아더(Douglas MacArthur)에게 중재를 부탁했다. 그렇지만 명망 있는 인물의 중재가 문제의 근본적 해결을 가져오지는 못했다. AAU와 NCAA는 그 누구도 개별 스포츠 종목을 통제하는 최종 권리를 상대방에게 양보하고 싶지 않았다. 예일대학의 잭 랑거(Jack Langer)를 AAU가 주관하는 국제 농구대회에 참석하지 못하도록 한 1969년 NCAA의 결정이 그 예이다. NCAA는 국제 농구연맹에 AAU는 회원자격을 가질 수 없다고 주장하며 NCAA에 속해 있는 대학선수는 AAU 주관의 국제 농구대회에 참석해서는 안 된다는 논리를 폈다. NCAA의 이러한 입장은 1972년 뮌헨 올림픽에 참가하는 미국 대표 농구 팀 구성까지 이어졌다. AAU와 미국 대표 농구 팀 구성을 함께할 수 없다며 NCAA는 미국 올림픽위원회로부터 탈퇴했다. NCAA 협조 없이 구성된 미국 농구 팀은 결승전에서 결국 소련에 패배하여 미국인들에게 충격을 안겼다.[22]

미국 스포츠 관리체제의 전환 없이 올림픽 무대에서의 열세를 만회하기 어렵다는 인식이 분명해졌다. 미국의 아마추어 스포츠를 대표하는 AAU와 NCAA의 대립과 힘겨루기가 지속되는 상태에서 소련 대표선수의 기량을 능가하는 선수 선발은 어려웠다는 의미이다. 대통령 주도로 구성되는 아마추어 스포츠 연방사무국에 다양한 스포츠 종목에 대한 최종 통제권을 부여하자는 제안이 1973년에 제시되었다. AAU와 NCAA의 상위기구를 만들어 미국 대표선수의 선발권을 부여하자는 제안인데, 상원의 지지를 받았지만 하원에서 부결되었다. 당시 부통령 포드 또한 "이러한 제안은 연방정부의 지나친 통제를 내포하고 있기 때문에 대다수의 스포츠 조직에게 재앙과도 같은 것"이라는 부정적 입장을 내비쳤다.[23] 아마추어 스포츠의 관리에 연방정부의 지나친 개입은 닉슨의 '작은 정부' 역할론에도 부합하지 않고 소련식의 스포츠 관리 방식을 미국이 모방하는 것이라는 반대 의견이 강했다. 연방정부의 지나친 개입 우려에 대한 대안으로 올림 픽에 참가하는 미국 대표선수들의 자격 여부를 심사하는 국가위원회 의 설립 제안도 있었지만 이것만으로는 AAU와 NCAA의 갈등 해소 를 기대할 수 없다는 하원의 반대로 역시 부결되었다.[24]

1975년 포드 대통령이 올림픽에 출전하는 미국 대표선수들의 선발 권 문제를 다룰 대통령 위원회 구성 제안은 이러한 교착상태를 벗어 날 수 있는 전기를 마련했다. 위원회를 구성하면서 포드는 공산주의 자들이 하듯이 국가가 통제하고 지원하는 선수 양성방식은 자유국 가인 미국에서 허용될 수 없다는 것을 분명히 했다. 그렇다고 올림픽 에서 이미 드러난 미국의 열세를 그대로 방치할 수 없다는 점도 분명 히 했다. 즉 미국이 보유하는 훌륭한 자질의 선수들을 국가 이익을 위해 가장 효과적으로 동원할 수 있는 전반적인 계획과 지침을 수립 해야 한다고 역설했다.[25] 대통령 위원회가 상충하듯이 보이는 두 요 소, 즉 아마추어 스포츠 조직에 대한 중앙정부의 통제를 최소화하면 서 국가이익 증진에 기여하는 스포츠 관리체제를 만들어 낼 수 있을 지가 문제의 핵심이었다.

위원회의 최종 보고서는 미국 국가대표 선수들이 국제무대에서 기 량을 제대로 발휘하지 못하는 이유로 갈등을 중재할 수 있는 조직이 존재하지 않고 적절한 재정 지원이 제공되지 않기 때문이라고 명시했 다.[26] 미국 대표선수의 선발에 있어서 AAU와 NCAA 간의 대립을 유 발하지 않는 새로운 방식이 필요했다. 3년의 추가 준비기간을 들여 탄생한 1978년 아마추어 스포츠법은 이러한 요구를 반영해야 했다. 미국 대표선수들에 대한 최종 결정권은 AAU와 NCAA가 아니라 미 국올림픽위원회(USOC)로 넘어갔다. USOC가 대표선수의 선발과정부터 관여한다면 이는 연방정부의 지나친 개입이라는 비난을 불러일으킬 수 있었다. 선수의 선발은 AAU와 NCAA 어느 쪽도 아닌 개별 스포츠 종목을 총괄하는 전국조직, 즉 미국육상협회, 미국수영협회, 미국피겨스케이팅협회 등에게로 이관되었다. 개별 협회가 선발한 선수에 대해 AAU와 NCAA의 이견이 있을 때 USOC는 중재의 권한을 가졌다.[27] 개별 협회에 선수 선발권을 부여하여 연방정부의 개입을 최소화하고 AAU와 NCAA의 갈등의 소지를 USOC를 통해 해소함으로써 우수한 자질의 선수가 올림픽에 출전하지 못하는 사태를 예방하기 위함이었다. 1978년 법안 통과 이후 AAU는 국가대표 선수의 선발문제에 개입하지 않고 가능성 있는 선수들에 대한 지원과 발굴, 국내 스포츠 행사 개최 등을 통한 스포츠의 대중적 저변확대의 과제에 전념했다.

1978년 아마추어 스포츠법은 미국 올림픽위원회의 행정권한을 강화함으로써 올림픽에서 소련의 성공에 필적하는 성과를 거두려는 의도를 가지고 있었다. '아마추어'라는 용어가 무색하게 이 법으로 미국의 스포츠 정책에서 엘리트 선수양성은 중요한 하나의 방향으로 정립되었다. 개별 스포츠 종목의 전국조직들은 올림픽에 출전하여 소련의 선수들을 압도할 선수발굴을 위해 노력했다. 국제 스포츠경기에서 아마추어 정신만을 강조하여 소련을 압도할 수 있는 엘리트 선수를 양성할 수 있는가라는 회의론적인 시각도 이후에 제기되었다. 1998년의 수정법안은 그리하여 아마추어 정신이 국제 스포츠대회의 참가를 위한 필수요건이 아니라고 명시했다. 프로선수의 올림픽 참가를 용인한 것이었다.

냉전기 동안 올림픽에서 미국과 소련은 이와 같이 자국의 '승리'를 보장하기 위한 선수양성관리 체제를 정비해 나갔다. 국가권력의 주도적 관리를 통한 소련의 선수 양성과 개별 스포츠협회가 선수 선발권을 주도적으로 행사하고 이들을 준국가조직이 관리하는 미국의 방식이 대조를 이루고 있었다. 이러한 대조는 국가권력의 본질적 차이에서 발생한 있을 법한 차이였다. 그렇지만 올림픽에서의 승리를 위해 미국과 소련은 올림픽의 '페어 플레이' 정신을 위반하는 은밀한 방법의 동원도 주저하지 않았다. 그러한 위반은 체제의 이념적 차이를 뛰어넘는 것이었다.

2. 우승 아니면 죽음을! - 금지 약물의 복용

올림픽에서 자국을 대표하는 선수들의 선발이나 양성방식을 정비하면서 미국과 소련은 올림픽의 '열전'에서 승리하기 위해 노력했다. 최고의 자질을 갖추었다고 여겨지는 선수들의 선발과 양성이 우승을 보장하지는 않았다. 올림픽 무대에서의 경쟁 결과는 최종 결과가 나오기 이전까지는 누구도 보장할 수 없었다. 우승을 보장할 수 있는 은밀한 방법을 동원하고 싶은 욕구를 두 나라 모두 거부하기는 어려웠다. 공정한 경쟁이라는 올림픽 정신이 무색하게 선수들에게 금지약물까지 복용하게 함으로써 우승을 차지하기 위한 시도가 등장했다.

스포츠 역사 전체를 볼 때 선수들이 경기력 향상을 위해 약품이나 음식과 같은 외부적 수단을 사용한 장소로 냉전기의 올림픽 무대만을 거론할 수는 없다. 고대 아테네 올림픽의 선수들은 경기력 향상을 위해 특별한 음식을 섭취하기도 했다. 기원전 668년 올림픽의 단거리 육상경기라고 할 수 있는 스타디온의 우승자 스파르타의 차르미스는 말린 무화과를 우승을 위한 특별 식단으로 사용했다. 고대 그리스의 또 다른 도시 출신인 드로메우스는 장거리 육상경기에서 여러 차례 우승한 바 있는데 이때 그는 특별한 육류 식단을 채택했다고 전해진다.[28] 고대시대뿐만 아니라 중세시대까지도 병의 치료, 혹은 활력이나 수행능력의 향상을 위해 동물이나 인간의 장기를 먹는 민간요법이 남아 있었다.[29] 외부적 수단에 의한 신체 기능의 개선을 도모하는 이러한 행위에 대해 어떤 문제의식이나 도덕적 부당함이 사회 전반으로 확산되기까지는 상당한 시간이 필요했다.

1886년 보르도-파리 구간의 사이클 경기 우승자인 웨일즈의 아서 린톤(Arthur Linton)이 경기를 끝내고 두 달 후 사망하는 사건이 발생했다. 린톤의 사망 원인에 대해서는 당시부터 논란이 분분했다. 일부에서는 그의 연이은 장거리 경주 참여로 인한 체력의 고갈을 사망의 원인으로 제기하기도 했고 장거리 경기에 부적합한 사이클로 인한 부상이 그의 사망을 초래했다는 주장도 있었다. 카페인 혹은 에테르를 포함하는 합성물질인 트리메틸을 과도하게 복용했기 때문에 사망했다는 주장도 제기되었다. 논란의 여지가 있지만 린톤은 과도한 약물복용으로 사망한 첫 번째 희생자로 스포츠 역사에 기록되어 있다.[30]

스포츠를 체제경쟁의 수단으로 활용하였던 냉전 이전부터 우승을 위한 약물 복용은 선수들 사이에서 나타나고 있었다. 1933년 오토 리저(Otto Rieser)와 같은 의료계 인사는 경기력 향상을 위한 인공 수단의 사용은 스포츠 정신과도 양립할 수 없지만 이러한 기본정신이 제대로 지켜지지 않는 것이 현실이라고 지적했다. 의사들 또한 선수들이 필요로 하는 약물에 대한 처방전을 남발함으로써 선수들의 약물 사용을 장려하는 협력자라고 그는 비난했다.[31] 이러한 분위기에서 올림픽에 출전하는 선수들의 약물 사용을 체계적으로 규제하려는 시도는 성공하기 힘들었다.

1960년 로마 올림픽에 출전한 덴마크 사이클 선수 쿠누드 옌센(Knud Jensen)의 죽음은 선수들의 약물사용에 대한 국제적 통제의 필요성을 더 이상 늦출 수 없도록 만드는 계기였다. 23세에 불과한 전

도유망한 선수가 중추신경을 자극하는 각성제의 일종인 암페타민을 복용하여 사망했다는 의심은 우승을 위한 열망을 계속 방치한다면 더 많은 생명을 희생시킬 수도 있다는 우려를 확산시키기에 충분했다. 벨기에 의사로서 반도핑 운동을 전개했던 알베르트 디릭스(Albert Dirix)는 1966년 옌센과 그의 동료 2명이 약물복용으로 건강을 해쳤다고 지적하면서 젊은 운동선수의 건강과 삶을 파괴하는 약물복용을 방치하는 것 이상의 죄악은 없다고 강조했다.[32] 실제로 이러한 우려가 현실화되기도 했다. 1967년 세계 최고권위의 사이클 대회인 투르 드 프랑스에서 영국의 토미 심슨(Tommy Simpson)이 암페타민 복용과 관련하여 사망했다. 로마 올림픽 동메달리스트 딕 하워드(Dick Howard)는 헤로인 과다복용으로 같은 해에 사망했다.[33]

IOC는 이러한 우려의 해소를 위한 구체적 조처를 더 이상 미룰 수는 없었다. IOC 의장 브런디지는 이미 1960년부터 올림픽 출전선수들의 약물복용 문제를 IOC가 이전보다 훨씬 중시해야 한다는 입장을 드러냈다. 도핑을 금지하기 위한 위원회 창설은 1962년부터 논의하기 시작하여 마침내 1967년 5월의 IOC 66차 집행위원회는 벨기에의 IOC 위원 알렉산드르 드메로드(Alexandre de Merode)를 IOC 의료위원회 의장으로 임명했다. 의료위원회는 1968년 멕시코 올림픽부터 선수들의 약물복용 여부를 검사하며 금지약물에 대한 체계적 연구를 진행한다는 사명을 맡게 되었다. 아울러 IOC는 선수들의 도핑을 근절하기 위해 국제 스포츠연맹과 긴밀히 협력한다고 명시했다.[34]

IOC가 올림픽에서 도핑을 근절하겠다는 의지를 보였다 하더라도 선수들 역시 그러한 의지를 공유했는가는 별개의 문제였다. 멕시코 올림픽에서 의료위원회는 경기가 있는 당일 아침 특정 종목의 선수 10명을 무작위로 선발하여 소변검사를 통한 약물복용 여부를 검사할 예정이었다. 단체 경기의 경우 각 팀당 적어도 2명을 무작위로 선발하여 소변검사를 실시하기로 되어 있었다. 소변검사에서 대표적 금지약물인 암페타민을 복용했다는 것이 확인되면 당연히 경기출전 자격은 박탈되었다. 이름이 확인되지 않는 미국의 역도선수에게 암페타민의 복용 금지를 어떻게 생각하는지 한 기자가 질문했다. 그의 대답은 IOC의 제재가 전혀 실효를 거둘 수 없다는 점을 분명히 드러냈다. "금지약물 복용이요? 모든 선수들은 이미 서독의 신제품을 사용합니다. 현재의 검사 방법으로 그 제품을 밝혀낼 수는 없습니다. 그 제품이 밝혀지게 되면 우리는 또 다른 것을 찾아낼 것입니다. 술래잡기 놀이와 다를 바 없죠."[35]

미국의 역도 선수 켄 패테라(Ken Patera)는 보다 노골적으로 우승의 영광을 위한 약물의 필요성을 언급했다. 1971년 아메리카 대륙 슈퍼헤비급 역도경기에서 금메달을 획득한 이후 그는 1년 전 세계선수권대회에서 우승한 소련의 바실리 알렉세예프와의 재경기를 강력히 희망했다. "1년 전 경기에서 알렉세예프와 나의 유일한 차이는 그는 약물의 비용을 충당할 수 있었고 나는 없었다는 점이다. 이제 나도 비용을 감당할 수 있다. 내년 뮌헨 올림픽에서 나는 340파운드, 아니면 350파운드까지도 들어 올릴 수 있을지 모른다. 그때가 되면 우리 모두는 그의 스테로이드가 좋은지, 아니면 내 것이 좋은지 알게 될 것이다."[36] 우승을 위한 절대적 조건은 페어플레이에 입각한 경쟁이 아니라 운동능력을 향상시키는 약물에 달려 있다는 고백이었다.

미국 선수들이 우승을 위해 약물을 사용해야 한다는 인식은 소련이 처음 참가한 1952년 헬싱키 올림픽에서 소련 선수들이 거둔 놀랄 만한 성과와 무관하지 않다. 승전국의 일원이었지만 2차 세계대전에서 엄청난 인적 손실을 겪었던 나라가 올림픽에 참가한 첫해부터 놀랄 만한 결과를 성취했다는 사실에 비정상적 방법이 동원되지 않았을까 하는 의구심이었다. 특히 역도에서 소련 선수들이 거둔 성과—

금메달 3개, 은메달 3개, 동메달 1개—에 대해 미국 측은 노골적 의혹을 표시했다. 역도 팀 감독 봅 호프만(Bob Hoffman)은 미국 AP통신과의 회견에서 다음과 같이 말했다. "나는 소련 선수들이 힘을 증대시키기 위해 호르몬제를 투여하고 있다는 것을 알고 있습니다."[37] 1954년 비엔나 세계 역도 선수권대회에서 미국 팀의 의사로 복무했던 존 지글러(John D. Ziegler) 또한 남성 호르몬의 일종인 테스토스테론을 소련의 역도 선수들이 복용하고 있다고 언론 인터뷰에서 지적했다. 그에 의하면 소련의 여성 선수들 또한 테스토스테론을 복용하고 있는데 그에 따른 부작용을 여성 선수들은 가볍게 볼 수만은 없다. 목소리가 굵어지고 털이 많아지는 부작용으로, 소련 여성 선수들에게 발견할 수 있는 현상이다.[38]

미국 측의 이러한 의심을 소련이 당연히 확인해 주지는 않았지만 그러한 의심이 전혀 근거가 없지만은 않았다. 원반던지기와 포환던지기에서 경이로운 기록을 세웠던 프레스 자매(Тамара Пресс, Ирина Пресс)의 사례는 소련 선수들의 약물 복용을 간접적으로 드러냈다. 타마라는 1960년 로마 올림픽 포환던지기에서 금메달, 그녀의 동생 이리나는 80m 허들에서 금메달을 획득했다. 자매가 동일 올림픽에서 금메달을 획득한 최초의 사례였다. 1964년 도쿄 올림픽에서 타마라는 원반던지기와 포환던지기 두 종목 모두에서 올림픽 기록을 세우며 세계를 경악시켰다. 남성 호르몬 테스토스테론을 복용한 결과로 이와 같은 성취가 가능했다는 의혹을 서방 언론은 끊임없이 제기했다. 더구나 프레스 자매의 성 정체성은 외형적으로 여성이라기보다는 남성에 가까울 정도로 건장했다. 1966년 세계 육상연맹은 이러한 의구심을 해소하는 차원에서 국제 경기에 참여하는 여성 선수들의 성 정체성 검사를 의무화했는데 프레스 자매는 그 이후 어떠한 국제 경기에도 참여하지 않았다. 소련은 프레스 자매가 아픈 어머니 간호를

위해 은퇴를 결심했다고 했지만 그들이 여성 운동선수를 가장한 남성이라는 의혹은 가시지 않았다.[39]

국가권력이 생화학이나 생리학 분야의 연구를 지원하여 소련 선수들의 올림픽 우승을 가능케 했다는 사실도 밝혀졌다. 모스크바 신체문화 중앙연구소의 지원을 바탕으로 생화학 분야의 과학자들은 크레아틴과 같은 근육·혈액 조직 속의 유기 염기가 근육의 활성화 기능을 향상시킨다는 것을 발견했다. 크레아틴 함유물질을 100m, 200m 육상선수들이 몸무게 1kg당 125mg을 매일 복용한다면 신진대사가 활발해져 기록 향상에 도움을 준다는 것을 밝혀낸 것이다. 소련의 육상 대표선수들은 정기적으로 크레아틴 함유물질을 복용함으로써 육상 단거리의 기록을 향상시켰다. 실제 측정에 의하면 크레아틴 복용 이후 100m, 200m 단거리 선수들은 수십 분의 1초 정도의 기록 향상을 보였다.[40]

페어플레이의 올림픽 정신에 어긋난 약물복용의 관행은 냉전기의 올림픽에서 이와 같이 어느 한 진영의 문제만은 아니었다. 미국의 선수들은 코치진과 팀 주치의들의 묵인 아래 금지약물을 주입했다. 소련 선수들도 예외는 아니었다. 그들은 국가권력의 지원과 적극적 장려 속에 우승을 위해 약물을 복용했다. 물론 도핑 방지를 위한 국제기구가 출범하기 전까지 금지약물의 주입이 이들 두 나라의 문제만은 아니었다. 1972년 뮌헨 올림픽에서 미국 육상 팀의 일원이었다가 이후 브릭햄영대학의 교수로 근무했던 제이 실베스터(Jay Sylvester)는 뮌헨 올림픽 육상경기 참가자들을 대상으로 비공식 설문조사를 시행했다. 설문조사 응답자의 68%가 경기력 향상을 위해 스테로이드 계열의 약물을 복용했다고 고백했다. 극소수의 선수들만 약물복용의 유혹에 빠지지 않았다는 반증이었다.[41] 약물복용의 효과적 규제를 위한 국제기구가 출범하고 금지 약물의 복용여부를 판단할 과학적 검사방법이 도입되기 이전까지 선수들의 도핑은 근절되지 않았다. 이러한 과정에 대한 상세한 기술은 또 다른 연구의 영역이다.[42] 여기서 내가 강조하고 싶은 것은 올림픽 무대에서 도핑의 유혹을 선수들이 이겨내기 위해서는 많은 시간이 필요로 했다는 점과 그러한 시간을 필요로 하는 데 소련과 미국의 선수 모두가 적지 않게 기여했다는 점이다. 자신들이 대표하는 체제가 상대방의 체제보다 열등하지 않다는 것을 증명하기 위해 그들은 누구보다도 우승을 열망했다. 이러한 열망을 충족시키기 위해 그들은 성 정체성을 의심하게 만드는 호르몬을 투여한다거나 올림픽의 페어플레이 정신을 버리는 데 주저하지 않았다. 국가권력과 사회의 전반적 분위기도 선수들의 이러한 태도를 조장하는 데 협력했다. 냉전기의 스포츠는 단순히 국민의 체력증진을 위한 수단이라는 소극적 목적에 머무를 수는 없었다.

　미국과 소련은 냉전기의 올림픽 무대에서 체제의 우수성을 증명하는 일차적 지표인 우승을 위해 여러 수단을 동원했다. 소련은 우승을 보장할 수 있는 선수 양성을 위해 국가권력이 전면에 나섰다. GTO 프로그램의 이중적 내용은 이러한 특성을 잘 보여 준다. GTO 프로그램의 내용 중의 하나는 사회주의 체제의 인민에게 다양한 스포츠 활동의 기회를 부여하여 체제 유지와 방어에 필요한 강인한 전사를 길러낸다는 것이었다. 사회주의 체제의 스포츠는 소수 집단의 전유물이 아니라 다수 인민의 참여로 만들어 가는 정치문화 활동이라는 의미였다. 그렇지만 GTO 프로그램은 이러한 원론적 의미의 내용만을 가지고 있지는 않았다. GTO 프로그램은 국제 스포츠 무대에서 우승을 할 수 있는 선수발굴의 내용 또한 포함하였다. 즉 다양한 종목의 스포츠 참여자들 가운데 우수한 자질의 선수들을 선발한 다음 이들을 자질에 따라 등급으로 나누어 국가의 지원을 받게 한다는 내용이었다. 선수들의 서열은 공훈 운동선수에 이어 1등급, 2등급, 3등급으로 이어졌다. 소련 최고기록 갱신자, 소련 선수권 우승자, 혹은 두 개 이상의 종목에서 1등급을 받는 선수에게는 최고 등급인 공훈 운동선수의 영예가 주어졌다. 올림픽에서 우승을 보장하는 공훈 운동선수들을 양산하기 위해 GTO 프로그램도 여러 종목의 이수를 강조하는 방향보다는 특정종목에 집중하는 방향으로 개편이 이루어졌다. 아울러 청소년들의 나이에 따른 GTO 프로그램의 이수단계를 규정하여 14~15세의 청소년들에게는 예비단계, 16~18세의 청소년들은 1단계, 18세 이상 청소년에게는 2단계의 GTO 프로그램을 이수하도록 규정했다. 이는 GTO 프로그램의 단계적 이수를 통해 올림픽에 출전할 만한 선수를 집중 육성하겠다는 의도였다. 또한 선수들의 서열 등급을 국제대회 기준에 상응하게 개편함으로써 선수들의 메달획득 가능성을 높이려고 했다.

GTO 프로그램에 의한 선수 양성이 전부는 아니었다. GTO 프로그램에 참여하지 못하는 어린 나이의 학생들을 조기 발굴하여 이들을 집중 육성하려는 의도도 소련 정부는 가지고 있었다. 스포츠에 자질을 보이는 어린 선수들을 스포츠 기숙학교에 모아 놓고 이들에게 훈련에 집중할 수 있는 시간과 시설을 제공하여 올림픽의 전사로 양성한다는 계획이었다. 육상, 체조, 수영 등의 종목에서 두각을 보이는 어린 선수들에게 스포츠 기숙학교의 필요성이 더욱 강조되었다. 어린 학생들을 '스포츠 전사'로 양성한다는 비판적 견해가 없지도 않았지만 중앙의 국가권력이 유용한 인적 자원을 최대한도로 활용해서 얻는 실용적 이익이 이러한 비판으로 무시될 수는 없었다. 소련을 대표하는 선수양성은 이와 같이 국가권력이 전면에 나서서 주도하는 양상으로 이루어졌다.

올림픽이 체제 경쟁의 장이라고 하더라도 자유주의와 개인주의

를 강조하는 미국의 사회 분위기에서 소련과 같은 선수양성의 방법
은 채택되기 힘들었다. 국가의 전폭적 지원을 받으며 생계 걱정 없
이 올림픽에서의 메달만을 위해 살아가는 소련의 선수들은 올림픽의
아마추어 정신을 위반하는 것이다. 그렇다고 이러한 비난만을 근거
로 소련이 올림픽에 진출한 이후 거둔 놀랄 만한 성과를 속수무책으
로 미국이 바라보고 있을 수만은 없었다. 문제는 아마추어선수연맹
(AAU)와 전미대학체육협회(NCAA) 모두가 관여함으로써 발생하는
올림픽 대표선수 선발과정에서의 대립을 해소하고 소련의 중앙정부
와 같은 형태가 아닌 대표선수 관리체제를 만들어 내는가였다. 1978
년의 아마추어 스포츠법은 바로 이러한 노력의 산물이었다. 미국 대
표선수들의 최종 선발권은 기존의 두 조직이 아닌 미국 올림픽위원
회(USOC)로 넘어갔다. USOC가 그렇다고 대표 선발부터 관여한다면
연방정부의 개입의 정도가 커져 국가권력이 주도하는 소련의 선발방
식과 다를 바 없다는 비난이 가능해 보였다. USOC는 선수 선발권을
개별 스포츠 종목을 총괄하는 전국조직으로 이관하여 이렇게 선발
한 선수에 대해 AAU와 NCAA가 이견이 있을 때 중재하는 권한을 가
졌다. 이러한 방식을 통해 미국은 국가권력의 지나친 개입이라는 비
난을 모면하고 아울러 자국의 명예를 드높일 수 있는 선수들을 선발
하려고 했다. 올림픽에서의 '열전'은 양 체제의 선수선발 방식과 양성
방식에서부터 이미 시작되었다.

　선수 양성과 선수선발의 과정이 우승 확보를 위한 장기적 전략이
라면 올림픽에 출전한 선수들의 약물복용은 단기적 전략이었다. 선
수들 사이에서 신체기능을 활성화시키는 약물의 복용은 냉전기의 올
림픽에만 국한되는 현상은 아니었지만 선수들은 우승을 위해 도핑을
주저하지 않았다. 참여 첫 회부터 소련 선수들의 거둔 놀라운 성과를
보고 그들의 기량발휘는 약물에 의존하고 있다는 의심이 팽배했다.

더구나 타마라 자매와 같이 성 정체성을 의심케 하는 여성 선수들의 존재는 그들의 과도한 남성 호르몬제 복용을 더욱 확신케 하였다. 그렇다고 약물복용이 소련 선수들에게 국한된 현상이라는 의미는 아니다. 미국 선수들 사이에서는 약물복용을 규제하려는 국제 올림픽위원회의 의지를 비웃으며 약물복용은 선수들에게 우승을 위해 필요하다는 인식이 팽배해 있었다. 미국 대표 팀의 의료진 사이에서도 금지약물의 제공에 대한 죄의식은 찾아보기 힘들었다. 도핑은 미국과 소련 모두가 자국 선수들의 우승을 위해 은밀하지만 공공연하게 자행되는 행위였다. 도핑에 대한 규제가 올림픽 무대에서 확실하게 정착하기에는 적지 않은 시간이 필요했다.

양차 세계대전의 직접적 무력 충돌이 가져왔던 엄청난 희생을 목도 한 바 있기 때문에 미국과 소련은 군비경쟁을 강화해 나간다 하더라 도 전쟁을 통한 체제의 우수성을 증명하려고 하지는 않았다. 올림픽 무대는 그러한 전쟁을 피하면서 체제의 우수성을 드러낼 수 있는 수 단 중의 하나였다. 체제를 대표하는 선수들이 동일한 조건 아래에서 벌이는 운동시합에서의 승리는 상대방 체제에 대한 자국 체제의 건 강성과 우수성을 드러내는 직접적 증거로 간주될 수 있었다. 올림픽 무대는 이런 맥락에서 체제 경쟁의 승자와 패자가 분명히 드러나는 '대리전쟁'이었다.[1]

1950년대 이후 올림픽은 전 세계인의 스포츠 축제로서의 위상을 다져 나가는 듯이 보였다. 근대 올림픽의 창시자 쿠베르탱의 이상에 동조하며 1896년 1회 올림픽에 참가한 국가 수는 12개국에 불과했 다. 그 이후 1924년부터 1936년까지 그 수는 50개를 넘지 못하다가 2 차 세계대전의 참화가 가신 1948년의 올림픽에는 59개 국가가 참여 했다. 소련이 최초로 참여한 1952년 올림픽에는 69개 국가가 참여했 으며 직후 올림픽인 1956년 올림픽에 67개 국가가 참여한 것을 제외 하고는 참가 국가 수는 계속 증가하여 1972년 올림픽에는 121개 국가가 참여했다.[2] 올림픽이 이렇게 많은 국가들이 관심을 가지는 행사로 발전하자 경기에서 획득한 메달 수 못지않게 중요한 관심사로 부각한 것이 4년마다 열리는 행사의 개최지였다. 세계인의 스포츠 축제로 부상한 올림픽의 개최도시로 선택받는다는 것은 도시의 사회적 기반을 세계가 인정한다는 의미였고 메달 수 획득에 못지않게 체제의 우수성을 과시할 수 있는 근거로 활용될 수 있었다.

올림픽의 개최지가 갖는 의미가 부각되면서 소련에서도 올림픽 개최국가로서의 지위를 획득하기 위한 움직임이 일어났다. 미국보다 우주선을 먼저 발사시켜 과학기술 면에서 미국에 뒤처지지 않는다는 것을 입증한 바 있는 소련으로서는 올림픽 개최국으로의 지위마저 확보한다면 냉전의 승자로서 더욱 확실하게 자리매김할 수 있는 기회를 확보하는 것이었다. 올림픽의 유치는 사회주의 종주국인 소련이 올림픽을 유치할 정도의 경제력과 기반시설을 확보한 국가로 성장했음을 국제 정치무대에 과시하는 기회였다.

이 장에서는 소련이 1980년 모스크바 올림픽을 유치하여 이러한 의도를 완성하는 과정에서 나타났던 장애요인과 또한 그러한 장애요인을 이겨내고 올림픽 유치에 성공할 수 있었던 이유 등을 밝혀내려고 한다. 냉전의 무대에서 올림픽 유치의 과정은 다양한 국제 정치적 역학관계와 올림픽의 이념 등이 복잡하게 얽히면서 결정되는 과정이었다. 이러한 과정에 대한 상세한 검토는 따라서 냉전기의 스포츠가 국제 정치의 관계망에 얽혀 들어가는 상황을 보다 구체적으로 보여 줄 것이다. 이런 검토를 통해 우리는 모스크바 올림픽이 서구의 시각에서 "반쪽 올림픽"으로 전락한 이유를 보다 넓은 역사적 맥락에서 성찰해 볼 수 있을 것이다. 모스크바 올림픽에 뒤이은 로스앤젤레스 올림픽에 소련이 불참한 이유를 미국의 보이콧에 대한 보복으로 단순하게 설명하는 방식에 문제를 제기[3]하고 있듯이 모스크바 올림픽에 대한 미국의 보이콧도 보다 넓은 역사적 맥락에서 바라볼 필요가 있다. 미국의 보이콧은 아프가니스탄 침공과 같은 사건과 분리해서 설명할 수는 없지만 그러한 단선적 시각으로는 미국을 비롯한 일부 동맹국들의 결정을 충분히 납득할 수는 없다. 모스크바 올림픽 보이콧은 이미 유치과정에서부터 나타난 냉전기의 체제경쟁과 연관된 경쟁의식이 내재해 있던 것이다. 모스크바 올림픽과 로스앤젤레스 올림픽을 이렇게 바라볼 때 냉전기 올림픽의 최후의 국면들을 우리는 보다 분명하게 인식할 수 있을 것이다.

1. 올림픽 유치전쟁의 1라운드

소련 올림픽위원회로부터 당 지도부에 올림픽을 유치하자는 제안이 처음 나온 것은 1956년이었다. 헝가리의 부다페스트에서 벌어진 반공산당 시위가 소련과 관계를 맺고 있는 동유럽 전역을 혼란에 빠뜨릴 수 있는 상황에서 그러한 제안을 당 중앙위원회가 적극적으로 고려할 만한 여유를 갖기는 힘들었다. 당 중앙위원회는 이러한 제안을 2년 후인 1958년에 적극적으로 검토했다. 그렇지만 1964년 올림픽 유치하자는 제안에 대해 중앙위원회가 내린 결론은 부정적이었다. 올림픽을 유치할 정도의 기반 시설을 소련은 아직 가지고 있지 못하며 소련과 외교적 관계를 맺고 있지 않은 나라들을 초청해야 한다는 부담감 때문이었다. 중앙위원회의 결정은 일본의 유치노력을 지지하는 것이었다. 아시아에서 올림픽을 최초로 개최하려는 일본을 지지함으로써 아시아 지역의 국가들로부터 소련에 대한 호감을 증진시킬 수 있다는 판단이었다. 또한 지금까지의 대부분 올림픽이 개최되었던 유럽 지역에서 아시아로 이전하는 기회를 부여함으로써 유럽 국가들에게 식민경험을 가지고 있었던 아프리카의 신생 국가들로부터도 긍정적 반응을 얻을 수 있다는 판단 또한 작용했다.[4] 2차 세계대전 이후인 1948년 14회 런던 올림픽에서부터 1960년 17회 로마 올림픽까지 1956년 멜버른 올림픽을 제외하고는 계속 유럽 도시가 유치했기 때문에 국제 올림픽위원회 또한 도쿄 올림픽 개최에 호의적이었다. 1964년 18회 올림픽의 개최 도시는 도쿄였다.

국제정세도 1964년 올림픽 유치를 위해 소련이 노력할 만한 상황은 아니었다. 베를린 장벽의 건설로 인한 미국과 소련의 긴장 강화는 흐루쇼프에게 핵무장 완성과 같은 강경책이 케네디를 대화로 끌어들일 수 있는 수단임을 확인케 하는 계기였다. 1962년 10~11월의 쿠바 미사일 위기에서도 흐루쇼프는 양측의 긴장을 고조시키는 벼랑 끝 전술을 지속해 나갔다.[5] 냉전이 '열전'으로 변화할 정도의 긴장감이 고조된 상황에서 세계인의 평화와 우정을 도모하기 위한 행사를 개최한다는 것은 사리에 맞지 않아 보였다.

1964년 올림픽 유치를 소련 지도부가 시기상조로 생각했다고 해서 미래의 유치를 위한 준비 작업마저도 소홀히 했다는 의미는 아니다. 소련 지도부는 1962년 IOC의 정기총회를 모스크바에 유치하여 IOC 위원들뿐만 아니라 국제 스포츠연맹의 관계자들에게 모스크바의 교통 및 숙박시설, 문화적 수준을 보여 주는 기회로 활용하여 올림픽 유치도시로서 충분한 자격을 갖추고 있음을 보여 주려고 했다. 흐루쇼프는 IOC 의장 브런디지 및 도쿄 올림픽조직위원회의 대표자 등이 참석한 공식 회합에서 따뜻한 인사의 말을 전했다. 아울러 국제 스포츠연맹의 대표자들과 IOC 위원들이 1962년 총회의 장소를 모스크바로 선택했다는 사실은 소련 선수들과 스포츠 조직들이 올림픽의 발전에 기여한 공을 인정하겠다는 의미로 받아들인다며 기쁨을 표시했다.[6] 흐루쇼프의 후계자인 브레즈네프도 모스크바 총회에서 소련의 올림픽 개최가 평화와 국제협력을 공고히 하는 기회가 될 것이라고 강조했다.[7] 결론적으로 소련 지도부는 1962년 IOC 모스크바 총회를 소련 외교정책의 평화적 특성을 부각하는 기회로 활용하려고 했다. 즉 소련과 IOC는 국가들 사이의 우정과 상호이해를 조성하는 공동의 목표를 가지고 있는 동반자임을 부각시키려고 했다. 소련과 IOC의 이러한 동반자 관계를 총회의 참석자들이 모두 인정한다면 모스크바 올림픽은 그러한 관계를 보다 굳건히 할 수 있는 결속의 장으로 받아들여질 수 있는 것이었다.

IOC 총회에서 올림픽 유치의 의지를 국제 스포츠연맹과 IOC 위원들에게 보이기는 했지만 소련 스포츠위원회, 소련 올림픽위원회와 같은 국가기구와 소련 IOC 위원들이 정부의 지원 아래 올림픽 유치 활동을 적극적으로 전개하기 위해서는 좀 더 시간이 필요했다. 1968년 멕시코 올림픽에서 소련은 전체 메달 수에서 미국에 뒤져 2위에 머물렀다. 충격적 결과에 당 중앙위원회는 세르게이 파블로프(Сергей Павлов)를 신체문화와스포츠위원회 신임의장에 임명하여 스포츠 관리조직을 재정비했다. 그렇다고 1972년 올림픽 유치를 당장 준비할 정도로 소련 국내외 사정이 우호적이지 않았다. 안드레이 시냐프스키와 유리 다니엘 같은 반체제 지식인의 활동을 억압하며 브레즈네프 체제는 국내 불만의 소리를 잠재워야 했다. 1968년 소련 주도의 바르샤바 동맹군은 체코슬로바키아를 침공하여 프라하의 봄을 종식시켰다. 소련의 이러한 행동은 사회주의 진영의 IOC 위원들 사이에서도 사회주의 진영의 형제애를 훼손한다는 비난을 불러 일으켰다.[8] 1960년대 말의 이러한 혼란스러운 상황에서 1972년 올림픽 유치를 위한 본격적 준비는 시도하기 어려웠다. 1976년 올림픽 유치를 위한 시도가 국내외 상황을 감안할 때 실현 가능성이 커 보였다.

1976년 올림픽 개최도시의 결정은 1970년 암스테르담 총회에서였다. 소련의 차기 올림픽 개최 의지를 확실히 드러내기 위해 소련 체육정책의 책임자인 파블로프를 비롯하여 모스크바 집행위원회 의장 프로믹스로프(B. Ф. Промыслов) 등 올림픽 개최 업무에 실무적으로 관여할 인사들이 암스테르담 총회의 소련 대표단에 포함되었다. 국가가 아닌 도시를 올림픽 개최의 주체로 올림픽 규약이 명시[9]하고 있기 때문에 모스크바 집행위원회 의장의 유치 의지는 중요했다. 프로믹스로프는 IOC 의장 브런디지에게 모스크바는 IOC가 인정한 국가 올림픽위원회뿐만 아니라 국제 스포츠 연맹이 파견한 모든 참가자, 즉 각국의 대표선수는 물론 선수단 관계자, 언론인 모두를 열렬히 환영한다는 의례적 편지를 보내기도 했다.[10] 프로믹스로프는 암스테르담 총회의 발표를 통해 모스크바가 올림픽 개최에 필요한 제반 여건을 충분히 갖추고 있다는 점을 부각시켰다. 현대적인 호텔, 132km의 운행거리를 가진 모스크바의 지하철, 올림픽의 모든 경기를 소화할 수 있는 경기장 건설계획은 모스크바 올림픽을 성공적으로 치를 수 있는 자산이었다. 아울러 모스크바의 박물관, 음악당, 극장 등에서 누릴 수 있는 문화 체험은 지금까지 올림픽과는 다른 색다른 경험을 참가자들에게 제공할 것이라고 프로믹스로프는 강조했다.[11]

암스테르담 총회에서 파블로프 또한 모스크바 유치를 위한 발표에 참여했다. 그는 먼저 소련 스포츠가 세계 스포츠 발전에 기여한 점을 지적했다. 그에 의하면 1952년 첫 참가 이후 1968년 멕시코 올림픽까지 2,000여 명의 소련 선수들이 올림픽 경기에 출전했는데 그중에 83명은 올림픽 기록을 세웠고 130여 명이 금메달을 획득했다.[12] 파블로프는 소비에트 스포츠가 단기간에 이룩한 성과를 근거로 소련의 올림픽 유치 의도를 실현하려고 했다. 여기에 더해 파블로프는 올림픽의 이상을 지지하고 발전시키려는 모스크바의 의지와 같은 추상적 근거를 내세우며 IOC 위원들을 설득하려고 했다. 그는 "세계 스포츠 발전 및 국제 평화와 우정 강화에 중요한 역할을 해 왔던 올림픽의 진보적 이념을 소련은 최대한 존중"한다고 강조했다. 올림픽 이념에 충실한 소련이 올림픽을 유치하게 된다면 그것은 이념의 대립을 뛰어넘어 전 세계인들이 우정을 확인하는 자리가 될 것이다. 올림픽이 출발하면서 꿈꿔 왔던 스포츠를 통한 평화정착이라는 이상을 완성하기 위해 모스크바 올림픽은 개최되어야 한다는 논리였다.[13]

프로믹스로프가 모스크바의 기반시설이 올림픽 개최를 감당할 만한 정도라고 주장하긴 했지만 암스테르담 총회에 참석한 IOC 위원들의 우려를 해소하지는 못했다. 그들에게는 『뉴욕타임스』의 기자 아서 댈리(Arthur Daley)의 "모스크바는 활기가 없다. IOC는 올림픽을 위해 재미있는 도시를 더 선호한다. 몬트리올이 이러한 자격에 부합한다"라는 지적이 설득력 있게 보였다.[14] 상대적으로 외부 세계와의 단절이 심했던 모스크바가 올림픽과 같은 국제행사를 유치한다고 할 때 한꺼번에 몰려드는 외국 손님들을 유치할 만한 충분한 호텔, 또한 그들의 기호를 충족시켜 줄 만한 유명한 식당 등을 갖추지 못했다는 우려였다. 파블로프는 올림픽의 이상과 같은 추상적 이념을 모스크바가 적극적으로 구현할 수 있다고 강조했지만 IOC 위원들 다수는 그러한 주장을 체제의 선전에 지나지 않는다고 생각했다. 유치 경쟁에 나선 캐나다의 몬트리올, 미국의 로스앤젤레스에 비해 모스크바의 강점이 커 보이지는 않았다.

로스앤젤레스 올림픽 유치에 대해 연방정부는 처음부터 적극적 지지를 보이지는 않았다. 로스앤젤레스 올림픽 유치위원회에 정유회사 아르코(ARCO)의 부회장 로드니 로드(Rodney Rood)의 합류 이후 상황은 극적으로 변했다. 로드는 올림픽 유치를 냉전 시대의 위신과 관련시켜 연방정부의 지원을 확보하려고 했다. "우리는 현재 국제정치의 차원에서 소련과 직접 대립하고 있다. 탈정치의 가면을 쓰고 전 세계 대중의 마음을 얻기 위한 대립, 즉 1976년 하계 올림픽의 유치경쟁을

벌이고 있다"라고 로드는 지적했다.[15]

　도시가 행사 주체인 올림픽에 대해 연방차원의 지원은 불필요하다
고 생각하고 있었던 보좌진도 있었지만 닉슨 대통령은 로스앤젤레스
올림픽 유치 위원회에 대한 연방차원의 지지가 필요하다는 데 동의
했다. 닉슨은 IOC의 모든 위원들에게 로스앤젤레스가 "더할 나위 없
는 기후"와 "명성이 자자한 친절"로 올림픽 유치의 최적의 장소임을
역설하는 편지를 보냈다. 아울러 소련과 비교할 때 "이동과 표현의
자유"가 보장되어 있는 장소에서의 올림픽이 더 매력적이라고 강조
하면서 모스크바와 소련의 이념의 차이를 부각시켰다. 그는 또한 각
국의 미국 대사들로 하여금 IOC 위원들을 접촉하여 유치도시를 결
정하는 투표에서 미국을 지지하도록 부탁하는 편지도 발송하여 올림
픽 유치를 성사시키려고 했다.[16] 각국 정부의 정치적 영향력에서 벗어
나야 한다는 원칙을 가지고 있는 IOC 위원들에게 이러한 전략이 효
과를 얻을 수 있을지는 미지수였다.

　모스크바와 몬트리올도 올림픽 유치를 위한 보다 적극적 공세에
나섰다. 모스크바는 금메달 수상자에게 귀국 항공권을 무료로 제공
한다는 특전을 제시했다. 몬트리올은 모스크바보다 훨씬 더 강한 미
끼를 던졌다. 선수단에게 몬트리올 왕복 항공권뿐만 아니라 선수촌
에서의 숙박을 무료로 제공한다는 약속이었다. 몬트리올의 이러한
약속은 올림픽 유치를 일단 성취하고자 하는 과도한 욕심에서 나온
것이어서 지켜지지는 않았다.[17] 몬트리올은 또한 IOC 위원들에 대한
빈번한 접대의 자리를 마련하여 그들의 환심을 사려고 했는데 모스
크바 또한 이러한 전략을 자주 활용했다. 소련 올림픽위원회 의장인
안드리아노프는 프로믹스로프가 이미 제시한 바 있는 모스크바의 광
범위한 문화 프로그램을 강점으로 제시했다. 올림픽 헌장에서 명시
하고 있는 권리와 자유의 향유는 인종, 피부색, 성, 종교, 성적 정체성,

정치적 신념 등에 따른 차별 없이 보장되어야 한다는 원칙[18]을 근거로 안드리아노프는 올림픽이 이제 사회주의 국가에서 개최되어야 한다고 강조했다. 올림픽은 지금껏 서구의 특권이었다고 지적하며 이제 모스크바가 올림픽을 개최하지 못할 정치, 경제적 이유는 없다는 지적이었다.[19]

1976년 올림픽 개최를 희망한 모스크바, 몬트리올, 로스앤젤레스를 대상으로 IOC 위원들은 투표에 들어갔다. 올림픽 개최를 위해서는 전체 69명의 IOC 위원들로부터 과반수의 지지를 받아야 했기 때문에 35표 이상이 필요했다. 1차 투표의 결과 모스크바 28표, 몬트리올 25표, 로스앤젤레스 17표였다. IOC는 1차 투표에서 과반수 획득 실패 시 2차 투표를 실시해야 한다고 규정하고 있는데 1차 투표의 최저 득표자는 2차 투표에서 제외되었다. 모스크바와 몬트리올 두 도시만을 대상으로 한 결과는 모스크바의 역전패였다. 몬트리올 41표, 모스크바 28표로 1976년 올림픽의 개최 도시는 몬트리올로 결정되었다.[20] 2차 투표의 결과를 놓고 볼 때 모스크바는 추가로 표를 얻지 못하고 1차 투표에서 미국을 지원했던 IOC 위원들의 표를 1표의 기권 표를 제외하고 몬트리올이 가져갔다. 1차 투표에서 미국을 지원했던 IOC 위원들은 미국이 제외된 2차 투표에서 그들의 표를 모스크바로 던질 수는 없었다. 또한 몬트리올은 직전 올림픽의 개최를 놓고 뮌헨에게 패배한 경험도 있었기 때문에[21] IOC 위원들의 동정표를 가져올 수 있었다.

모스크바는 당연히 투표결과에 대해 격앙된 반응을 보였다. 모스크바는 몬트리올이 스포츠 전통, 근대적 시설뿐만 아니라 그러한 국제 행사의 조직방법에 대해 알고 있는 인적 자원도 부족한데 IOC 위원들에게 특별대우를 받았다고 비난했다.[22] 관영통신인 TASS는 모스크바의 탈락이 올림픽 운동과 이념에 대한 부정이라고 규정하며 IOC

의 결정을 규탄했다.[23] 그렇지만 이러한 비난만을 내세우며 모스크바가 올림픽 개최의 의지를 완전히 접을 수는 없었다. 몬트리올이 앞서의 실패에 좌절하지 않고 재차 도전하여 성공했듯이 모스크바도 전열을 정비하여 다시 도전한다면 올림픽 유치에 성공할 수도 있을 것 같았다. 모스크바의 두 번째 도전이 시작되는 순간이었다.

2. 올림픽 유치전쟁의 2라운드

1976년 올림픽 유치가 몬트리올로 확정된 직후 모스크바의 첫 반응은 이미 지적한 바 있듯이 분노였다. 그렇지만 실패의 원인을 분석하며 차분히 다음의 성공을 준비해야 한다는 자성의 목소리가 IOC에 대한 분노와 비난을 점차 대체하기 시작했다. 이러한 자성은 먼저 올림픽 유치의 역사를 되돌아보는 데서 시작했다. 지금까지 올림픽 유치에 43개의 도시가 도전했는데 그중에 17개의 도시만이 유치에 성공했다. 멕시코시티는 3번째 도전 끝에 성공했고 몬트리올은 5번째[24] 도전 끝에 성공했다. 부에노스 아이레스는 5번, 디트로이트는 7번이나 도전했지만 실패했다.[25] 이런 맥락에서 본다면 모스크바의 올림픽 유치를 위한 도전의 역사는 그리 길지 않았고 한 번의 실패로 좌절할 이유는 더더욱 없는 것이었다.

유치를 가능케 할 만한 치밀한 사전 준비가 없었다는 점도 반성거리였다. 올림픽 유치를 위한 신청서 제출은 올림픽 개최지를 결정하기 위한 IOC 총회 6개월 전인 1969년 11월에 제출되었다. 이러한 행보는 1972년 올림픽 유치에 실패한 이후 1976년 올림픽 유치를 위해 2년 이상 IOC 위원들과의 유대강화를 착실히 증진시켜 왔던 캐나다 올림픽위원회와는 비교되는 것이었다.[26] 소련 올림픽위원회의 방식은 행정 명령체계에서 과업 달성을 위해 동원되었던 '돌격대' 방식을 차용한 것이었지만 IOC와 같은 국제기구에서 그러한 방식의 효과를 기대하기는 어려웠다. 1980년 올림픽 유치를 위해서는 보다 광범위하고 체계적인 과정이 필요했다.

IOC가 차기 올림픽 개최지를 선정하기 위한 총회 개최 예정일 3년 전인 1971년 11월 19일, 프로믹스로프가 IOC 의장 브런디지에게 모스크바가 차기 올림픽 개최의지를 강하게 가지고 있다는 편지를 보낸 것도 이런 맥락에서 보면 자연스러운 행동이었다. 프로믹스로프는 올림픽의 전반적 진행을 조직하며 올림픽의 발전에 기여를 하고 싶은 모스크바 시민의 순수한 열망을 언급하면서 모스크바가 22회 올림피아드 축제를 개최하는 영광의 당사자가 되기를 희망했다. 또한 그는 모스크바가 올림픽 경기의 개최에 충분한 스포츠 시설 건설 계획을 마무리했고 참가자들을 위한 숙박시설들을 보유하고 있다고 강조했다. 그의 견해에 의하면 국제 스포츠행사는 물론 국제 문화행사의 조직경험도 모스크바는 충분하기 때문에 1980년 올림픽을 성공적으로 치러낼 역량도 이미 갖추고 있다. 결론적으로 그는 22회 올림픽 제전을 모스크바에서 개최하려는 우리의 초대를 IOC가 우호적으로 받아들여 모스크바가 그 개최장소가 됐으면 한다는 희망을 강력히 드러냈다.[27] 국제사회에 일찍부터 올림픽 유치의 강한 의지를 확산시켜 첫 번째 유치의 실패를 재현하지 않겠다는 의지였다.

소련의 일반 시민들에게도 모스크바가 올림픽 유치를 다시 시도한다는 것을 공표함으로써 실패의 전철을 밟지 않겠다는 의지를 다져 나갔다. 1976년의 실패를 스포츠와는 아무런 연관도 없는 일부 자본가들에 의한 밀실에서의 흥계라고 주장하면서 간행물의 사설은 1980년 올림픽 유치를 위해 다시 나선다고 주장했다. 이러한 선언에 이어 사설은 모스크바의 두 번째 시도의 이유를 체제의 도덕적 사명과 연결시켰다. 즉 세계의 평화와 우정 및 상호이해 이념 증진에 기여하는 스포츠 발전에 대한 소련의 역할을 인식하면서 모스크바는 또다시 올림픽 유치에 나선다고 선언하고 있는 것이다.[28] 이러한 이데올로기적 우위를 강조하는 소련의 선전은 모스크바의 유치 결정이 있기까지 내내 반복되는 내용이었다.

소련 외부의 상황도 1차 유치시도 때와 비교할 때 희망을 가져 볼 만했다. 1952년부터 IOC 의장직을 유지하고 있던 브런디지는 폐쇄적 성향의 인물이었다. IOC 위원들 중 많은 수가 귀족 가문 출신이었지만 브런디지는 사업으로 자수성가한 인물이었다. 그렇지만 IOC 위원으로 선출된 이후 브런디지는 IOC 위원들에 보낸 회람용 서신에서 자신의 이러한 성장배경을 부정하는 듯한 견해를 피력하곤 했다. 즉 그는 동료 IOC 위원들에게 IOC의 새로운 위원들을 선출할 때 가장 주의를 기울여야 할 부분은 후보자의 사회적 환경이나 언어적 소통 능력이 아니라고 지적했다. 중요한 기준은 IOC에 후보자가 받아들여졌을 때 '올림픽 가족'으로서 동화할 수 있는 전반적으로 동일한 유형의 인물인가 하는 판단이라고 주장[29]하며 IOC를 폐쇄적 구조로 유지하고 싶어 했다. 사회주의를 이념으로 하는 소련의 올림픽 참가를 브런디지는 앞서 지적했듯이 지지할 수 없었고 그러한 소련이 올림픽 경기를 유치한다는 것에 대해서는 더욱 부정적이었다.

20년 동안 IOC 의장의 자리를 지켜 왔던 브런디지는 1972년 뮌헨 올림픽의 개최 시점에는 85세의 고령이었고 1년 전에는 아내와도 사별한 상태여서 의장 자리에서 물러날 생각이었다. 뮌헨 올림픽을 끝으로 IOC 의장으로서 브런디지의 시대는 막을 내리고 3대 킬라닌 남작 마이클 모리스(Michael Morris, 3rd Baron of Killanin, 이하 킬라닌 경)의 시대가 열렸다. 킬라닌 경은 1968년부터 IOC의 부의장으로 일하면서 브런디지와 호흡을 맞춰 왔지만 브런디지와 성향이 달랐다. 주변 관찰자들의 증언에 의하면 그는 전임자와 같이 "오만하지도 않았고" 약자들의 입장 청취도 마다하지 않았다.[30] 또한 그는 1952년부터 소련의 IOC위원으로 활약하고 있었던 고령의 로마노프를 36세의 활기찬 스미르노프(Виталий Г. Смирнов)로 교체하려는 소련의 요구에 대해서 호의적이었다.[31] 즉 킬라닌 경은 전임자와 달리 IOC 내에서 소련의 보다 활발한 활동을 용인함으로써 IOC의 폐쇄성을 극복하려고 했다. 그는 자신의 전임자 브런디지를 매우 존경하지만 그가 단지 특정 시대만을 대표한다며 변화의 필요성을 지적했다. IOC의 위원들 사이에서도 브런디지는 20여년 동안 IOC 의장으로서 올림픽 운동에 기여도 했지만 해도 끼쳤다며 킬라닌 경의 입장에 동조하는 위원들이 많았다.[32]

소련의 올림픽 유치 신청에 유리한 국제 환경도 조성되었다. 서독의 빌리 브란트는 동방정책을 통해 동독과의 관계 개선을 모색하면서 미국의 닉슨과 소련의 브레즈네프를 데탕트로 나아가도록 하는 분위기를 조성했다. 최초의 전략무기 제한협정이 1972년 5월에 열릴 수 있었던 것도 이러한 배경과 무관하지 않았다. 특히 소련의 유치 경쟁에서 중요했던 것은 뮌헨 올림픽의 조직위원장이자 서독 올림픽위원회의 의장인 빌리 다우메(Willi Daume)의 입장이었다. IOC 내에서 상당한 정도의 영향력을 가지고 있는 그와 긴밀한 관계를 조성할 수 있다면 모스크바의 올림픽 유치를 성공하게 만드는 확실한 우군을 확보하는 것이었다.[33]

모스크바의 올림픽 유치는 결국 IOC 위원들이 총회에서 결정되기 때문에 모스크바가 실제로 이들의 지원을 받고 있는 상황을 대외적으로 과시할 필요가 있었다. IOC 위원들의 지지가 단지 모스크바의 희망으로만 머물지 않았다는 것을 보여 주려고 했다는 의미이다. 소련의 언론들은 IOC 위원들뿐만 아니라 각국 올림픽위원회의 위원들 중 소련의 올림픽 유치에 긍정적 입장을 가지고 있는 위원들의 명단을 자주 언론을 통해 알림으로써 올림픽 유치 가능성이 적지 않다는 인식을 확산시키려고 노력했다. 소련 언론은 서독의 다우메, 오스트리아의 네메츠케, 일본의 타케다를 IOC에서 모스크바의 올림픽 유치에 긍정적 입장을 가진 인사들로 거론했다. 이와 더불어 이전 올림픽 유치를 했던 도시들의 시장이 모스크바 올림픽 유치를 지지하고 있다고 보도했다. 도쿄 올림픽의 시장 미노베, 헬싱키 올림픽과 뮌헨 올림픽의 시장 아우라와 크론노빈테르 등이 그러한 인물들이었다.[34] 또한 IOC의 위원들과 개별 스포츠 종목의 국제 조직체인 국제 스포츠연맹의 관계자들을 직접 모스크바로 초대하여 모스크바가 올림픽을 치러 낼 만한 충분한 제반여건을 가지고 있다는 것을 보여 주려고 했다. 모스크바는 올림픽을 위해 몰려드는 외국의 손님들을 위한 충분한 객실, 그들의 기호를 충족시킬 만한 훌륭한 레스토랑 등이 있기 때문에 외국에서의 우려는 근거 없다는 의미였다.[35]

유치를 위한 모스크바의 또 다른 전략은 국제 스포츠대회를 성공적으로 치러 내어 모스크바의 올림픽 유치에 대한 우려가 기우에 불과하다는 것을 보여 주는 것이었다. 1980년 올림픽 개최장소를 결정하는 IOC 총회 일 년 전 개최 예정인 1973년의 유니버시아드대회는 이러한 우려를 불식시킬 수 있는 좋은 기회로 여겨졌다. 모스크바는 사실 1967년 유니버시아드대회 유치를 시도한 바 있었다. 그러나 모스크바의 1차 시도는 한국, 타이완, 이스라엘의 강력한 반대에 좌절되었다. 도쿄로 1967년 유니버시아드대회 결정이 내려지고 국제 대학스포츠 연맹이 북한의 참여를 불허하는 결정을 내리자 도쿄대회를 보이콧한 경험이 있는 모스크바로서는 유니버시아드대회 유치 재시도는 만만치 않은 과제였다.[36] 유니버시아드대회는 물론 올림픽에 비해 참가국가의 수도 적고 국제적 관심도 적은 행사였다. 그렇지만 유니버시아드 유치 희망 국가에 대한 반대 입장을 가진 국가들의 설득,

대회 참가 국가들 사이에서 있을 수 있는 갈등 등을 대회를 운영하는 조직위원회가 원만히 해결하는 모습을 보여 준다면 올림픽과 같은 국제 스포츠 행사도 유치할 수 있는 자격을 입증하는 것이었다.

유니버시아드대회를 유치하겠다는 모스크바의 두 번째 시도에 대해서도 부정적 의견이 없지는 않았지만 1973년 유니버시아드대회는 모스크바로 결정되었다. 모스크바 조직위원회는 이제 대회 참가를 희망하는 국가들의 권리를 존중하며 평화와 우정을 증진한다는 대회 원칙을 준수한다는 약속이 허언이 아니라는 것을 보여 주어야 했다. 원칙을 준수하면서도 유치에 따른 구체적 문제들을 해결해 나가는 모습을 또한 보여 주어 대회를 성공적으로 끝냈다는 평가도 얻어야 했다. 첫 번째 문제는 북베트남과 남베트남 선수단의 초대 문제였다. 북쪽과 남쪽으로 분열되어 내전을 벌이고 있는 베트남의 상황을 고려할 때 이들 두 나라의 대표 선두들을 유니버시아드대회에 초대하는 것은 스포츠를 통한 평화증진에도 부합하지 않기 때문에 모스크바 조직위원회는 두 나라를 모스크바 유니버시아드에 초대하지 않는다고 결정했다. 한국 대표단의 참가 문제는 북한과 소련의 관계를 고려할 때 좀 더 미묘한 문제였다. 모스크바는 동원 가능한 외교라인을 총동원하여 북한 설득에 나섰다. 즉 두 나라는 이미 이전 올림픽과 유니버시아드에도 대표단을 각각 파견한 바 있고 국제 사회에서도 별개의 주권국가로 오랫동안 인정되어 왔다. 결국 남한의 대회참가를 북한이 인정함으로써 남한과 북한은 모스크바 유니버시아드대회에서 메달 수 경쟁을 벌였다. 이 밖에도 이스라엘 대표단의 참가문제, 타이완 대표단의 참가문제 등에 대한 입장을 정리하여 모스크바 조직위원회는 국제 스포츠행사의 유치에 따른 문제해결능력을 보여 주었다.[37]

모스크바 유니버시아드는 IOC 신임의장 킬라닌 경에게 모스크바 올림픽 유치에 대한 긍정적 생각을 불어넣을 수 있는 기회이기도 했다. 모스크바 조직위원회는 킬라닌 경을 귀빈 대우하며 그의 호감을 얻으려고 했다. 킬라닌 경에게 개회식에서 연설 기회를 부여하고 국무회의의 의장인 코시긴에게 그를 영접하도록 했다. 킬라닌 경은 이러한 환대에 대한 보답이라고 하는 듯 소련 언론과의 인터뷰에서 유니버시아드대회에 대한 긍정적 인상을 가감 없이 다음과 같이 드러냈다. "유니버시아드대회는 1980년 올림픽 유치 신청을 위한 예행연습은 아니지만 나를 포함한 IOC 위원들이 대회의 진행과정, 통신 중계시설 등에 대한 점검을 하지 않을 수 없었습니다. 내가 점검한 모든 사항이 매우 만족스럽다고 얘기하지 않을 수 없습니다."[38] 안드리아노프가 IOC 집행위원회 위원들에게 모스크바 유니버시아드대회의 성공적 마무리를 보고하면서 올림픽도 성공적으로 치러 낼 수 있다는 자신감을 피력했던 것도[39] 모스크바 유니버시아드에 대한 긍정적 평가와 무관하지 않았다.

1980년 올림픽 개최장소를 결정하기 위한 1974년의 비엔나 총회를 향해 소련 대표단은 암스테르담 총회의 올림픽 유치신청 실패를 되풀이하지 않겠다는 굳은 의지를 가지고 떠났다. 유치 신청을 위한 비엔나 총회의 유일하고 강력한 적수는 당연히 미국의 로스앤젤레스였다. 로스앤젤레스 시장 토마스 브래들리(Thomas Bradley)는 모스크바에 비해 로스앤젤레스가 가지는 장점을 총회에서 부각시키기 위한 연사로 나섰다. 브래들리는 선수뿐만 아니라 기자, 스태프 등 올림픽 관계자 전원이 로스앤젤레스에서 누릴 수 있는 이동의 자유를 모스크바가 가지지 못하는 강점으로 내세웠다. 즉 올림픽 참가자 누구나가 로스앤젤레스는 물론 미국 전역을 자유로이 여행할 수 있다는 사실을 부각하여 로스앤젤레스 올림픽이 전 세계인의 진정한 축제의 장으로 기여할 수 있다고 주장했다. 소련 언론은 모스크바가 올림픽을 유치하게 된다면 브래들리 시장이 제기하는 바와 같은 문제는 없을 것이라고 계속해서 홍보했지만, 브래들리 시장은 다수의 IOC 위원들이 여전히 이에 대한 의구심을 가지고 있다고 생각하고 이를 집중 공략했다. 안드리아노프는 국가 올림픽조직위원회가 올림픽 유치 국가 전역에 대한 여행의 자유를 보장하는 것은 조직위원회의 권한 밖이며 브래들리의 주장을 비현실적이라고 주장했다. 안드리아노프는 올림픽조직위원회의 보장 영역은 경기장과 선수촌 등 올림픽 관련 영역에서의 자유로운 입출입이며 브래들리가 주장한 비현실적 기준을 가지고 올림픽 개최지를 결정할 수는 없다고 주장했다.[40]

미국은 "혁명 이후 60년 동안 가능하지 않았던 방식으로 러시아 사회주의의 위대한 업적을 과시하는 기회"[41]로서 모스크바 올림픽을 활용하려는 소련의 의도를 좌절시키기 위해 노력했다. 그렇지만 1980년 올림픽을 로스앤젤레스가 가져와야 한다는 미국 대표단의 주장은 IOC 위원들과 국제 스포츠연맹의 관계자들에게 큰 호응을 얻지 못했다. 미국 대표단은 1932년 올림픽 개최의 경험을 내세우며 올림픽의 역사적 유산을 계승해야 한다고 주장했지만 총회의 참석자들에게 로스앤젤레스의 구체적 준비상황은 모스크바보다 나아 보이지 않았다. 경기장까지의 거리가 너무 멀다는 문제와 선수들이 경기 전 몸을 풀기 위한 장소마저도 제대로 완비되어 있지 않다는 우려가 제기되었다. 반면에 모스크바의 유치에 대해서는 긍정적 분위기가 우세했다. 안드리아노프가 4년 전 올림픽 유치 희망을 좌절시켰던 재정문제에 많은 시간을 할애하면서 모스크바의 올림픽 유치에 따른 불안감을 해소하려고 했던 데 비해 총회의 참석자들은 환전 문제와 기자들의 원활한 입출국 문제와 같은 지엽적 문제에 더 많은 질문을 했다. 국제 아마추어권투협회의 회장인 호그버그는 모스크바가 이미 국제경기를 여러 번 개최하면서 국제대회의 개최를 위한 모든 여건을 충

족시킬 수 있다는 사실이 증명되었기 때문에 모스크바의 유치를 지지한다고 공개적으로 선언했다.[42]

비엔나 총회의 우호적 분위기는 모스크바의 지정학적 위치와도 연관이 있었다. 전임 IOC 의장 브런디지와 같이 사회주의 이념을 탐탁하지 않게 생각하는 IOC 위원들이 존재하긴 했지만 사회주의 진영에서 올림픽을 개최한 전례가 없었다. 사회주의 진영이 국제질서의 한 축을 형성하고 있다는 현실을 인정한다고 할 때 그들에게도 올림픽 개최의 기회를 균등하게 부여하는 것이 올림픽 정신에도 부합하는 듯 보였다. 더구나 1964년 도쿄 올림픽 이후 올림픽의 개최지는 멕시코시티, 뮌헨, 몬트리올로 올림픽의 발상지 아테네를 기준으로 할 때 서쪽으로 치우쳐 있었다. 직전 올림픽인 몬트리올 올림픽에 이어 북미 대륙에서 올림픽을 연이어 개최하는 것도 올림픽 개최의 순환원칙을 고려할 때 부담스러운 사항이었다.[43]

1974년 10월 24일, IOC 위원들은 22회 올림픽 경기 개최지를 결정하기 위한 투표를 실시했다. 2차 투표까지 갔던 암스테르담 총회와 비교할 때 22회 올림픽 개최지는 쉽게 결정되었다. 모스크바는 39표, 로스앤젤레스는 20표를 획득하여 모스크바는 마침내 올림픽 개최의 열망을 성취할 수 있었다. 이전 총회에서 모스크바가 얻은 표가 28표이었으므로 모스크바는 11표를 더 획득한 셈이었다. 암스테르담 총회에서의 실패를 반복하지 않도록 IOC 위원들과의 관계 강화를 위해 일찍부터 노력해 왔고 국제 스포츠대회를 개최하여 모스크바의 올림픽 진행능력을 입증한 결과였다. 또한 사회주의를 대표하는 소련에게 올림픽 개최 기회를 부여하여 올림픽 이념이 강조하는 스포츠를 통한 평화증진에 기여할 수 있다는 기대감도 작용했다. 그렇지만 비엔나 총회의 성공을 바탕으로 모스크바가 22회 올림픽을 전 세계인의 축제의 장으로 만들 수 있는가는 또 다른 문제였다.

3. 모스크바 올림픽 보이콧과 소련의 대응

1980년 올림픽 개최지로 확정된 이후 모스크바는 올림픽의 성공적 완수를 위한 구체적 준비에 들어갔다. 경기장 및 선수촌 완성, 문화 프로그램의 준비 등이 올림픽 개최 이전까지 완비되어야 할 핵심목록이었다. 모스크바 올림픽 조직위원회 의장 노비코프는 모스크바가 현재 올림픽의 12개 종목의 경기를 치를 수 있는 시설물을 가지고 있긴 하지만 이러한 경기장의 상당수도 재건축 혹은 재정비가 필요하다고 지적했다. IOC의 기준 충족을 위해서는 6개의 경기장, 2개의 실내 수영장, 사이클 경기장, 수중 스포츠 경기장 등을 건설해야 했다. 모스크바뿐만 아니라 수상 스포츠 경기가 열리는 탈린에서도 경기장 건설과 정비 사업이 필요했다. 12만 명과 6백 명을 수용할 수 있는 선수촌 건설도 모스크바와 탈린에서 각각 진행되어야 했다.[44] 올림픽 성화가 제대로 타오르도록 모스크바 조직위원회는 다른 여타의 준비 작업과 아울러 "건설, 또 건설"[45]의 필요성을 역설하는 수많은 공문서들을 당 중앙집행위원회에 보냈다.

모스크바 올림픽 조직위원회에게는 직면한 과제 완수도 중요했지만 과제 완수의 과정이 차질 없이 진행되고 있다는 구체적 모습을 외부 세계에 보일 필요도 있었다. 1976년 9월 20일 바르셀로나에서 열리는 IOC 집행위원회에 소련 대표단 파견을 요청하는 문서도 이러한 요구의 연장선이었다. 모스크바 올림픽 조직위원회는 IOC 위원들뿐만 아니라 국제 스포츠연맹의 관계자들이 모이는 4일간의 바르셀로나 집행위원회에 5명의 소련 대표단을 파견하여 경기장, 통신과 중계를 위한 기술시설의 건설 현황을 보고함으로써 여전히 남아 있는 서방세계의 우려를 잠재울 필요가 있다고 주장했다. 또한 모스크바 최대 경기장인 지나모의 햇빛 차단시설, 관중석의 방수시설의 정비 등을 중앙위원회에 요구하면서 올림픽의 성공적 완수를 염원했다.[46]

모스크바는 이렇게 올림픽 유치 결정 이후 모스크바 곳곳에 올림픽 경기장 건설을 위한 대대적 사업을 전개하면서 준비에 박차를 가했다. 모스크바의 이러한 열기에 찬물을 끼얹는 목소리는 1976년부터 등장했다. 『뉴욕타임스』 사설에서 1964년 올림픽 미국 농구 팀의 금메달리스트 빌 브래들리(Bill Bradley)는 국가 간 상호이해 증진에 올림픽이 보다 많은 관심을 기울이지 않는다면 미국은 올림픽 참가를 그만두어야 한다고 주장했다.[47] 1978년에 『U.S. 뉴스 & 월드리포트』는 이보다 더 직설적으로 모스크바 올림픽의 보이콧을 주장하는 미국 하원의원 두 명의 인터뷰를 게재했다. 이들의 보이콧 주장의 근거는 소련의 반체제 인사들에 대한 탄압과 반유대인 정책이었다. 메사추세츠 의원 로버트 드리난(Robert F. Drinan)은 아예 몬트리올로 올림픽 개최지를 이전해야 한다는 주장도 서슴지 않았다. 그에 의하면 스포츠와 정치가 분리되어야 한다는 주장은 허구일 뿐이고 그러한 주장은 도덕적 문제를 제기하고 싶지 않은 사람들의 위선일 뿐이었다.[48]

올림픽 정신은 우정, 상호이해, 평화, 더 나아가서 인권과 민주주의와도 연관 지어져 왔다.[49] 올림픽 헌장은 특히 스포츠를 인권으로서 규정할 뿐만 아니라 어떠한 종류의 차별도 금지하고 있다는 점에서 인권과 스포츠의 연관성을 인정하고 있는 듯이 보인다. 모스크바의 올림픽 개최를 문제시하는 측에서는 모스크바가 특히 1975년 헬싱키협약에서 국제적으로 합의된 바 있는 인권보호를 제대로 준수하지 않고 있다는 여론을 확산시켜 모스크바 올림픽을 무산시키려고 했다. 미국과 서구의 인권 운동가들은 모스크바의 유치 결정이 내려지자 격렬한 반대시위를 벌이기도 했다. 그렇지만 IOC가 개최지 결정의 번복은 불가능하다는 확고한 입장을 가지고 있었기 때문에 몇 달 지나지 않아 반대운동도 수그러들었다.[50]

1978년에 모스크바 올림픽에 대한 반대 의견이 다시 격렬하게 제기되기 시작했다. 1978년 7월 14일, 소련 정부는 『로스앤젤레스타임스』 기자에게 비밀문서를 전달했다는 혐의로 아나톨리 샤란스키를 체포했다. 샤란스키는 소련 유대인 이주운동의 대표적 인사였기 때문에 그의 체포는 서구 인권 운동가들의 관심을 충분히 끌 만했다. 이보다 하루 전인 7월 13일에는 정치범 석방을 위한 기금을 운영해오던 알렉산드르 긴즈부르그가 강제 노역형을 선고받았다. 인권 운동가들에 대한 이러한 탄압은 모스크바 올림픽에 대한 부정적 여론을 불러일으키는 계기였다. 시사 만화가인 허브 블록(Herb Block)은 『워싱턴포스트』에 올림픽의 오륜 마크가 성화를 든 선수들의 손을 수갑으로 구속하는 이미지를 게재했다.[51]

자유와 평화를 상징하는 올림픽의 정신이 소련의 인권탄압으로 훼손되고 있다는 것을 드러냄으로써 블록은 모스크바 올림픽에 대한 거부감을 드러내고 있는 것이었다.

그림 12. 시사만화가 허브 블록의 모스크바 올림픽 보이콧 주장

인권문제와 결부시켜 모스크바 올림픽을 거부해야 한다는 주장 이외에도 소련 올림픽 조직위원회는 서방언론이 다음과 같은 이유를 들어 올림픽을 거부해야 한다는 주장을 퍼뜨린다고 인식하고 있었다. 소련과 외교관계를 맺고 있지 않은 나라는 올림픽 참가가 거부될 것이기 때문에 모스크바 올림픽은 세계인의 축제가 되지 못한다는 주장과, 소련은 단지 올림픽에 참가할 수 있는 개

발도상국들에 대해 소련의 영향력이 증대되도록 올림픽을 이용함으로써 진영구축의 장으로 올림픽을 전락시킨다는 주장이 등장했다. 소련 올림픽조직위원회의 지속적인 선전활동이 있었지만, 모스크바 올림픽에서 자유는 통제되고 대회운영에 필요한 기본조건이 서구 기준에는 못 미칠 것이라는 주장도 여전히 살아 있었다. 또한 소련 선수들은 "챔피언 양성공장"에서 배출된 선수들로 올림픽 참여를 통한 우애 증진에는 관심도 없는 선수들로 인식되었다.[52] 이러한 시각이 팽배한다면 모스크바의 올림픽 개최는 위험에 빠질 수도 있었다.

IOC 의장 킬라닌 경이 올림픽을 "자신들의 목적에 이용하기 위한" 보이콧에 단호히 반대한다는 입장을 피력[53]했지만 모스크바 조직위원회는 IOC 의장의 영향력을 믿고 손을 놓고 있을 수만은 없었다. 모스크바 조직위원회는 모스크바 올림픽에 대한 선전활동을 다양한 매체를 통해 전개함으로써 올림픽에 대한 부정적 견해의 확산을 저지해야 했다. 그들은 기존 간행물을 통한 선전활동은 물론 새로운 간행물을 창간하여 모스크바 올림픽에 대한 홍보활동을 전개했다. 1975년 여름부터 발행된 월간지 『올림피아드 80』과 계간지 『올림픽파노라마』가 그러한 목적을 위해 새롭게 등장한 간행물들이었다. 러시아어는 물론 영어, 프랑스어, 독일어, 스페인어로 간행된 두 잡지는 "모스크바 올림픽 준비관련 진행상황을 세계의 시민들에게 알린다"는 목적으로 각국의 스포츠 조직, 언론 기관, IOC 위원들에게 무료로 배포되었다. 월간지 『올림피아드 80』이 진행관련 준비상황뿐만 아니라 올림픽 역사, 소련의 관광지 등에 관한 정보도 제공하는 포괄적 성격의 잡지였다면, 계간지 『올림픽파노라마』는 매호 특집 주제, 예를 들어 경기장 건설상황, 여행정보, 1979년 스파르타키아드 등에 관한 자세한 정보를 제공했다. 두 잡지 모두 세계 전역에 배포되기 때문에 종이의 질, 편집기술 등 기술적인 측면에도 세심한 주의를 기울였는데

『올림픽파노라마』의 인쇄는 아예 일본에서 진행되었다.[54]

소련의 언론 매체를 통한 우호적 분위기 조성에 그치지 않고 외국의 언론인들을 직접 소련에 불러들여 모스크바 올림픽에 대한 우려를 해소하는 전략도 동원되었다. 1979년 모스크바에서 열린 스포츠 기자 국제협회 43차 대회는 이러한 의도를 실현할 수 있는 좋은 기회였다. "평화와 우정"이라는 모스크바 올림픽의 모토 아래 세계 49개국의 스포츠 기자들이 대회에 참여했다. 주최 측은 올림픽 경기장 시찰, 올림픽 조직위원회 관계자들의 준비상황 보고 등의 일정을 제공하면서 서구의 일부 언론에서 제기되는 우려가 근거 없는 비난임을 이들에게 확인시키고자 했다. 또한 대회에 참석한 대부분의 언론인들이 소련의 사회와 삶의 다양한 측면을 제대로 알고 있지 못하다고 생각하고 이번 모스크바 대회가 그들에게 계몽적인 대회가 될 수 있기를 희망했다. 이러한 희망이 헛되지 않았음을 증명하는 인터뷰 기사를 게재하면서 모스크바 올림픽의 성공에 대한 자신감을 보였다. 대회 참가자들에게 모스크바 올림픽의 준비상황에 대한 설문조사 결과 이에 대한 우려는 해소되었고 대회 의장 이탈리아의 엔리코 크레스피 또한 모스크바 대회가 전 세계인들을 평화와 우정의 기치 아래 모을 수 있는 대회가 될 것이라고 전망하였다는 것이다.[55] 모스크바 올림픽 보이콧은 이러한 전망대로라면 쓸데없는 기우였다.

1979년 12월 27일, 소련군의 아프가니스탄 침공은 모스크바 올림픽에 대한 노골적 거부의 목소리를 분출시켰다. 1980년 1월 14일, 카터 행정부는 2월 중순까지 소련군을 철수시키지 않을 경우 미국은 모스크바 올림픽을 보이콧하겠다는 최후통첩을 보냈다. 소련의 반체제 인사 안드레이 사하로프는 아프가니스탄 내정에 대한 소련 개입을 강하게 반대하며 미국의 보이콧을 지지한다는 인터뷰를 미국의 매체와 감행하여 유배를 떠나게 되었다. 아프가니스탄 침공은 인권의 측면에서 소련체제를 비판하며 모스크바 올림픽에 대한 보이콧을 주장해 오던 인사들이 또다시 목소리를 높일 수 있는 계기였다.

아프가니스탄 침공 이후 채 한 달도 지나지 않은 상태에서 모스크바 올림픽의 성공적 완수를 어렵게 할지도 모를 미국의 공식 입장이 나왔지만 모스크바 올림픽 조직위원회로부터 색다른 대응전략이 나온 것은 아니었다. 연방 정부차원의 선언이 없을 뿐이었지 이미 살펴본 바와 같이 모스크바 올림픽에 대한 보이콧 주장은 유치 결정 이후 지속되어 왔기 때문이다. 관영매체인 '노보스티'가 공산당 중앙위원회에 앞으로 보낸 현안 보고서는 이러한 인식을 잘 보여 준다. 보고서에 따르면 모스크바 올림픽을 거부해야 한다는 최근의 주장은 기존의 거부 논리, 즉 소련의 인권문제와 외국 손님들의 숙박과 이들에 대한 서비스 문제에 아프가니스탄이라는 새로운 소재를 첨가했을 뿐이다. 소련의 국내문제에 개입하여 정치적, 이데올로기적 차원의 일탈을 감행하려는 이러한 시도에 대해 IOC 의장 킬라닌 경과 서독 국가올림픽위원회 의장 다우메도 분명히 반대한다. 보고서에서는 소련이 이러한 시도를 무력화시킬 수 있는 선전, 즉 올림픽 관광객들을 위한 600여 개 이상의 레스토랑, 카페 등이 완비되어 있고 소련 시민들은 올림픽에 대한 어떠한 부정적 의견도 가지고 있지 않다는 선전을 지속해야 한다고 말한다.[56]

아프가니스탄으로의 소련군 진입을 아프가니스탄 민중을 "돕는" 행위로 규정하고 있는 소련 정부의 입장에서 카터 행정부의 보이콧 시도는 전혀 정당성이 없는 행위였다. 더구나 미국 올림픽위원회가 아프가니스탄 문제를 빌미로 IOC에 개최장소를 옮기거나 대회를 연기하자고 제안했다는 사실은 정치로부터 올림픽을 분리하기 위해 노력했던 과거의 선례를 무시하는 것이라고 공산당 중앙위원회는 규정했다. 1956년 헝가리 혁명에 대한 소련의 개입과 1968년 체코슬로바키아 사태에 대한 소련의 개입에도 불구하고 소련이 멜버른 올림픽과 멕시코 올림픽에 참여할 수 있었던 이유가 정치와 올림픽의 분리원칙 때문이었다. IOC 의장 킬라닌 경뿐만 아니라 IOC 회원국 대다수가 모스크바 올림픽에 대한 보이콧 주장에 반대하는 이유도 바로 이러한 원칙 때문이다. 1980년 동계 올림픽이 미국의 레이크플레시드에서 열릴 예정이기 때문에 공산당 지도부는 대회가 끝나기 전까지 미국의 보이콧 주장은 강하게 표출되지 않을 것이라고 판단했다. 이런 이유로 동계 올림픽 기간에 열리는 IOC 총회에 노비코프가 이끄는 대표단을 파견하여 몇 달 후 열리는 하계 올림픽[57]에 대한 부정적 여론을 차단해야 한다고 당 중앙집행위원회는 주장했다.[58]

모스크바 올림픽 보이콧을 주장하는 카터 행정부에 대해 미국 올림픽위원회 집행위원장 밀러(F. Don Miller)는 『로스엔젤레스타임스』와의 회견을 통해 정부의 입장을 무시하고 대표선수단을 보내기로 한 영국 올림픽협회의 결정을 용기 있는 행동으로 평가하며 이러한 그들의 결정이 IOC 규칙의 준수라는 의견을 피력했다. 밀러는 모스크바 올림픽의 참가가 미국의 국가안보에 해를 끼친다는 카터의 주장에 또한 의문을 제기했다.[59] 미국 아마추어 체조협회장인 로버트 헬믹(Robert Helmick)은 지난 두 달 반의 시간을 되돌아볼 때 보이콧 주장이 성공할 것 같지는 않다며 자신은 오직 선수들만이 피해를 보게 될 보이콧에 찬성하지 않는다는 견해를 밝혔다. 미국 체조자문위원회는 정부와 체조협회의 대립을 해소하기 위한 대안책으로 체조선수들이 미국 국기를 사용하지 않고 올림픽 경기에 참여는 하되 메달 시상식과 개폐회식에는 참석하지 않으며 소련 측이 제공하는 선수촌 이외의 다른 장소에 머문다는 제안을 했다. 이러한 방식이 올림픽의 보이콧 없이 소련의 침략에 항의하는 적절한 방법이라고 지적했다.[60]

보이콧에 대한 미국 올림픽위원회의 미온적 입장을 접한 카터 행정부는 상황 타개를 위한 대책을 강구했다. 올림픽의 참가여부를 결정하는 최종권한은 정부가 아니라 국가 올림픽위원회에 있다는 IOC의 규정 때문에 미국 올림픽위원회의 동의 없이 모스크바 올림픽의 보이콧은 불가능했다. 백악관의 법률고문 커틀러(Lloyd Cutler) 등을 포함한 보좌진은 미국 올림픽위원회를 후원하는 기업들에게 후원금액을 올림픽위원회가 보이콧을 찬성할 때까지 중지해 달라는 견해를 조심스럽게 전달했다. 15개의 기업들이 미국 올림픽위원회에 약정한 17만 5천 달러의 지급이 연기되었다. 또한 하원 의원들에게 미국 올림픽위원회의 면세혜택을 폐지하고 미국 선수들이 훈련장으로 사용하는 연방토지에 대한 소유권 이전 등을 추진하는 법령을 제안할 수도 있다는 뜻을 비쳤다. 그렇지만 이러한 조처들을 시행해 달라고 백악관이 제안하지는 않는 것이라는 화법을 통해 법률적 책임에서 벗어나려는 꼼수를 동원하기도 했다.[61]

미국 올림픽위원회의 집행기구라고 할 수 있는 대의원대회는 모스크바 올림픽 참가여부를 결정하기 위한 최종 투표를 1980년 4월 13일 콜로라도에서 실시했다. 미국 대표 팀을 모스크바에 보내지 않는다는 결정은 미국 헌법의 핵심인 자결권과 자기표현의 자유를 침해한다는 주장이 대의원 사이에서도 제기[62]되었지만 연방정부의 의지를 거스를 정도로 강력하지 못했다. 1,604표의 찬성과 798표의 반대로 미국 대표 선수단의 모스크바 대회 참가는 거부되었다. 올림픽 참가신청의 최종기한인 5월 20일 이전에 국제정세의 변화가 일어날 시 대통령은 국가 올림픽위원회에 모스크바 올림픽 참가를 제안할 수도 있다는 부대조항[63]이 있었지만 미국의 보이콧을 철회할 가능성은 적어 보였다.

모스크바 올림픽조직위원회는 미국의 불참이 기정사실로 굳어지는 시점에서 모스크바 올림픽에 대한 관심을 유지하기 위한 여러 대책을 실시해 나갔다. 5월 26일에는 참가를 확정한 83개의 국가 명단과 불참을 결정한 36개의 국가 명단을 발표하여 모스크바 올림픽을 지지한 국가들의 수가 더 많다는 것을 과시했다. 또한 아프가니스탄 침입에 따른 국제정세의 변화는 전혀 언급하지 않고 재정적 어려움과 국가대표 조직 구성과 관련한 어려움 때문에 몇몇 국가들이 참여하지 않겠다는 결정을 내린 것이라고 주장했다. 올림픽에 오지 않기로 결정한 국가들의 대표선수들은 국제시합에서 경쟁을 할 정도로 높은 수준을 보유하고 있지 못하다며 이들의 불참이 올림픽의 전반적 수준에 영향을 미치지 못한다는 지적도 빼놓지 않았다.[64]

모스크바 올림픽조직위원회는 이 밖에도 스위스 로잔에서 6월에 열리는 IOC 집행위원회에 노비코프 등이 인솔하는 조직위원회의 대표자들을 파견하였다. 올림픽을 보이콧하기로 결정한 국가들의 IOC 위원들을 접촉하여 이들의 보이콧 결정을 되돌리려고 시도한 것이다.[65] 그러한 시도에도 불구하고 모스크바 올림픽 개최시점을 기준으로 볼 때의 최종 결과는 모스크바의 입장에서 만족스럽지 않았다. 62개국이 올림픽을 보이콧했고 14개 국가의 올림픽위원회는 정부의 지원 없이 선수단을 파견했다. 정부의 지원을 받고 선수단을 파견한 국가는 66개국이었다.[66] 최종적으로 모스크바 올림픽에 참가한 국가는 80개국이었는데 이는 5월 26일 조직위원회가 예상한 참여국가의 수에서 3개국이 줄어든 셈이었다. 특히 미국의 대중에게 올림픽에서의 탁월한 성과를 근거로 사회주의 체제의 우월한 가치를 선전하고자 했던 소련의 입장에서 올림픽의 생생한 장면을 TV 중계를 통해 미국의 대중이 접하지 못하는 상황은 더욱 아쉬운 요인이었다. 소련의 메시지는 결국 소련의 동맹국과 미국의 보이콧 압력을 무시했던 중립 국가에게만 전달되었다. 이런 맥락에서 보면 미국의 보이콧 전략은 냉전의 국제환경에서 미국에게 더 많은 이점을 제공한 듯 보인다.

4년 후 로스앤젤레스 올림픽에 대한 모스크바의 보이콧으로 미국 또한 세계인의 축제로서 올림픽을 만드는 데는 실패했다. 모스크바의 로스앤젤레스 올림픽 보이콧이 미국의 보이콧에 대한 보복차원에서 나온 단순한 행동으로 볼 수 없다는 주장[67]이 있긴 하지만 로스앤젤레스 올림픽 보이콧과 모스크바 올림픽 보이콧을 연계해서 볼 필요성은 있어 보인다. 미국 올림픽위원회는 모스크바 올림픽보다는 많은 140여 개국이 로스앤젤레스 올림픽에 참여했고 소련 주도의 보이콧에 동조했던 국가의 수는 18개 국가에 지나지 않았다는 사실을 내세우며 로스앤젤레스 올림픽의 성공을 자부했는데, 이것은 소련의 의도는 성공적이지 못했음을 보여 주기 위한 미국의 의도였다. 그렇지만 로스앤젤레스 올림픽의 상업성과 주관 방송사인 ABC의 미국 대표 팀에 대한 지나친 중계 편향성으로 로스앤젤레스 올림픽 또한 비난에서 완전히 자유롭지는 않았다.[68] 모스크바 올림픽과 로스앤젤레스 올림픽은 냉전을 추동하였던 두 이념이 스포츠 무대에서 각자의 우월성을 증명하기 위해 대립하였던 마지막 무대였다. 적어도 냉전 기간 동안 스포츠가 국가 간의 갈등을 완화하는 데 기여할 수 있다는 올림픽의 이상은 정치적 수사에 지나지 않았다.

1980년과 1984년 연이은 올림픽에서 만나지 못했던 세계의 두 강국 소련과 미국은 마침내 1988년 서울 올림픽에서 조우했다. 이데올로기로 인한 스포츠 축제의 파행을 종식시키고 올림픽을 화해의 장으로 다시 복원시킬 수 있다는 가능성을 확인하는 장으로 만들기 위해 IOC는 많은 노력을 기울였다. 북한과 쿠바, 에디오피아 등 북한 동맹국의 참여를 이끌어 내는 데까지는 실패[69]했지만 서울 올림픽은 냉전의 마지막 국면에서 참여 국가의 수가 가장 많았던 올림픽이었다. 이전 올림픽과 비교되는 참여 국가의 수를 기준으로 한다면 전 세계인의 화합과 형제애를 확인하는 장이라는 말도 헛되게 들리지만은 않았다. 그렇다고 올림픽에서의 메달 수가 국가의 위신과 직결되어 있다는 생각이 사라졌다는 의미는 아니다. 미국은 서울 올림픽을 소련, 동독에 이어 3위로 마감했는데 미국 언론은 이 결과를 치욕적으로 받아들였다. 특히 미국의 대표 구기종목인 농구에서 소련, 유고슬로비아에 이어 동메달 획득에 그쳤다는 사실이 미국의 대중에게 더욱 충격이었다.[70] 소련이 올림픽에 참가한 이후 미국이 소련을 압도한 적은 없었던 것을 고려하면 스포츠를 수단으로 미국의 세계 1등 국가로서의 위상 증명은 냉전기 내내 실패한 듯 보였다.

소련은 국제 스포츠 행사로서 올림픽의 위상이 커져 나가자 참가국의 일원으로서만 머물지 않고 올림픽 자체를 유치함으로써 국가의 위상을 높이려고 하였다. "조국과 당을 위해" 메달 획득을 최우선의 목표로 하는 것에만 머물지 않고 사회주의 국가 최초의 올림픽 유치국이라는 타이틀을 획득하려고 했던 것이다. 소련의 시각에서 이러한 시도는 소련 스포츠가 올림픽 발전에 기여해 왔고 올림픽 정신을 한 단계 높은 수준으로 이끌기 때문에 정당한 것이었다. 모스크바는 1976년 올림픽을 유치하기 위해 본격적으로 뛰어들었다. 유치를 위한 1차 시도라고 할 수 있는 1976년 올림픽 유치에서는 경쟁도시인 몬트리올에 패배했다. IOC 의장뿐만 아니라 위원들 사이에서도 올림픽을 사회주의 종주국인 소련에서 개최하는 것에 대한 반감이 적지 않았고 소련 올림픽국가위원회의 사전 준비도 미흡했다. 모스크바는 1차 시도의 패배를 딛고 1980년 올림픽 유치를 위해 보다 치밀하게 준비에 나섰다.

모스크바는 1차 시도 때보다 대회장소 결정을 위한 IOC 총회가 열리기 3년 전부터 조직위원회를 꾸려 유치에 나섰다. 조직위원회의 핵심 인사들은 IOC 의장은 물론 투표권을 가진 IOC 위원들을 일찍부터 접촉하면서 모스크바 개최에 대한 우호적 분위기 조성에 나섰다. 이러한 소련의 2차 시도에 대해 희망을 갖게 하는 외부적 요인도 있었다. 사회주의 이념에 적대적이었던 전임의장 브런디지와 달리 신임의장 킬라닌 경은 소련에게도 올림픽 개최의 기여를 부여함으로써 올림픽을 진정한 의미의 동서화합의 장으로 만들어야 한다고 생각했다. 소련 내부에서도 올림픽의 진행을 위해 필수적인 경기장, 숙박시설 등이 계획대로 진행되고 있다는 상황을 IOC 위원들에게 지속적으로 납득시켜 나갔다. 보다 구체적으로 유치장소를 결정하기 위한 투표를 전년도인 1973년에 유니버시아드대회를 모스크바에서 개최하여 올림픽을 진행하는 데도 아무런 문제가 없음을 IOC 위원들에게 보여 주었다.

경쟁 도시인 로스앤젤레스를 누르고 모스크바는 마침내 1980년 올림픽 유치에 성공했다. 모스크바는 "건설, 또 건설"이라는 기치를 내걸며 유치 결정 전부터 제기되었던 기반시설 미비에 대한 우려를 해소라기 위해 전력을 기울였다. 모스크바의 이러한 의지와는 상관없이 경쟁국이었던 미국 내에서는 모스크바 올림픽을 보이콧해야 한다는 주장이 일찍부터 등장했다. 모스크바 올림픽 반대론자들은 소련의 인권문제를 거론하며 올림픽 정신에서 강조하는 전 세계인의 화합의 정신을 모스크바 올림픽은 구현하지 못한다고 주장했다. 구성원들에 대한 감시를 중시하는 사회주의 체제의 속성도 올림픽의 자유를 방해한다고 이들은 주장했다. 모스크바의 입장을 적극 대변하는 새로운 언론매체의 발행, 외신기자들의 모스크바 방문을 통한 유리한 여론 확산을 통해 반대운동을 소련은 잠재우려 했다. 아프가니스탄 침공은 미국으로 하여금 모스크바 올림픽 보이콧을 다시금 강하게 제기하는 계기가 되었고 결과적으로 동서의 화합을 도모한다는 모스크바 대회의 취지는 무색해지고 말았다. 1972년과 1976년 올림픽에서 2개 이상의 금메달을 획득한 국가 중에 미국, 서독, 노르웨이, 케냐, 일본만이 모스크바 올림픽에 참가하지 않았다는 사실을 내세워 모스크바 올림픽은 순조롭게 진행되었다고 주장할 수도 있지만 냉전의 한 축이었던 미국과의 경쟁이 사라진 모스크바 올림픽은 전 세계인의 주목을 받지는 못했다.

냉전기 올림픽 무대는 발레, 음악, 영화 등의 문화적 산물을 통한 '문화전쟁'의 양상보다 체제의 우월성을 보다 직접적으로 보여 주었다. 냉전 초기에 있었던 우주선 경쟁에서 체제의 우월함을 과시했던 소련이 올림픽 무대에서 획득한 금메달 수와 같은 구체적 성과물을 가지고 다시금 체제의 경쟁에서 승리한 듯 보였다. 올림픽 유치는 이에 더하여 전 세계인들에게 모스크바와 수상 경기가 열렸던 탈린 등의 모습을 생생하게 전하면서 올림픽 경기를 치르기에 부족함이 없는 소련의 '현대적' 모습을 과시하는 기회였다. 소련은 세계인의 축제로서 올림픽을 성공적으로 치러 냈다고 평가하며 미국의 보이콧 영향을 최소화하려고 했다. 소련 지도부는 올림픽을 최초로 유치한 사회주의 국가라는 위상 획득을 통해 체제의 결속과 가치를 높일 수 있다고 생각했다. 그렇지만 1980년 올림픽은 소련 시민들을 이전에는 가능하지 않았던 외부의 가치와 문화에 더 많이 노출시킨 장이기도 했다. 이러한 노출의 결과가 올림픽 유치를 통해 성취하려고 했던 애초 목적에 어떠한 영향을 끼쳤는지는 또 다른 연구과제이지만 한 가지 분명한 것은 있다. 스포츠를 체제경쟁의 수단으로 활용한 소비에트 체제는 사라졌지만 스포츠는 여전이 러시아와 미국 문화의 중요한 일부분이다. 스포츠는 현재와 과거 사회의 모습을 들여다볼 수 있는 창과도 같다.

에필로그

    스포츠는 의심할 바 없이 현대인의 여가활동에서 적지 않은 부분을 차지한다. 대부분의 현대인은 스포츠에 직접 참여하는 적극적 방식이거나 스포츠를 관람하는 수동적 방식으로 스포츠와 관련을 맺는다. 스포츠는 현대적 의미에서뿐만 아니라 역사적 성찰의 소재로서도 의미를 가지고 있다. 즉 19세기 말과 20세기 초의 급격한 사회 변동 속에서 스포츠는 민족적 정체성을 표현하고 만들어 가는 중요한 도구 중의 하나였다. 이는 잉글랜드의 축구와 구별되는 웨일즈의 럭비, 아일랜드의 게일식 축구의 등장을 통해 설명될 수 있다. 그렇지만 국민국가의 등장 이후 스포츠는 국민국가 안의 모든 거주민들을 하나로 묶는 데 기여했다. 1896년 부활한 올림픽 경기는 국민국가 안의 내부적 대립을 해소하고 이들을 국민국가의 단합된 성원으로 묶는 데 기여했다.[1] 스포츠의 이러한 기능을 사회주의 체제를 출범시킨 러시아에서 어떻게 활용할 수 있을지는 또 다른 문제였다.

    혁명 전 러시아 사회에서도 축구와 같은 스포츠는 오데사와 같은 항구도시를 중심으로 퍼져 있었다. 볼셰비키 정권 출범 이후 승패를 중시하는 자본주의 체제의 스포츠를 소비에트 사회의 스포츠 문화로 그대로 존속시킬 수는 없었다. 승리를 위한 지나친 경쟁은 전체 인민의 참여보다는 기량이 뛰어난 소수의 선수들을 집중적으로 육성할 필요성을 증대시켜 인민 전체가 스포츠를 즐길 권리를 차단할 수 있기 때문이다. 특히 테니스나 복싱과 같이 개인의 기량을 강조하는 스포츠는 체제수호를 위한 집단정신의 함양이라는 볼셰비키 정권의 초기 상황을 고려해 볼 때 허용할 수 없는 종목이었다. 볼셰비키 정권이 이런 이념적 요소를 강조한다고 할 때 자본주의 체제에서 통용되는 스포츠와는 차별성을 가지는 개념이 필요했다.

'신체문화'라는 특이한 용어가 이렇게 등장했다. 신체문화는 체제의 방어에 기여하는 강인한 전사에게 필요한 체력 증진, 육체와 정신의 조화로운 발전, 집단정신의 함양 등을 일차적으로 목표로 한다는 점에서 '체육'과 동의어처럼 비칠 수도 있다. 그렇지만 볼셰비키 정권 초기의 신체문화를 체육이라는 용어로 대체할 수는 없다. 왜냐하면 신체문화는 체육으로 포괄하기 힘든 광의의 개념까지 포함하고 있기 때문이다. 즉 볼셰비키 정권은 사회주의 체제 인민의 생활전반을 포괄하는 삶의 지침으로서 신체문화의 개념을 제시하였던 것이다. 신체문화의 영역에는 육체와 정신의 조화로운 발달이라는 체육의 기본 목적은 물론 사회주의 체제 인민을 새로운 인간형으로 유도하기 위한 생활윤리, 즉 지나친 음주의 근절이라든가 위생적 생활습관을 정착하기 위한 생활 자세, 정치의식을 함양하기 위한 소모임 활동 등도 포함되어 있었다. 신체문화의 개념이 이렇게 넓은 광의의 개념을 포함하고 있기 때문에 그것의 한 부분인 육체적 활동도 자본주의 체제의 스포츠와는 다른 양태를 띠게 되었다. 경쟁과 우승을 강조하는 시합 형태보다는 성원 전체의 참여를 통해 집단정신을 증진시킨다든가 정치적 의식을 기를 수 있는 놀이형태를 보다 강조하려는 경향이 등장하기도 했다.

여가시간의 소비를 이념의 구현과 연결시키려는 이러한 시도 때문에 볼셰비키 정부 초기에 스포츠는 자본주의 체제의 타락한 문화 유형으로 간주되었다. 그렇지만 보통 사람들의 여가시간의 소비 양태는 정치권력의 이행에 보조를 맞추어 급격히 변화하지 않았다. 혁명의 지도자 레닌 또한 정치권력을 볼셰비키가 장악했다 하더라도 그것이 체제를 구성하고 있는 인민의 전반적 생활상의 변화를 동시에 가져오지 않는다는 점을 인식하고 있었다. 구체제의 유습을 버리고 혁명 권력을 진심으로 지지하는 새로운 인간형, 즉 '호모 소비에티쿠스'의 창출은 교육을 통한 의식적 노력이 병행되어야 가능한 것이었다. 신인간형이 추구해야 할 여가활동의 궁극적 방향을 제시했다 하더라도 일상적으로 진행되는 여가활동에 대해 국가권력이 완벽히 통제할 수도 없는 일이었다.

　신체문화의 이념에 부합하고 정치의식의 함양을 목표로 하는 놀이형태에 인민 대중의 호응은 적었다. 그들은 '제국주의자로부터의 구출'이나 '혁명적 문헌 해외로 반출하기' 등의 놀이에서는 흥미나 즐거움을 얻지 못했다. 공장의 노동자들은 이전에도 그래 왔듯이 공장별 축구시합에 더 많은 열의를 보이고 선호했다. 또한 개인 대 개인의 기량을 겨루는 스포츠 종목, 예를 들어 권투와 같은 스포츠를 사회주의 체제에서 없애야 한다는 주장에 대해 반론도 없지 않았다. 규율의 준수는 권투와 같은 개인 경기에서도 필수적이기 때문에 선수뿐만 아니라 관중들에게도 규율을 고양시키는 기회가 된다. 부연하자면 경기진행에 필요한 규율의 준수는 파괴적인 인간의 본성을 순화시켜 체제의 안전성에 기여할 수 있다는 논리였다. 노동자들의 이해를 대표한다는 노동조합에서도 노동자들의 적극적 참여를 이끌어 내지 못하는 노동체조라든가 체력단련을 위한 신체문화 프로그램을 자제하고 그들이 원하는 스포츠에 보다 많은 관심을 쏟아야 한다고 주장했다.

1920년대에 신체문화의 원론적 입장만을 부각시킬 수 없었던 또 다른 이유는 볼셰비키 정부의 대외 스포츠 정책이었다. 신체문화의 이념적 내용의 강조는 국제 스포츠 정책에서도 스포츠를 통한 전 세계 노동계급의 단결을 강화하여 세계혁명을 성취하는 방향으로 귀결될 수 있었다. 이런 정책을 따르면 국제 스포츠무대에서 소련선수는 우승을 위한 싸움을 최우선하는 것이 아니라 국제적 혁명운동의 고양, 즉 전 세계 노동자들의 단결을 위해 노력해야 했다. 그렇지만 국제적 연대보다는 체제 경쟁의 수단으로서 스포츠를 활용하자는 주장도 제기되고 있었다. 노동계급이 주인이 되는 세계혁명의 실현 가능성이 요원한 마당에 국제적 연대를 위한 스포츠의 활용보다는 국제무대에서 우승을 통해 소련의 잠재적 역량을 과시하는 게 낫다는 주장이었다. 1920년대의 이러한 내외부적 요인으로 신체문화의 이념적 요소가 보다 강력하긴 했지만 스포츠의 경쟁적 문화양태도 공존할 수 있었다.

1920년대 말의 스탈린 체제의 출범은 이념적 요소가 강했던 신체문화를 약화시키고 스포츠의 경쟁을 중시하는 계기였다. 1차 경제개발계획과 같은 급속한 산업화 전략의 채택은 소련의 생산력을 자본주의 체제의 그것을 능가하도록 만들자는 의미였다. 체제 간의 경쟁을 독려하는 정책이 실시되고 있는 상황에서 신인간형 창조와 결부된 신체문화 정책은 예전만큼 전면에 부각되기 힘들었다. 단기간에 성과를 얻기 원하는 체제에서 오랜 시간을 요하는 정책은 그 중요성에서 뒤로 밀리게 되었다. 스포츠의 경쟁은 체제 간의 우열을 간접적인 방식으로 신속하게 확인시켜 줄 수 있는 수단이었다. "스포츠 분야의 부르주아 기록을 따라잡고 이를 추월"함으로써 체제의 우수성은 또한 부각되는 것이었다.

1930년대 소련은 스포츠 정책 분야에서 1920년대와 구별되는 몇

몇 특색을 보이고 있다. 집단 전체의 참여보다는 기량이 뛰어난 '스포츠 영웅'에 대한 우대 정책, 그리고 이러한 스포츠 영웅의 경기를 관람하는 관중의 존재 등이 특징적 양상의 일부분이었다. 혁명 이후에도 대중에게 인기 있는 스포츠 종목의 하나였던 축구에서 신체문화와 대조되는 모습들이 나타났다. 우승을 위해 기량이 뛰어난 선수들의 스카우트 경쟁, 비밀경찰의 지원을 받는 지나모 클럽 팀의 우승을 위한 승부조작과 상대편 진영의 선수들에 대한 노골적 탄압 등은 경기에서의 우승이 신체문화의 이념적 가치보다 중요했음을 드러낸다. 클럽 대항 경기에서 우승에 기여한 특별한 자질의 선수, 예를 들어 스파르탁 팀의 니콜라이 스타로스틴 같은 선수는 축구의 영웅으로서, 800m와 100m 달리기에서 매년 소비에트 기록을 갱신하고 있는 세라핌 즈나멘스키, 게오르기 즈나멘스키 형제는 육상의 영웅으로 대중에게 자주 부각되었다.

스탈린 체제가 스포츠의 경쟁문화를 보다 용인했다고 하더라도 자본주의 체제의 스포츠문화가 그 자리를 대체하지는 않았다. 선수로서의 자질을 강조하는 '전문성'이 이전 시대보다 강조되긴 했지만 전체를 지향하는 '대중성' 또한 스탈린 시대의 문화정책에서 사라지지 않았다는 의미이다. 스탈린은 외부로부터의 체제에 대한 위협이 사라지지 않은 상태에서 스포츠 관람이 주된 문화형태로 자리 잡는다면 강인한 체력을 지닌 체제수호의 전사들을 길러 낼 수 없다고 생각했다. 스탈린 시대에 등장한 포스터에서도 이 점은 잘 드러나고 있다. 포스터는 모든 인민이 뛰어난 운동선수가 될 수는 없지만 신체문화의 이념을 구현하여 체제수호에 기여하는 의무가 있다고 강조하고 있다. 스탈린 체제는 또한 준군사적 성격의 퍼레이드를 통해 집단정신의 함양과 규율의 습득에도 관심을 기울였다. 퍼레이드의 참가자들은 수동적 관람자의 위치에 머물지 않고 개개인이 퍼레이드의 전체적 완성과정에 참여함으로써 개인보다는 전체를 중시하는 감정을 자연스럽게 체득하게 된다. 이렇게 스탈린 체제는 신체문화의 이념을 유지하면서 대중에게 퍼져 있는 스포츠 문화를 수용하고 있었다. 우승을 중시하고 그것에 기여하는 개인적 기량을 점차 중시하는 방향으로 나갔다 하더라도 스탈린 체제는 이념적 내용을 구현하기 위한 시도들을 포기하지는 않았다는 의미이다.

스탈린 시대의 스포츠 관람문화는 또 다른 의미에서 국가권력과 스포츠와 같은 일상생활 영역의 상호관계를 고찰할 수 있도록 해준다. 스포츠 관람문화의 형성을 위해서는 관중을 수용할 수 있는 스타디움의 건설, 관중 형성이 가능토록 하는 스타플레이어의 양성 등이 필요했다. 스타디움의 건설은 국가재정이 투입되는 사업이었고 스타플레이어 역시 사회주의 이념을 근간으로 하는 스탈린 체제에서 국가권력의 허용 없이는 생성 불가능하기 때문에 국가권력은 관람문화의 우선적 생성주체였다. 관람문화의 형성주체로서 국가권력은 자신의 의지를 관람문화에 반영시키려고 했다. 즉 스포츠 스타에게 부여하는 물질적 특혜로 말미암아 그들에게는 대외적으로 '운동복을 착용한 외교관'으로서 소비에트의 가치 전파의 역할이 기대되었다. 스타디움은 인기 축구 클럽 팀의 경기를 위한 공간이기도 했지만 스파르타키아드와 같이 노동계급의 국제적 연대를 위한 스포츠 제전의 공간이기도 했다.

관람문화의 또 다른 형성주체라고 할 수 있는 스포츠 스타들은 권력의 도움을 받긴 했지만 권력이 기대했던 대로 모범적 모습을 보이지는 않았다. 관람문화의 소비주체인 스타디움의 관중들도 마찬가지였다. 그들은 스타디움이라는 한정된 공간에서 체제에 대한 불만을 스포츠 관람 행위의 과정을 통해 표출하기도 했던 것이다. 이런 차원에서 1930년대의 스포츠 관람문화를 바라봤을 때 그것은 형성주체와 소비주체 간의 상호작용을 드러내는 것이고 또한 스탈린 체제의 역동성을 제한적인 범위에서 드러내는 사례이기도 하다.

스탈린 체제 내부에서 스포츠는 체제의 특성을 간접적으로 드러내는 문화적 양태였지만 대외적으로 그것은 체제의 우수성을 증명하는 데 활용되어야 했다. 스탈린 시대의 대외적 스포츠 교류는 스파르탁, 디나모 같은 특정한 축구 팀이 유럽의 축구 팀과 경기를 벌이는 정도였다. 노동계급의 국제적 연대를 위한 스파르타키아드 대회를 1928년에 개최하긴 했지만 그것은 대회의 취지가 암시하고 있듯이 체제경쟁의 수단으로 스포츠를 활용한다는 의미는 아니었다. 더구나 스파르타키아드에 참가하는 국가의 수도 제한적이어서 국제대회로서의 위상을 주장하기도 어려웠다. 2차 세계대전 이후 국제대회로서의 위상을 굳혀 나가고 있었던 올림픽에 소련의 참가는 이러한 상황 타개를 위한 효과적 대안이었다. 그렇지만 소련의 올림픽 참가를 실현하기 위해서는 쉽지 않는 문제들을 해결해야 했다. 국제 올림픽위원회(IOC) 회원국으로서 자격취득은 소련이 올림픽 참가를 위해 우선적으로 풀어야 할 문제였다. IOC 의장뿐만 아니라 회원국 사이에서도 사회주의 국가 소련의 올림픽 참가에 대한 반감이 적지 않았기 때문에 소련의 IOC 회원자격 취득은 쉽지만은 않았다. 더구나 체제의 지위 향상에 기여하는 선수들에 대한 소련 정부의 지원을 감안할 때 아마추어 정신을 근간으로 하는 올림픽 정신의 위반이라는 비난도 적지 않았다. 소련의 국가올림픽위원회가 자본주의 국가의 올림픽위원회와 같이 정치로부터 독립할 수 있을지에 대한 우려도 존재했다. 소련 내부적으로는 올림픽과 같은 국제 스포츠행사의 우승에 정책의 방향을 집중할 때 엘리트 운동선수 양성으로 스포츠 정책이 집중함으로써 스포츠의 대중적 확산을 저해할 것이라는 우려가 있었다. 또한 올림픽의 다양한 종목에서 우승을 자신할 정도의 대표선수들이 확보되지 않았다는 우려도 있었다.

1952년까지 소련의 스포츠 정책을 총괄했던 니콜라이 로마노프는 국제무대에서 소련 선수들의 기량이 우승을 장담하지 못할 수준은 아니라며 소련의 대외적 위신강화를 위해서라도 올림픽 참가는 더 이상 미룰 일이 아니라고 주장했다. 아마추어 정신을 위반한다는 IOC 위원들의 비판에 대해 소련 올림픽위원회는 기업의 후원을 받는 미국 대표선수들을 거론하며 국가의 후원을 받는다는 이유로 소련 선수들의 아마추어 정신을 비난하는 것은 기만에 불과하다고 주장했다. IOC 위원들, 특히 영국의 벌리 경 등의 인물을 중심으로 소련의 IOC 회원자격 취득을 지지하는 분위기가 확산되었다. 소련의 올림픽 참가가 소련의 핵무장, 중국의 사회주의화가 완성된 시점에서 국제적 긴장완화에 도움을 줄 수 있다는 명분도 있었다. 당시 의장 에즈트롬을 중심으로 IOC 위원들은 소련의 참가를 허용함으로써 "최초의 진정한 올림픽"을 성사시키고자 하는 욕구도 있었다. 1952년 헬싱키 올림픽부터 소련이 참가하게 됨으로써 올림픽은 냉전의 시대에 '열전'의 무대가 되었다.

소련의 올림픽 참가 이후 미국과 소련은 메달 수를 둘러싼 경쟁에만 몰두하지 않았다. 자국 선수들의 긍정적 이미지와 상대 선수들의 부정적 이미지를 적극적으로 확산하기 위해서도 노력했다. 미국은 소련 선수들의 부정적 이미지를 적극 생산하여 올림픽의 메달 경쟁에서의 열세를 만회하려고 했다. 미국 언론에 비친 소련 선수들의 모습은 올림픽 무대에서 승리만이 목표인 냉혈한과 다를 바 없었다. 그들은 또한 국가의 영광을 위해 봉사하며 자유의지를 가지고 있지 못한 도구에 지나지 않은 존재였다. 게다가 미국 매체에 의한 형상화에서 여성 선수들은 승리를 위해 '여성성'마저도 포기해야 하는 존재로 그려졌다. 소련의 선전물들은 미국 언론에서 제시된 이러한 이미지를 부정하기 위해 적극적으로 대응했다. 소련의 선수들은 개인이 누려야 되는 즐거움을 박탈당한 채 전체의 이익을 위해 봉사하는 '기계의 부품'과도 같은 존재는 아니었다. 그들은 열린 마음으로 다른 나라의 선수들과 어울리기를 좋아하고 따뜻한 마음을 지닌 존재였다. 소련의 여성 선수들 또한 외적 아름다움과 체형을 희생하면서까지 승리에만 몰두하는 '남성화된 여성'은 아니었다. 소련의 선수들이 국가의 영광을 위해 승리를 쟁취하려고 하지만 그렇다고 그들이 성적 정체성과 인간으로서의 자유의지까지 상실한 존재는 아니라는 것이다. 올림픽 무대 이면에서 냉전의 이데올로기와 결부된 이미지 생산경쟁은 수그러들지 않았다.

올림픽에서 소련과 미국이 설정한 목표 달성을 위해서는 메달 획득을 보장할 만한 체계 수립이 중요했다. 선수양성과 선수선발 체계의 정립은 올림픽에서의 승리를 위해 무엇보다도 필요했다. 대중의 다양한 스포츠 종목의 참여를 격려하는 가운데서 잠재적 스포츠 영웅 발굴을 지향하는 '노동과 국방 이상무(GTO)' 프로그램이 소련의 선수양성의 한 축이었다. 인민 전체를 만능 스포츠맨에 가까운 상태로 육성하는 과정에서 체제 수호에 기여하는 전사도 양성할 수 있다는 전제를 GTO 프로그램은 가지고 있었다. 그러나 GTO 프로그램은 원론적 내용만을 담고 있지만은 않았다. 다양한 스포츠 종목의 참여자들 가운데 특히 자질이 뛰어난 선수들을 선발하여 이들을 올림픽에서 우승을 보장할 수 있는 자질 여부에 따라 등급으로 나눈 다음 최고 등급인 공훈 운동선수에 대한 집중적 지원책도 포함하고 있었다. GTO 프로그램에 포함되지 못한 어린 선수들을 조기 발굴하여 이들을 육성하는 방안도 있었다. 육상, 체조, 수영 등의 메달 종목에서 두각을 나타내는 어린 선수들을 조기 발굴하여 '스포츠 기숙학교'에서 이들을 양성한다는 계획이었다. 어린 아이들을 '스포츠 전사'로 양성한다는 비판이 있었지만 스포츠 기숙학교는 소련 선수들이 올림픽에서 미국을 능가하는 성적을 성취할 수 있었던 원천 중의 하나였다.

국가권력이 전면에 나서 올림픽 출전 선수들을 양성하는 소련 방식을 자유주의와 개인주의를 강조하는 미국이 그대로 따를 수는 없었다. 민간 자율기구였던 아마추어선수연맹(AAU)과 전미대학체육협회(NCAA)가 주도하여 미국 대표 팀을 선발해 왔는데 대표 팀 구성을 둘러싼 두 기구 간의 대립도 적지 않았다. 1978년의 아마추어 스포츠법은 이러한 상황에서 출현했다. 미국 대표선수들의 최종 선발권은 기존의 두 조직이 아닌 미국 올림픽위원회(USOC)로 넘어갔다. USOC가 그렇다고 대표 선발부터 관여한다면 연방정부의 개입의 정도가 커져 국가권력이 주도하는 소련의 선발방식과 다를 바 없다는 비난이 가능했다. USOC는 선수 선발권을 개별 스포츠 종목을 총괄하는 전국조직으로 이관하여 이렇게 선발한 선수에 대해 AAU와 NCAA가 이견이 있을 때 중재하는 권한을 가졌다. 이러한 방식을 통해 미국은 정치권력의 지나친 개입이라는 비난을 모면하고 아울러 자국의 명예를 드높일 수 있는 선수들을 선발하려고 했다.

선수 양성과 선수 선발의 과정이 우승 확보를 위한 장기적 전략이라면 올림픽에 출전한 선수들의 약물복용은 단기적 전략이었다. 선수들 사이에서 신체기능을 활성화시키는 약물의 복용은 냉전기의 올림픽에만 국한되는 현상은 아니었지만 선수들은 우승을 위해 도핑을 주저하지 않았다. 참여 첫 회부터 소련 선수들의 거둔 놀라운 성과를 보고 그들의 기량발휘는 약물에 의존하고 있다는 의심이 팽배했다. 더구나 타마라 자매와 같이 성 정체성을 의심케 하는 여성 선수들의 존재는 그들의 과도한 남성 호르몬제 복용을 더욱 확신케 하였다. 그렇다고 약물복용이 소련 선수들에게 국한된 현상이라는 의미는 아니다. 미국 선수들 사이에서는 약물복용을 규제하려는 국제 올림픽위원회의 의지를 비웃으며 약물복용은 선수들에게 우승을 위해 필요하다는 인식이 팽배해 있었다. 미국 대표 팀의 의료진 사이에서도 금지약물의 제공에 대한 죄의식은 찾아보기 힘들었다. 도핑은 미국과 소련 모두가 자국 선수들의 우승을 위해 은밀하지만 공공연하게 자행되는 행위였다. 도핑에 대한 규제가 올림픽 무대에서 확실하게 정착하기에는 적지 않은 시간이 필요했다.

소련은 올림픽 참가에서 미국보다 후발주자였지만 참가 이후 메달획득 면에서 전체적으로 미국을 앞서 나갔다. 소련은 이러한 성과를 바탕으로 올림픽 유치를 위한 작업에 돌입했다. 유치 필요성에 대한 주장은 1970년대 초반부터 등장했지만 정부차원에서 공식적으로 의사를 표명한 것은 1976년 올림픽이었다. 소련의 일차 시도는 사회주의 종주국 소련의 올림픽 유치에 대한 IOC 위원들의 반감, 소련의 사전 준비 미비로 성공하지는 못했다. 1976년 유치 실패를 거울삼아 소련 올림픽위원회는 1980년 모스크바 올림픽 유치를 위해 보다 치밀하게 움직였다. IOC 위원들에 대한 접촉의 폭을 유치 도시를 결정하는 IOC 총회 이전부터 확대해 나갔고 올림픽 진행을 위해 필요한 경기장 등 기반시설 준비가 차질 없이 진행되고 있다고 적극적으로 홍보했다. 사회주의 이념에 적대적이었던 전임의장 브런디지와 달리 신임의장 킬라닌 경은 소련에게도 올림픽 개최의 기회를 부여하여 올림픽을 동서 화합의 장으로 만들려는 의지를 가지고 있었다.

모스크바의 이러한 의지와는 상관없이 경쟁국이었던 미국 내에서는 모스크바 올림픽을 보이콧해야 한다는 주장이 일찍부터 등장했다. 모스크바 올림픽 반대론자들은 소련의 인권문제를 거론하며 올림픽 정신에서 강조하는 전 세계인의 화합의 정신을 모스크바 올림픽은 구현하지 못한다고 주장했다. 구성원들에 대한 감시를 중시하는 사회주의 체제의 속성도 올림픽의 자유를 방해한다고 이들은 주장했다. 소련은 모스크바의 입장을 적극 대변하는 새로운 언론매체의 발행, 외신기자들의 모스크바 방문을 통한 유리한 여론 확산을 통해 반대운동을 잠재우려 했다. 아프가니스탄 침공은 미국으로 하여금 모스크바 올림픽 보이콧을 다시금 강하게 제기하는 계기가 되었고 결과적으로 동서의 화합을 도모한다는 모스크바 대회의 취지는 무색해지고 말았다. 1972년과 1976년 올림픽에서 2개 이상의 금메달을 획득한 국가 중에 미국, 서독, 노르웨이, 케냐, 일본만이 모스크바 올림픽에 참가하지 않았다는 사실을 내세워 모스크바 올림픽은 순조롭게 진행되었다고 주장할 수도 있지만 냉전의 한 축이었던 미국과의 경쟁이 사라진 모스크바 올림픽은 전 세계인의 주목을 받지는 못했다.

모스크바 올림픽이 전 세계인의 스포츠 축제로서의 위상을 획득하지 못했다고 해서 그것의 의미를 과소평가한다는 의미는 아니다. 애초의 기대만큼 많은 국가들이 참가하지 않았지만 모스크바 올림픽은 이전까지 쉽게 접할 수 없었던 소련 사회의 숨겨진 모습을 드러내었다. 모스크바뿐만 아니라 키예프, 민스크, 탈린 등의 도시가 TV를 통해 여러 나라에 비쳐졌다. 소련 올림픽위원회는 올림픽 유치의 과정에서 참가국 선수들의 자유로운 이동을 보장한 바 있기 때문에 이들 여러 도시에는 소련 주민들에게 익숙지 않은 타국의 문화와 가치가 전파될 수 있었다. 이런 가운데 소련의 체제와 가치에 대한 의구심이 커져 가면서 변화를 바라는 목소리가 더 강하게 분출될 수 있는 여지는 커졌다. 모스크바 올림픽은 소련과 같은 권위주의적 사회에서 변화를 추동시킨 하나의 계기였던 것이다. 1988년 서울 올림픽도 한국 사회에 유사한 영향을 끼쳤다. 서울 올림픽 유치 결정 이후 보다 많은 민주주의적 의사결정 과정을 요구하는 재야인사와 노동운동 지도자들에게 대한민국 정부는 탄압 일변도의 모습에서 벗어나 유화적 태도를 보이려고 노력했다. 또한 소련을 위시한 사회주의 진영의 국가들이 참여했던 올림픽은 이데올로기적 경직성을 완화할 수 있는 계기이기도 했다. 과거 소련의 위성국가였던 동유럽 국가들과의 국교수립, 1990년 소련과의 외교관계 수립, 1992년 중국과의 국교수립은 올림픽 이후의 이데올로기 경직성 완화에 힘입은 바 크다. 외교관계의 다변화에 따라 이전까지 한국의 대외정책에 절대적이었던 미국의 영향력은 상대적으로 약화되기도 했다. 유사한 맥락에서 모스크바 올림픽은 사회주의 체제 '최초'의 올림픽이었지만 사회주의 체제 '최후'의 올림픽을 예고하는 행사였다고 말할 수 있다.

소련 사회에서 스포츠는 사회주의 체제 출범기부터 냉전 시대까지 여가생활의 한 양태로 단순히 규정할 수는 없었다. 사회주의 체제 출범 직후에 그것은 자본주의 체제의 타락한 문화의 하나였다. 그렇지만 스포츠를 배제하고 이념적 내용이 강한 신체문화를 가지고 인민의 여가생활 전체를 대체할 수 없었다. 스포츠의 놀이적 즐거움이 이념적 성격의 여가형태로 쉽게 전환되지 않았던 것이다. 산업화의 조속한 성취를 통해 자본주의 체제를 추월하려고 노력했던 스탈린 시대의 '경쟁' 풍토는 스포츠 문화를 소련 사회 내부에서 보다 부각시켰던 요인이기도 했다. 그렇지만 체제 선전의 수단으로 스포츠의 본격적 활용은 2차 세계대전 이후에 등장했다. 승전국의 일원이면서 미국과 체제경쟁에 돌입한 소련은 올림픽에서의 성과를 바탕으로 체제의 우월성을 확인받고자 했다. 더 나아가 올림픽 유치에까지 도전하면서 소련의 제반여건이 자본주의 체제의 국가들과 비교할 때 열등하지 않다는 점을 과시하려고 했다. 미국의 불참으로 의도했던 만큼의 성과는 거두지 못했지만 모스크바 올림픽은 냉전기 소련 스포츠 정책의 정점과도 같았다. 그러한 정점을 향유하면서 소련 붕괴의 여

러 씨앗이 뿌려지기도 하였다. 스포츠 정책은 혁명 이후 소련 사회의
변화를 파악할 수 있게 하는 창과도 같다.

주 | 참고문헌 | 찾아보기

주

프롤로그

1 박원용, 「일상생활의 영역에서 바라본 1920년대 러시아 농촌에서의 신 여성 형 창조」, 『여성학연구』 23권(2013), pp. 75-101; -----, 「집단기억의 강화, 왜곡, 은폐: 1920-1930년대 러시아의 시각이미지를 중심으로」, 『서양사론』 96호 (2008), pp. 87-113.

2 Victoria E. Bonnell, *Iconography of Power: Soviet Political Posters under Lenin and Stalin* (Berkeley: University of California Press, 1997); Katerina Clark, *The Soviet Novel: History as Ritual* (Bloomington, IN: Indiana University Press, 2000); Denise J. Youngblood, *Movies for the Masses: Popular Cinema and Soviet Society in the 1920s* (Cambridge: Cambridge University Press, 1993).

3 Eric Dunning, *Sport Matters: Sociological Studies of Sport, Violence and Civilization* (New York: Routledge, 1999).

4 Norbert Elias and Eric Dunning, *The Quest for Excitement: Sport and Leisure in the Civilizing Process* (Oxford, 1986), 송해룡 옮김, 『스포츠와 문명화: 즐거움에 대한 탐구』 (성균관대학교 출판부, 2014), p. 81.

5 John Fiske, "Bodies of Knowledge, Panopticism and Spectatorship," unpublished paper at the 1991 NASSS Conference, Milwaukee (1991), pp. 11-20.

6 신경제 정책은 강제적인 곡물징발과 같은 내전기의 국가 통제를 완화하여 국가에 세금을 납부한 이후의 여분의 곡물을 시장에 내다 팔수 있도록 허용한 경제 정책의 전환을 의미한다.

7 Robert Edelman, *Spartak Moscow: A History of the People's Team in the Workers' State* (Ithaca: Cornell University Press, 2012), pp. 14-20.

8 Diane Koenker, *Club Red: Vacation Travel and the Soviet Dream* (Ithaca: Cornell University Press, 2013), p. 14.

9 소비에트 체제가 무너진 이후 스탈린 체제를 둘러싼 해석의 동향을 살펴보려면 다음을 참조. 박원용, 「사회주의 붕괴 이후 스탈린주의 해석의 동향」, 『역사문화연구』 16집 (2002년), pp. 181-212.

10 Stephen Kotkin, *Magnetic Mountain: Stalinism as a Civilization* (Berkeley: University of California Press, 1997).

11 교육을 통한 소비에트 러시아의 신 엘리트 계층 형성을 다룬 선구적 연구에 대해서는 다음을 참조. Sheila Fitzpatrick, *Education and Social Mobility in the Soviet Union 1921-1934* (Cambridge: Cambride University Press, 2002).

12 볼셰비키 권력 초기에 당원으로서 새로운 삶을 꾸려 나가길 원하는 사람들의 서사에 대해서는 다음을 참조. Igal Halfin, *Red Autobiographies: Initiating the Bolshevik Self* (Baltimore, MD.: University of Washington Press, 2011).

13 권헌익 지음, 이한중 옮김, 『또 하나의 냉전: 인류학으로 본 냉전의 역사』 (민음사: 2013), pp. 13-14.

1장

1 강제적 곡물징발에 대한 농민들의 저항 중 가장 유명한 사례는 1920년 8월의 중앙 러시아 탐보프 지역 농민봉기였다. 이에 대해서는 다음을 참조. Erik-C Landis, "Between Village and Kremlin: Confronting State Food Procurement in Civil War Tambov, 1919-20," *Russian Review*, vol. 63, issue 1 (2004), pp. 70-88.

2 Peter Kenez, "Liquidating Illiteracy in Revolutionary Russia," *Russian History*, vol. 9, no. 2-3(1982), p. 175.

3 Samuel N. Harper, *Making Bolsheviks* (Chicago: University of Chicago Press, 1931), p. 108.

4 제임스 빌링턴, 류한수 옮김, 『이콘과 도끼 2- 해석 위주의 러시아 문화사』 (한국문화사: 2015), pp. 197-199.

5 19세기 중반 이후 영국, 독일, 러시아, 미국의 고등 교육의 전환과정에 대한 비교를 위해서는 다음을 참조. Konrad H. Jarausch, *The Transformation of Higher Learning 1860-1930* (Chicago: University of Chicago Press, 1983).

6 Ibid., pp. 23-28.

7 혁명 이전 교육 사상가들의 이념이 소비에트 교육 체계에도 일정 정도 수용되었다는 주장에 대해서는 다음을 참조. Ronald Hideo Hayashida, "The Pedagogy of Protest: Russian Progressive Education on the Eve of Revolution," *Slavic and European Education Review*, vol. 2 (1978), pp. 11-30.

8 David Wartenweiler, *Civil Society and Academic Debate in Russia 1905-1914* (Oxford: Clarendon Press, 1999), p. 171.

9 Ibid., p. 209.

10 구질서를 타파하고 "새로운 인간"을 형성하기 위한 혁명적 이상주의에 대해서는 다음을 참조. Richard Stites, *Revolutionary Dreams: Utopian Vision and*

Experimental Life in the Russian Revolution (New York: Oxford University Press, 1989).

11 Karl Marx, Friedrich Engles and V.I. Lenin, *Anarchism and Anarchosyndicalism: Selected Writings by Marx, Engles, Lenin* (New York: International Publishers, 1972), p. 152.

12 V. I. Lenin, *Collected Works* (Moscow: Progress Publishers, 1960-72), vol. 26, p. 240.

13 Lenin, *Collected Works*, vol. 29, p. 70.

14 James McClelland, "The Professoriate in the Russian Civil War," in Diane Koenker, William Rosenberg & Ronald Suny (eds.) Party, *State and Society in the Russian Civil War: Explorations in Social History* (Bloomington, IN: Indiana University Press, 1989), pp. 243-266.

15 *Народное образование в СССР: Сборник документов 1917-1973* гг., (Москва, 1973), p. 18.

16 교육개혁을 위한 소비에트 정부의 일련의 법령에 대해서는 다음을 참조. Т. М. Смирнова, "История разработки и проведения в жизнь первого совецкого устава высшей школы," Н. П. Ерошкина ред., *Государственное руководство высшей школой в дореволюционной России и в СССР* (Москва, 1979), pp. 6-38

17 Sheila Fitzpatrick, *The Commissariat of Enlightenment: Soviet Organization of Education and the Arts under Lunacharsky, October 1917-1921* (Cambridge: Cambridge University Press, 1970), pp. 75-79.

18 Robert Service, *A History of Twentieth Century Russia* (Cambridge, Mass.: Harvard University Press, 1998), p. xxix.

19 Larry E. Holmes, *The Kremlin and Schoolhouse: Reforming Education in Soviet Russia, 1917-1931* (Bloomington, IN: Indiana University Press, 1991), p. 7.

20 Сергей А. Федюкин, *Великий Октябрь и интеллигенция: Из истории вовлечения статой интеллигенции в строительство социализма* (Москва: Наука, 1972); Peter Kenez, "The Bolsheviks and the Intelligentsia," in Party, *State, and Society in the Russian Civil War*, pp. 241-242.

21 레닌은 교육문제만을 다룬 글을 남겨 놓지는 않았지만 다양한 연설, 서한, 회람 등을 통해 그의 국가 지향적인 교육정책의 내용을 유추해 볼 수 있다. 이에 대해서는 다음을 참조. Frederic Lilge, "Lenin and the Politics of Education," *Slavic Review*, vol. 27 (1968), pp. 230-257; Ronald Hideo Hayashida, "Lenin and the Third Front," *Slavic Review*, vol. 28(1969), pp. 314-324.

22 Peter Kenez, "The Evolution of bolshevik Cultural Policies during the First Years

of Soviet Power," in Thedore Taranovski ed., *Reform in Modern Russian History: Progress or Cycle* (Cambridge: Cambridge University Press, 1995), p. 225.

23   Луначарский, "О высшей школе," *Народное просвещение* no. 83(1921), p. 2.

24   Луначарский, "Економика и культура," *Народное просвещение,*. no. 84 (1921), p. 2.

25   Sylvia Russell, "The Philosophy of Education of Anatoli Vasil'evich Lunacharskii, Commissar of Education, 1917-1929," (unpublished Ph.D. dissertation, Indiana University, 1970).

26   Beatrice King, *Changing Man: The Education System of the USSR* (New York: Viking Press, 1937), p. 54.

27   РЦХДНИ, фонд 147, опись 1, дело 28, лист 45. РЦХДНИ는 1999년 ЦХДМО 와 통합하여 РГАСПИ로 개편되었기 때문에 더 이상 존재하는 문서보관소가 아 니다. 그러나 이 책에서 인용된 사료는 РЦХДНИ가 있었던 1996년에 수집된 것 이기 때문에 그 명칭을 그대로 사용했다.

28   통합노동학교에 대한 상세한 설명은 다음을 참조. Holmes, *Kremlin and the Schoolhouse*, pp. 7-11; Nicholas Hans and Sergius Hessen, *Educational Policy in Soviet Russia* (London: P. S. King & Son, 1930), pp. 25-31.

29   РЦХДНИ, фонд 147, опись 1, дело 28, лист 47.

30   Timothy E. O'Connor, *The Politics of Soviet Culture. Anatolii Lunacharskii* (Ann Arbor: Michigan: UMI Press, 1983), p. 97.

31   혁명 후 계급적 성격만을 강조하는 극단적 문화창조의 운동에 대해서는 다음을 참조. Lynn Mally, *Culture of the Future: The Proletkult Movement in Revolutionary Russia* (Berkeley: University of California Press, 1990).

32   Lunacharskii, "Education of the New Man," *On Education: Selected Articles and Speeches* (Moscow: Progress, 1981), p. 224.

33   Lunacharskii, "Education of the New Men," p. 221.

34   *Народное просвещение*, no. 7-8(1925), pp. 30-31.

35   Isabel A. Tirado, *Young Guard!: The Communist Youth League, Petrograd 1917-1920* (Connecticut: Greenwood Press, 1988), pp. 123-139.

36   *Красное студенчество*, no 7(1926.27), p. 9.

37   Holmes, *Kremlin and Schoolhouse*, pp. 19-24.

38   Lars T. Lih, "Political Testament of Lenin and Bukharin and the Meaning of NEP," *Slavic Review*, vol. 50, no. 2(1991), p. 51.

39   John Biggart, "Bukharin and the Origins of the 'Proletarian Culture' Debate," *Soviet Studies*, vol. 39, issue 2 (1987), pp. 224-246; Biggart, "Bukharin's Theory of

Cultural Revolution," A Kemp-Welch, ed., *The Ideas of Nikolai Bukharin* (Oxford: Clarendon Press, 1992), pp. 140-141.

40   J. C. McClelland, "Bolshevik Approaches to Higher Education," *Slavic Review*, vol. 30(1971), pp. 827-828.

41   Н. Л. Сафразьян, *Борьба КПСС за строительство вышей школы* (Москва, 1977), p. 140.

42   *Правда*, апрель 19, no 84 (1921).

43   РЦХДНИ, фонд 142, опись 1, дело 510, лист 1.

44   ГАРФ, фонд 1565, опись 12, дело 4, лист 6-7.

45   Kai T. Erikson, *Wayward Puritans: A Study in the Psychology of Deviance* (New York: John Wiley and Sons, 1966), pp.10-11.

46   Peter Konecny, "Library Hooligans and Others: Law, Order, and Student Culture in Leningrad, 1924-38," *Journal of Social History*, vol. 30, no. 1(1996), pp. 97-128.

47   И. Г. Чуднов ред., *Основные постановления приказы и инструкции по вопросам сов-етской физической культуры и спорта 1917-1957* (Москва, 1957), pp. 7-9.

48   V. I. Lenin, *Speeches at Party Congress (1918-1922)* (Moscow: Progress, 1971), pp. 41-42.

49   Чуднов, *Основные постановления приказы и инструкции*, pp. 5-6.

50   ГАРФ, фонд А-482, опись 11, дело 58, лист 19.

51   ГАРФ, фонд А-482, опись 11, дело 58, лист 8.

52   Н. А. Семашко, *Пути советской физкультуры* (Москва,1926), c. 34.

53   Richard Pipes, *Russia under the Bolshevik Regime, 1919-1924* (New York: A. A. Knopf, 1994), p. 511.

54   Andrzej Walicki, *A History of Russian Thought: From the Enlightenment to Marxism* (Stanford: Stanford University Press, 1979), p. 126.

55   Peter Fritzsche and Jochen Hellbeck, "The New Man in Stalinist Russia and Nazi Germany," in Michael Geyer and Sehila Fitzpatrick ed., *Beyond Totalitarianism: Stalinism and Nazism Compared* (Cambridge: Cambridge University Press, 2008), p.307.

56   알렉산더 2세의 '대개혁'의 여파로 대학사회에도 변화의 바람이 일었다. 대학의 일부 구성원들은 대학이 국가기구라는 이유로 국가운영을 주도하는 특정계층의 이익에만 봉사할 수는 없다고 주장했다. 그들에 따르면 보편적 이상의 성취를 위해 노력하는 것이야말로 대학의 존재이유였다. 그렇지만 이러한 요구를 전면적으로 수용할 정도로 알렉산더 2세의 '대개혁' 시대가 시대적 한계를 넘어선 것은 아니었다. 자유주의적 지식인들과 전제정 사이의 교육개혁을 둘러싼 갈등

에 대해서는 다음을 참조. Samuel D. Kassow, "The University Statute of 1863: A Reconsideration," Ben Eklof, John Bushnell and Larissa Zakharova ed., *Russia's Great Reform 1865-1881* (Indiana: Indiana University Press, 1994) pp. 247-263.

57   James Riordan, *Sport in Soviet Society: Development of Sport and Physical Education in Russia and the USSR* (London: Cambridge University Press, 1977), p. 48.

58   Ibid., p. 49.

59   В. В. Столбов и И. Г. Чудинов, *История физической культуры* (Москва: Физкультура и спорт, 1962), p. 109.

60   *Памяти Петра Францевича Лесгафта* (Петербург, 1912), p. 100.

61   Ibid., pp. 98-103.

62   Riordan, *Sport in Soviet Society*, p. 52.

63   Eugen Weber, "Gymnastics and Sports in fin-de-Siecle France: Opium of the Classes," *The American Historical Review*, vol. 76, no. 1(1971), pp. 71-72.

64   Matthias Marschik, "Between Manipulation and Resistance: Viennese Football in the Nazi Era," *Journal of Contemporary History*, vol. 34, no. 2 (1999), pp. 218-219.

65   David Hoffmann, "Bodies of Knowledge: Physical Culture and the New Soviet Person," *The National Council for Eurasian and East European Research* (2000), p. 3.

66   Ibid.

67   Riordan, *Sport in Soviet Society*, p. 107.

68   Anne E. Gorsuch, "Soviet Youth and the Politics of Popular Culture during NEP," *Social History*, vol. 17, no. 2(1992), pp. 189-198.

69   Ibid., p. 201.

70   신체문화의 조직과 관련한 역사적 변천에 대해서는 다음의 자료를 참조. *Предмет, задачи и значение курса для профессиональной подготовки специалиста по физической культуре.* 중 7.1 Организационно-управленческие основы советской системы физического воспитания, различные направления развития в 1920-1930-е годы.

71   Susan Grant, *Physical Culture and Sport in Soviet Society: Propaganda, Acculturation, and Transformation in the 1920s and 1930s* (Routledge: New York, 2013), p. 37.

72   Fitzpatrick, "The Soft Line on culture and Its Enemies," in Fitzpatrick ed., *The Cultural Front: Power and Culture in Revolutionary Russia* (Ithaca: Cornell University Press, 1992), pp. 91-114.

2장

1 Семашко, *Пути советской физкультуры*, p. 106.

2 Riordan, *Sport in Soviet Society*, p. 82.

3 박원용, 「스탈린 체제 일상사 연구의 현황과 쟁점」, pp. 751-776.

4 З. Старовоитова, *Полпред здоровья* (Москва, 1969), p. 40.

5 Riordan, *Sport in Soviet Society*, p. 72.

6 Mark von Hagen, *Soldiers in the Proletarian Dictatorship: The Red Army and the Soviet Socialist State, 1917-1930* (Ithaca and London: Cornell University Press, 1990), p. 29.

7 Ф. И. Самоуков, *История физической культуры* (Москва, 1956), p. 30.

8 А. А. Зигмунд, *Физикультура и быт* (Москва, 1925), p. 36.

9 Семашко, *Пути советской физикультуры*, p. 34.

10 Elizabeth Wood, *The Baba and the Comrade: Gender and Politics in Revolutionary Russia* (Bloomington: Indiana University Press, 1997), p. 112.

11 Б. А. Ивановский, *Половая жизнь и физикультура* (Москва, 1928), p. 32.

12 А. Г. Итин, *Физикультура и Комсомол* (Москва, 1925), p. 24.

13 프롤레트쿨트에 대한 종합적 연구서는 다음이 있다. Lynn Mally, *Culture of the Future: The Proletkult Movement in Revolutionary Russia* (Berkeley: University of California Press, 1990).

14 V. I. Lenin, *Lenin: On Culture and Cultural Revolution* (Honolulu, Hawaii: University Press of Pacific2001), p. 148.

15 Lunacharskii, "Education of the New Man," pp. 221-224.

16 Ф. И. Самоуков, В. В. Столбов и Н. И. Тороров (ред.), *Физическая культура и спорт в СССР* (Москва, 1967), p. 28.

17 *Красная спорт*, 21 января (1924).

18 Riordan, *Sport in Soviet Society*, p. 102.

19 К. Мехоношин, "Фическое воспитание трудящихся," *Физическая культура*, no. 3-4 (1923), p. 2.

20 Ibid., p. 3.

21 Чуднов ред., *Основные постановления приказы и инструкции*, pp. 43-44.

22 19세기 말 미국사회에서 중간계급의 아마추어 복싱문화는 19세기 중반 노동계급이 주도하는 프라이즈파이팅의 문화적 요소를 수용하여 계급 간의 교류가 가능함을 보여주었다. 다음을 참조. 김정욱, 「19세기 말 스포츠로서 미국 복싱의 발전과 탈계급적 남성성의 형성」, 『미국사연구』 33집(2011), pp. 31-77.

23 *Физическая культура, no. 3-4*(1923), pp. 20-23.

24 노르베르트 엘리야스 · 에릭 더닝 지음, 송해룡 옮김, 『스포츠와 문명화: 즐거움에 대한 탐구』(성균관대학교 출판부, 2014), 70-71쪽.

25 *Физическая культура*, pp. 20-23.

26 William J. Chase, *Workers, Society, and the Soviet State: Labour and Life in Moscow 1918-1929* (Urbana and Chicage, University of Illinois Press, 1987), p. 260.

27 Issac Deutscher, *Soviet Trade Unions: Their Place in Soviet Labour Policy* (Connecticut: Heperion Press, 1973), p. 122; Margaret Dewar, *Labour Policy in the USSR 1917-1928* (London: Oxford University Press, 1956), p. 149.

28 Matthias Neuman, *The Communist Youth League and the Transformation of the Soviet Union, 1917-1932* (New York: Routledge, 2011), p. 227.

29 1920년대의 생산관리 체제를 둘러싼 긴장과 갈등에 대해서는 다음을 참조. 박원용, 「사회주의 러시아의 생산관리 체제변화: 삼두체제에서 일인경영 체제로의 전환」, 『서양사론』 82호(2004년), pp. 119-144

30 Riordan, *Sport in Soviet Society*, p. 91.

31 А. Итин, *Союзы и ближайшие задачи физкультуры* (Москва, 1926), pp. 6-7.

32 Edelman, *Serious Fun*, p. 30.

33 А. Итин, *Союзы и ближайшие задачи физкультуры*, p. 21.

34 Ibid., с. 21-22.

35 Hart Cantelon, "The Leninist/Proletkul'tist Cultural Debates: Implications for Sport among the Soviet Working Class," H. Cantelon and R. Hollands, ed., *Leisure, Sport and Working Class Cultures: Theory and History* (Toronto, Ont., 1988), p. 82.

36 Arnd Krüger and J. Riordan ed., *The Story of Worker Sport* (Champaigne, IL., 1996), p. 56.

37 Ibid.

38 트로츠키의 영구 혁명론을 레닌, 랴자노프, 플레하노프 등의 정치사상과 연관하여 그 의미를 재해석한 최근의 논의는 다음을 참조. Lars T. Lih, "Permanent Revolution: A Rejoinder," *Science & Society*, Vol. 77, Issue 3 (2013), pp. 416-427.

39 E. H. Carr, *The Bolshevik Revolution 1917-1923*, Vol. 3 (London: McMillan), pp. 115-126.

40 André Gounot, "Between Revolutionary Demands and Diplomatic Necessity: The Uneasy Relationship between Soviet Sport and Worker and Bourgeois Sport in Europe from 1920 to 1937," in ed. James Riordan and Pierre Arnaud, *Sport and International Politics: Impact of Fascism and Communism* (London: Chapman & Hall, 1988), p. 186.

41 David A. Steinberg, "The Workers' Sport Internationals 1920-28," *Journal of Contemporary History*, vol. 13, no. 2 (1978), p. 236에서 재인용.

42 Ibid.

43 André Gounot, "Sport of Political Organizations? Structures and Characteristics of the Red Sport International, 1921-1937," *Journal of Sport History*, vol. 28, no. 1(2001), p. 23.

44 Ibid., pp. 24-25.

45 Barbara Keys, "Soviet Sport and Transnational Mass Culture in the 1930s," *Journal of Contemporary History*, vol. 38, no. 2(2003), pp. 417-418.

46 Ibid.

47 Issac Deutscher, *Stalin: A Political Biography* (London: Oxford University Press, 1967), pp. 281-293.

48 Gounot, "Between Revolutionary Demands and Diplomatic Necessity," pp. 191-192.

49 Правда, 14 август (1928), p. 3.

50 А. Луначарский, *Мысли о спорте* (Москва, 1930), pp. 42-44.

3장

1 "Lenin's Testament," http://www.revolutionarydemocracy.org/rdv7n2/blandt.htm.

2 Robert V. Daniels, "The Soviet Succession: Lenin and Stalin," *The Russian Review*, vol. 12, no. 3 (1953), pp. 153-172.

3 Д. Разенко, "Культурная революция и физкультура," *Физкультура и спорт*, no. 9 (марта 1928), p. 1.

4 Бергер, "По поводу буржуазной олимпиады в Амстердаме," *Физкультура и спорт*, no. 20 (Мая, 1928), p. 3.

5 "Нужны ли нам чемпионы?" *Физкультура и спорт*, no.18 (Мая, 1928), p. 11.

6 Tony Cliff, *State Capitalism in Russia* (Surrey: Pluto Press, 1974), p. 19.

7 РГАЭ(러시아 경제 국립문서보관소), Ф. 7486, оп. 37, д. 65, л. 2-3.

8 Donald Filtzer, *Soviet Workers and Stalinist Industrialization: The formation of Modern Soviet Production Relation, 1928-1941* (New York: Routledge, 2002), pp. 8-9.

9 Красный спорт, 24 Июль (1934), p. 3.

10 "Чемпион голодает," *Физкультура и спорт*, no. 3 (1934), p. 19.

11 스타하노프 운동을 상세히 다른 연구서는 다음이 있다. Lewis H. Siegelbaum,

Stakhanovism and the Politics of Productivity in the USSR, 1935-1941 (Cambridge: Cambridge University Press, 1990).

12 *Стахановцы-физкультурники* (Москва, 1936), p. 8.

13 *Красный спорт*, 27 октябрь (1935).

14 Grant, *Physical Culture and Sport in Soviet Society*, p. 162.

15 Mike O'Mahony, *Sport in the USSR: Physical Culture-Visual Culture* (London: Reaction Books, 2006), pp. 72-80.

16 Barbara Keys, "Soviet Sport and Transnational Mass Culture in the 1930s," *Journal of Contemporary History*, vol. 38, no. 3, p. 416.

17 C. Perel, *Football in the USSR* (Moscow: Foreign Language Publishing House), pp. 8-21.

18 도시로의 농민의 이주로 인한 소비에트 체제 도시문화의 특징에 대해서는 다음을 참조. David L. Hoffmann, *Peasant Metropolis: Social Identities in Moscow, 1914-1941* (Ithaca: cornell University Press).

19 R. Edelman and J. Riordan, "USSR/Russia and the World Cup: Come on You Reds!" in J. Sugden and A. Tomlinson eds. *Hosts and Champions: Soccer Cultures, National Identities and the USA World Cup* (Aldershot: Ashgate, 1994), p. 257.

20 Riordan, *Sport in Soviet Society*, pp. 127-128.

21 Riordan, "The Strange Story of Nikolai Starostin, Football and Lavrentii Beria," *Europe-Asis Studies*, vol. 46, no. 4(1994), pp. 681-684.

22 *Физикультура и спорт*, 5 май (928); Edelman, *Serious Fun*, p. 54.

23 *Красная спорт*, 20 Июнь (1926).

24 *Известия*, 24 Июнь (1935).

25 *Красная спорт*, 3 Апрель (1927).

26 Олег Кученко сос., *Сто лет росийскому футболу* (Москва, 1997), p. 76.

27 David L. Hoffmann, "Was There a "Great Retreat" from Soviet Socialism? Stalinist Culture Reconsidered," *Kritica: Explorations in Russian and Eurasian History*, vol. 5, no. 4(2004), pp.651-652. 이에 대한 반론으로는 Matthew E. Lenoe, "In Defense of Timasheff's Great Retreat," *Kritica: Explorations in Russian and Eurasian History*, vol. 5, no. 4(2004), pp. 721-730.

28 Jochen Hellbeck, "Working, Struggling, Becoming: Stalin-Era Autobiographical Texts," *The Russian Review*, vol. 60, no. 3(2001), pp. 340-359; Hellbeck, "Self-Realization in the Stalinist System: Two Soviet Diaries of the 1930s," David L. Hoffmann and Yanni Kotsonis ed., *Russian Modernity: Politics, Knowledge, Practices* (New York: Palgrave Macmillan), pp. 234-235.

29   리오르단과 더불어 머틴 또한 스탈린 시대의 체육정책이 전문성과 대중성의 두 방향을 지향하였다고 지적했다. Evelyn Mertin, "Presenting Heroes: Athletes as Role Models for the New Soviet Person," *International Journal of the History of Sport*, vol. 26, no. 4(2009), pp. 469-483.

30   Robert C. Tucker, *Stalin in Power: The Revolution from Above, 1918-1941* (New York: Norton & Company, 1990), p. 78.

31   Чиднов, *Основные постановленя*, с. 117.

32   Hoover Institution Archives, Poster Collection, Poster ID Number RU/SU 2317.21.

33   Christel Lane, *The Rites of Rulers: Rituals in Industrial Society − The Soviet Case* (Cambridge: Cambridge University Press, 1981), pp. 224-227.

34   *Известия, июль* 26 (1938).

35   Grant, *Physical Culture and Sport*, p. 142.

36   Petrone, *Life Has Become More Joyous*, pp. 30-31.

37   O'Mahony, *Sport in the USSR*, p. 87.

38   *Физкультура и спорт* no. 13 (1937), pp. 4-5.

39   Alison Rowley, "Sport in the Service of the State: Image of Physical Culture and Soviet Women, 1917-1941," *International Journal of the History of Sport*, vol. 23, no. 8 (2006), p. 1332.

40   Daniel Peris, *Storming the Heaven: The Soviet League of Militant Godless* (New York: Cornell University, 1998), pp. 99-118.

41   Mertin, "Presenting Heroes," p. 472.

42   Margarita Tupitsyn, *The Soviet Photograph 1924-1937* (Thomson-Shore: Michigan, 1996), p. 53.

43   *Правда*, 21 январь (1931); апрель 22 (1932).

44   *Правда*, 10 ноябрь (1931).

45   Graeme Gill, *Symbols and Legitimacy in Soviet Politics* (Cambridge: Cambridge University Press, 2011), p. 117.

46   O'Mahony, *Sport in the USSR*, p. 133.

47   Ibid., p. 135.

48   이에 대해서는 7장 201~204쪽 참조.

49   *Красный спорт*, no. 63 (1937), p 3.

50   스탈린 체제의 억압적 성격과 동시에 체재의 가치를 내재적으로 습득하려는 인민의 자발적 노력을 훌륭하게 보여준 연구서로는 다음을 참조. Stephen Kotkin, *Magnetic Mountain: Stalinism as a Civilization* (Berkeley: University of California Press, 1995).

4장

1 Sheila Fitzpatrick, ed., *Stalinism: New Directions* (New York: Routledge, 1999).

2 설문조사의 성과는 다음의 두 책으로 집약되어 출판되었다. Raymond A. Bauer, Alex Inkeles and Clyde Kluckhohn, *How the Soviet System Works: Cultural, Psychological, and Social Themes* (Cambridge, MA.: Harvard University Press, 1956); Alex Inkeles and Raymond Bauer, *The Soviet Citizen. Daily Life in a Totalitarian Society* (Cambridge, MA.: Harvard University Press, 1961).

3 김영준, 「스포츠 소비자의 개념과 유형」 『한국스포츠행정 · 경영학회지』, 제3권, 2호(1990), 151쪽.

4 Riordan, *Sport in Soviet Society*, p. 91.

5 Anne E. Gorsuch, *Youth in Revolutionary Russia: Enthusiasts, Bohemians, Delinquents* (Bloomington: Indiana University Press, 2000), pp. 116-166.

6 *Ежемесячный статистический бюллетень* (январь, 1925), отд. 5, таб. 2, pp. 12-13: (декабрь, 1928), отд. 5, таб. 2, p. 13.

7 Jukka Gronow, *Caviar with Champagne: Common Luxury and the Ideals of the Good Life in Stalin's Russia* (Oxford, 2003).

8 Edelman, *Serious Fun*, p. 30.

9 *Красный спорт*, май 2 (1926).

10 Tony Cliff, *State Capitalism in Russia* (Surrey: Pluto Press, 1974), p. 19.

11 Edelman, *Spartak Moscow: A History of the People's Team in the Workers' State* (New York, Cornell University Press, 2012), Kindle Edition, location 2086.

12 И. В. Сталин, "Речи на I всесоюзном совещании Стахановцев," *Сочинения 1[XIV] 1934-40*, ed. by Robert H. McNeal (Stanford, Calif: Hoover Institution, 1967), p. 85.

13 Mertin, "Presenting Heroes," pp. 470-472.

14 Edelman, *Spartak Moscow*, location 2893, 2916.

15 Riordan, "The Strange Story of Nikolai Starostin," pp. 681-682.

16 투기, 매점매석을 통한 네프기 상인들의 부의 축적과 이에 따른 경제적 불평등에 대한 묘사는 다음의 연구를 참조. Alan M. Ball, *Russia's Last Capitalists: The Nepmen, 1921-1929* (Berkeley: University of California Press, 1987).

17 니콜라이는 이런 맥락에서 연줄을 이용해서 비공식적으로 이익을 챙기는 블라트(блат)의 중요성을 인식하고 있었다고 얘기할 수 있다. 블라트의 구체적 모습

에 대해서는 다음을 참조. Sheila Fitzpatrick, *Everyday Stalinism: Ordinary Life in Extraordinary Times* (Oxford: Oxford University Press, 1999), pp.62-66.

18 Edelman, *Spartak Moscow*, location 1757.

19 Ibid., location 1770.

20 Ibid., location 1377.

21 Ibid., location 1699.

22 Ibid., location 1236.

23 Ibid., location 7056.

24 Edelman, *Serious Fun*, p. 62.

25 Николай Старостин, *Футбол сквозь годы* (Москва: Советская Россия, 1989), p. 54.

26 Riordan, "The Strange Story of Nikolai Starostin," pp.683-684.

27 1차 세계대전 이후 유럽을 중심으로 노동계급에게 대중적인 스포츠로 축구가 정착되는 과정은 『축구의 세계사』, 243-307쪽을 참조.

28 Edelman, *Spartak Moscow*, location 1751, 1760, 1769.

29 대대적인 참가자를 동원한 국가적 규모의 이러한 의식이 갖는 정치사회적 의미에 대해서는 다음을 참조. Karen Petrone, *Life Has Become More Joyous, Comrades: Celebrations in the Time of Stalin* (Bloomington, IN: 2000), pp. 23-45.

30 Edelman, *Spartak Moscow*, location 2073.

31 Ibid., location 2059.

32 Clifford Geertz, "Deep Play: The Balinese Cock fight," in *The Interpretation of Culture* (New York: Basic Books, 1973), p. 434.

33 Dunning, *Sport Matters*, pp.3-4.

34 *Красный спорт*, ноябрь 1 (1936).

35 특정 축구 팀에 대한 지지와 집단적 정체성 형성과의 관계에 대해서는 다음을 참조. Bill Murray, *Football: A History of the World Game* (Aldershot, England: Scolar Press, 1994), pp.1-50; Rogan Taylor, *Football and Its Fans: Supporters and Their Relations with the Game, 1885-1985* (Leicester, England: Leicester University Press, 1992), pp. 3-13.

36 Simon Kuper, *Football against the Enemy* (London: Orion, 1994), p.46.

37 M. M Bakhtin, *Rabelais and His World*, translated by Helen Iswolsky (Cambridge, Mass.: MIT Press, 1968), pp. 197-199.

38 Юри Олещук, "Фанаты Времен Боброва," *Спортэкспресс журнал*, no. 10(1999), p. 86, Edleman, *Spartak Moscow*, location 2203에서 재인용.

39 인용은 앞의 책, Kuper, *Football against the Enemy*, p. 40.

40   Robert Edelman, "A Small Way of Saying "No": Moscow Working Men, Spartak Soccer, and the Communist Party, 1900-1945," *American Historical Review* (November, 2002), pp. 1454-1455.

41   Ibid.

42   Robert Trumbour, "Epilogue- Cathedrals of Sport: Reflections on the Past, Present and Future," *The International Journal of the History of Sport*, vol. 25, no. 11 (2008), pp. 1584-85.

43   Joan Tumblety, "Rethinking the Fascist Aesthetic: Mass Gymnastics, Political Spectacle and the Stadium in 1930s France," *European History Quarterly*, vol. 43, no. 4 (2013), pp. 718-720.

44   소비에트 시대의 레닌언덕은 현재 참새언덕으로 그 이름이 바뀌어 모스크바 시 전경을 보려는 시민들과 관광객들이 즐겨 찾는 장소가 되었다.

45   Calire Shaw, "A Fairground for 'Building the New Man': Gorky Park as a Site of Soviet Acculturation," *Urban History*, vol. 38, issue 2 (2011), pp. 324-344.

46   Ekaterina Emeliantseva, "Sports Visions and Sports Places: The Social Topography of Sport in Late Imperial St. Petersburg and Its Representation in Contemporary Photography (1890-1914)," in Nikolaus Katzer, Sandra Budy, Alexander Kohring, Manfred Zeller eds., *Euphoria and Exhaustion: Modern Sport in Soviet Culture and Society* (New York: Campus Verlag, 2010), pp. 32-35.

47   Alexander Köhring, "Exploring the Power of the Curve: Projects for an International Red Stadium in the 1920s Moscow," in *Euphoria and Exhaustion*, pp. 45-47.

48   Ibid. pp. 47-49.

49   *Правда* (14 август, 1928), p. 3.

50   А. Луначарский, *Мысли о спорте* (Москва, 1930), pp. 42-44.

51   Арон Иттин, "Плановость в проведении Соревновании," *Известия физической культуры*, no. 1 (1926), p. 5. 이틴은 국제 스파르타키아드가 열리지 않는 중간 시기에 소련 챔피언의 타이틀을 놓고 금속노동자, 철도노동자 노조 등 노동계급 을 대표하는 단체들의 지역 혹은 전국 스파르타키아드를 제안했다.

52   Н. Знаменский, "Навстречу зрителю," *Спартакиада*, no. 3(1928), p. 4.

53   Edelman, *Spartak Moscow*, location 1610.

54   O'Mahony, *Sport in the USSR*, p. 114.

55   Isabel Wünshe, "Homo Sovieticus: The Athletic Motif in the Design of the Dynamo Metro Station," *Studies in the Decorative Arts*, vol. 7, no. 2 (2000), p. 80.

56   Edelman, *Serious Fun*, p. 48.

57   Ibid.

58 *Физкультактивист*, no. 8 (1931), p. 81.

5장

1   Jim Riordan, "The Rise and Fall of Soviet Olympic Champions," *Olympika: The International Journal of Olympic Studies*, Vol. 2 (1993), pp. 32-33.

2   Gounot, "Between Revolutionary Demands and Diplomatic Necessity," pp. 194-196.

3   Steinberg, "The Workers' Sport Internationals 1920-28," pp. 233-251.

4   Gounot, "Between Revolutionary Demands and Diplomatic Necessity," p. 196.

5   1923년에 설립된 신체문화최고위원회(Высший совет физической культуры)는 스포츠 정책의 명목상 최고 결정기구였지만 최고위원회의 권한은 제한적이었다. 스포츠 정책에 직간접으로 관여하고 있었던 콤소몰, 중앙 노동조합위원회, 보건 인민위원부, 교육 인민위원부 등의 기구와 경쟁적 관계에 놓여 있었기 때문이다. 최고위원회를 대체하여 1930년 4월, 보다 강력한 중앙조직인 신체문화국가협의 회(Всесоюзный совет физической культуры)가 출범했다.

6   В. Михаилов, "Массовая физкультура," *Фотоальбом спартакиада* (Москва 1929), Edelman, *Serious Fun*, p. 38에서 재인용.

7   Riordan, "The Sport Policy of the Soviet Union, 1917-1941," in Riordan and Pierre Arnaud ed, *Sport and International Politics*, p. 70.

8   Edelman, *Serious Fun*, pp. 39-40.

9   *Красный спорт* (24 Июль, 1934), p. 2.

10 Barbara Keys, "Soviet Sport and Transnational Mass culture in the 1930s," *Journal of Contemporary History*, vol. 38, no. 3(2003), p. 418.

11 *Красный спорт*, 31 декабрь (1933), p. 1; *Красный спорт,*, 24 июль (1934), p. 3.

12 *Правда*, 13 апрель (1935).

13 집단 전체와 엘리트 양성을 위한 스포츠 정책이 병행되었음을 강조하는 연구로 는 다음이 있다. Evelyn Mertin, "Presenting Heroes: Athletes as Role Models for the New Soviet Person," *The International Journal of the History of Sport*, vol. 26, no. 4 (2009), pp. 469-483.

14 John Hoberman, *Sport and Politics* (Austin: University of Texas Press, 1984), p. 192.

15 Keys, "Soviet Sport and Transnational Mass Culture," pp. 421-423.

16 Edelman, *Serious Fun*, pp. 63-64.

17 Keys, "Soviet Sport and Transnational Mass culture," pp. 425-426.

18 니콜라스 V. 랴자놉스키, 마크 D. 스타인버그, 조호연 옮김『러시아의 역사』하 권 (까치, 2011), p. 781.

19 Владимир Алешин, *Больше чем футбол* (Москва: Ценрполиграф, 2013), p. 120.

20 В. П. Космина, "Международные рабочые спортивные движение после Великои Октябрскои социалистическо революции (1918-1928)," Ф. И. Самоуков и В. В. Столбов, *Очерки по истории физической културы* (Москва: Физкултура и спорт, 1967), p. 165.

21 Babara J. Keys, *Globalizing Sport: National Rivalry and International Community in the 1930s* (Cambridge, Mass.: Harvard University Press, 2006), p. 169. 1936년 베 를린 올림픽을 나치의 의도가 관철된 올림픽으로 볼 수 없다는 시각에 대해서 는 다음의 연구성과를 참조. Mario Kessler, "Only Nazi Games? Berlin 1936: The Olympic Games between Sports and Politics," *Socialism and Democracy*, vol. 25, no. 2(2011), pp. 125-143.

22 Keys, *Globalizing Sport*, pp. 169-170.

23 Keys, "The Dictatorship of Sport: Nationalism, Internationalism, and Mass Culture in the 1930s," (Ph. D. diss., Harvard University Press, 2001), p. 245.

24 테러로 인한 스타로스틴 형제의 삶의 굴곡에 대해서는 다음을 참조. Jim Riordan, "The Strange Story of Nikolai Starostin, Football and Lavrentii Beria," *Europe-Asia Studies*, vol. 46, no. 4 (1994), pp. 681-690.

25 И. Новиков, "Болшой спорт и внешняя политика," *Култура и жизнь*, 11 январь (1949) p. 3.

26 소비에트 스포츠사의 개척자인 리오르단은 로마노프가 국가위원회 의장직으 로 복귀한 해를 1953년으로 초기 저서에서 제시했다가 후기에 발간된 논문에서 는 그 해를 1952년으로 수정하고 있다. Riordan, *Sport in Soviet Society*, p. 166; Riordan, "Rewriting Soviet Sports History," *Journal of Sports History*, vol. 20, no. 3(1993), p. 249.

27 Jenifer Parks, "Red Sport, Red Tape: The Olympic Games, the Soviet Sports Bureaucracy, and the Cold War, 1952-1980" (Ph.D. diss., University North Carolina at Chapel Hill, 2009), pp. 35-36.

28 С. И. Гусков ред. *Спорт и перестройка* (Москва: ВНИИФК, 1988), p. 57.

29 Николай Романов, *Трудные дороги к олимпу* (Москва:Физкултура и спорт, 1987), p. 64.

30 Parks, "Red Sport, Red Tape," pp. 37-38.

31 Ibid., pp. 38-39.

32 Романов, *Трудные дороги*, pp. 84-89.

33 Parks, "Red Sport, Red Tape," pp. 43-45.

34 Edelman, *Serious Fun*, pp. 119-120.

35 Jim Riordan, "The Rise and Fall of Soviet Olympic Champions," *Olympica: The International Journal of Olympic Studies*, vol. 2(1993), pp. 29-30.

36 Jenifer Parks, "Verbal Gymnastics: Sports, Bureaucracy, and the Soviet Union's Entrance into the Olympic Games, 1944-1952," Stephen Wagg and David L. Andrews ed., *East Plays West: Sport and the Cold War* (London: Routledge, 2007), pp. 34-35.

37 Janet G. Chapman, "Real Wages in the Soviet Union 1928-1952," *Review of Economics and Statistics*, vol. 36, no. 2 (1954), p. 144.

38 Riordan, "The Rise and Fall of Soviet Olympic Champions," pp. 31-32.

39 *Правда*, 22 остябрь(1945), p. 1.

40 D. D. Harper and J. Hammond, "The Hypocrisy of Amateurism," *Quest*, vol. 27 (winter, 1977), p. 127.

41 Parks, "Red Sport, Red Tape," pp. 32-33.

42 Riordan, "The Rise and Fall of Soviet Olympic Champions," p. 28.

43 Романов, *Трудные дороги*, p. 58.

44 Чудинов ред., *Основные постановления, приказы и инструкции*, p. 189.

45 Parks, "Red Sport, Red Tape," pp. 49-50.

46 Parks, "Verbal Gymnastics," p. 30.

47 *Физкультура и спорт* (январь 1952), p. 38.

48 *Физкультура и спорт* (май 1951), p. 39.

49 *Физкультура и спорт* (ноябрь 1949). p. 29.

50 John E. Findling, Kimberley D. Pelle ed., *Encyclopedia of the Modern Olympic Movement* (Connecticut: Greenwodd Press, 2004), p. 140.

51 David L. Hoffman, *Cultivating the Masses: Modern State Practices and Soviet Socialism, 1914-1939* (New York: Cornell University Press, 2011), p. 120.

52 John E. Findling ed., *Encyclopedia of the Modern Olympic Movement*, p. 141.

53 Parks, "Red Sport, Red Tape," pp. 52-53.

54 Mike O'Mahony, Sport in the USSR, p. 132.

55 Petrone, *Life Has Become More Joyous*, pp. 27-28.

56 Parks, "Red Sport, Red Tape," pp. 33-34.

57 Findling ed., *Encyclopedia of the Modern Olympic Movement*, p.144.

58 John Bale, "'Oscillating Antagonism': Soviet-British Athletics Relations, 1945-1960,"

in *East Plays West*, p. 84.

59   Norman Friedman, *The Fifty-Year War: Conflict and Strategy in Cold War* (Maryland:
      Naval Institute Press, 2007), p. 135.

60   한국전쟁을 남한과 북한만의 전쟁이 아닌 동아시아적 냉전체제의 구축으로 제
      시한 연구는 다음을 참조. 백원담, 이남주 외, 『'냉전' 아시아의 탄생 – 신중국과
      한국전쟁』(문화과학사, 2013).

61   모스크바와 뉴욕, 런던, 파리 간의 냉전시대 "문화전쟁"을 분석한 연구서로
      는 다음이 있다. David Caute, *The Dancer Defects: The Supremacy for Cultural
      Supremacy during the Cold War* (Oxford: Oxford University Press, 2003).

6장

1   С. Л. Авселрод, *Физическая культура и спорт в СССР* (Москва: Физкультура и
      спорт, 1954), p. 52.

2   G. Orwell, "The Sporting Spirit," *Tribune* (December, 1945).

3   Jeffrey Herold, "Sputnik in American Education: A History and Reappraisal," *McGill
      Journal of Education*, vol. 9, no. 2(1974), pp.143-161; Kathleen A. Steeves and
      others, "Transforming American Educational Identity after Sputnik," *Educational
      History Journal*, vol. 36, no. 1-2 (2009), pp. 71-87.

4   David Caute, *The Dancer Defects: The Struggle for Cultural Supremacy during the
      Cold War* (Oxford: Oxford University Press,2003), pp. 3-16.

5   Bob Ferrier, "Game's the Same, so Down We Go," *Daily Mirror*, 22 May (1954), p.
      13.

6   Peter Beck, "Britain, Image-Building and the World Game: Sport's Potential as British
      Cultural Propaganda," in Alan Chong and Jana Valencic eds., *The Image, the State
      and the International Relations* (London: LSE, 2001), pp. 58-66.

7   David Riesman, "The Nylon War," in *Abundance for What? And Other Essays* (New
      York: Doubleday and Co., 1964), p. 39.

8   수잔나 D. 월터스, 김현미 외 옮김, 『이미지와 현실 사이의 여성들』(서울: 또하
      나의문화, 1999), 48쪽.

9   Ezra Bowen and George Weller, "The 1956 Winter Olympics," *Sports Illustrated* 20
      (Jan., 1956), p. 27.

10   Ibid., p. 28.

11   "Hui, Hui, Hajara," *Sports Illustrated* 19 (Nov., 1956), p. 23.

12   M. Ann Hall 지음, 이혜숙, 황의룡 옮김,『페미니즘, 그리고 스포츠신체』(성신여
      자대학교출판부, 2007), 25쪽.

13   *Los Angeles Times*, 2 (July 1970), E2.

14   http://genderverfication.blogsport.com/2013/06/tamara-and-irina-press.
      html#!/2013/06/tamara-and-irina-press.html, 검색일 2019.2.12.

15   "Are Girl Athletes Really Girls?" *Life*, 7 (Oct., 1966), pp. 63-66.

16   *The Times* (London), 29 (Aug., 1966), p. 3.

17   *New York Times*, 16 (Sep., 1967), p. 28.

18   Kathleen Canning, "The Body as Method? Reflections on the Place of the Body in
      Gender History," *Gender & History*, vol. 11, no. 3 (1999), pp. 499-500.

19   Olga Carlisle, "The Russian Woman: Her Amazing Success," *Saturday Evening Post*,
      (June 19, 1965).

20   Robert L. Griswold, "'Russian Blonde in Space': Soviet Women in the American
      Imagination, 1950-1965," *Journal of Social History*, vol. 45, no. 4 (2012), p. 883.

21   *Los Angles Times*, (Feb., 1968), A6.

22   체제의 발전에 기여하는 새로운 인간형의 개념으로서 등장했던 '호모 소비에티
      쿠스'를 1960년대 이후 알렉산더 지노비예프 같은 반체제 지식인은 노동에 무
      관심하고 개인의 책임을 회피하는 부정적 인간형을 의미하는 개념으로 제시하
      기도 했다. 그러나 공적 영역에서 '호모 소비에티쿠스'는 이러한 경멸적 의미를
      포함하고 있지는 않았다.

23   Mertin, "Presenting Heroes," p. 476.

24   Ibid.

25   Ibid.

26   В. Светланова, "Праздник, который всегда нами." *Советский спорт* (15 сен.
      1972), p. 2.

27   С. Близнок и М. Супонев, "Возьми с собой звезду," *Советский спорт* (30 авг.
      1972) p. 2.

28   *Washington Post*, (5 Feb., 1969), D1.

29   Jim Riordan, "The Rise, Fall and Rebirth of Sporting Women in Russia and the
      USSR," *Journal of Sport History*, vol. 18, no. 1(1991), p. 194.

30   스탈린 체제의 여성정책에 대해서는 다음을 참조. Wendy Z. Goldman, *Women at
      the Gates: Gender and Industry in Stalin's Russia* (Cambridge: Cambridge University
      Press, 2002).

31   Alison Rowley, "Sport in the Service of the State: Images of Physical Culture and
      Soviet Women, 1917-1941," *The International Journal of the History of Sport*, vol.

23, no. 8 (2006), pp. 1326-1330.

32   Susan E. Reid, "All Stalin's Women: Gender and Power in Soviet Art of the 1930s,"
      Slavic Review, vol. 57, no. 1 (1998), p. 133.

33   В. Родиченко, "Физическая культура и женщины," *Советский спорт* (25 янб.
      1973), p. 3.

34   John Bale, "'Oscillating Antagonism': Soviet-British Athletics Relations, 1945-1960,"
      in *East Plays West*, p. 95.

35   Victor Peppard and J. Riordan, eds., *Playing Politics: Soviet Diplomacy to 1992*
      (Greenwich: Jai Press, 1993), p. 77.

36   Ibid., p. 78.

37   Mike O'Mahony, Sport in the USSR, p. 130.

38   Irina Makoveeva, "Soviet Sports as a Cultural Phenomenon: Body and/or Intellect,"
      Studies in Slavic Culture, vol. 3 (2002), p. 20.

39   Caute, *The Dancer Defects*, p. 1.

40   David L. Andrews and Stephen Wagg, "Introduction: War Minus Shooting," in *East
      Plays West*, p. 2.

7장

1   Toby C. Rider, *Cold War Games: Propaganda, the Olympics, and U.S. Foreign Policy*
      (Chicago: University Of Illinois Press, 2016), p. 146.

2   Damion Lamar Thomas, "Is it Really Ever Just a Game?" *Journal of Sport and Social
      Issues* 29(3) (Aug. 2005), p. 360.

3   Henry Morton, *Soviet Sport, Mirror of Soviet Society* (London: Crowell-Collier,
      1963).

4   Edelman, *Serious Fun: A History of Spectator Sports in the USSR* (Oxford: Oxford
      University Press, 1993).

5   *Красный спорт* (24 Июль, 1934), p. 2.

6   Mertin, "Presenting Heroes: Athletes as Role Models for the New Soviet Person," pp.
      469-483.

7   Riordan, *Sport in Soviet Society*, pp. 128-129.

8   *Правда*, 29 Май (1934).

9   Н. А. Макарцев, *Страницы истории советского спорта* (Москва, 1967), p. 32.

10   Riordan, *Sport in Soviet Society*, pp. 171-172, 217-224.

11 Столбов и Чудинов, *История физической культуры*, p. 191.

12 *Единая всесоюзная спортивная классификация, 1969-1972*, pp. 14-15.

13 *Московская правда*, 26 Фев (1971), p. 4.

14 Riordan, *Sport in the Soviet Society*, pp. 342-343.

15 *Теория и практика физической культуры* (Москва, 1968), p. 42.

16 Riordan, *Sport in the Soviet Society*, pp. 346-347.

17 Keys, *Globalizing Sport*, pp.36-38.

18 Rob Beamish & Ian Ritchie, "The Spectre of Steroids: Nazi Propaganda, Cold War Anxiety and Patriarchal Paternalism," *The International Journal of the History of Sport*, vol. 25, no. 5(2005), pp. 780-782.

19 Wanda Ellen Wakefield, "Out in the Cold: Sliding Sports amd the Amateur Sports Act of 1978," *The International Journal of the History of Sport*, vol. 24, no. 6 (2007), pp. 776-777.

20 Damion Thomas, "Is It Really Ever Just a Game?" *Journal of Sport & Social Issues*, vol. 29, no. 3 (2005), p. 361.

21 AP, "Fight for Control in Athletic Grows," *New York Times* (2 Jan. 1924).

22 Wakefield, "Out in the Cold," pp. 777-778.

23 Gerald R. Ford, "In Defense of the Competitive Urge," *Sports Illustrated*, 8 July (1974).

24 Michael T. Harrigan, "A Class Act," *The Olympian*, (Jan. 1989).

25 Thomas M. Hunt, "Countering the Soviet Threat in the Olympic Medals Race: The Amateur Sports ACt of 1978 and American Athletics Policy Reform," *The International Journal of the History of Sport*, vol. 26, no. 6 (2007), pp.804-805.

26 *Final Report of the President's Commission on Olympic Sports*, vol. 1, Washington, DC: US government Printing Office (1977), p. ix.

27 Wakefield, "Out in the Cold," pp. 788-789; Hunt, "Countering the Soviet Threat in the Olympic Medals Race," pp.805-806.

28 Charles E. Yesalis and Michael S. Bahrke, "History of Doping in Sport," *International Sports Studies*, vol. 24, no. 1 (2002), p. 44.

29 G. Newerla, "The History of the Discovery and Isolation of the Male Hormone," *New England Journal of Medicine*, vol. 28, no. 2(1943), pp. 39-47.

30 John Gleaves, "A Global History of Doping in Sport: Drugs, Nationalism and Politics," *The International Journal of the History of Sport*, vol. 3, no. 8 (2014), pp. 815-819. 글리브스는 여기에서 린톤의 사망원인에 대해서는 보다 면밀한 사료에 의한 재검토가 필요하다고 주장한다.

31 J. Hoberman, *Moral Engines* (New York: Free Press, 1992), pp. 131-132.

32 A. Dirix, "The Doping Problem at the Tokyo and Mexico City Olympic Games," *Journal of Sports Medicine and Physical Fitness*, vol. 6, no. 3 (1966), p. 185.

33 David Wallenchinsky, *The Complete Book of the Olympics* (New York: Penguin Books, 1984), p. 57.

34 Comité International Olympique, Medical Commission. *Fonds list*. Overview of the content of the archives concerning the history, missions and activities of the IOC Medical Commission from 1936 to 1995, p2/7.

35 J. Todd and T. Todd, "Significant Events in the history of Drug Testing and the Olympic Movement: 1960-1990," in W. Wilson and E. Derse eds., *Doping in elite Sport: The Politics of Drugs in the Olympic Movement* (Champaign, IL: Human Kinetics Publishers, 2001). p 69.

36 Jack Scott, "It's Not How You Play the Game, But What Pill You Take," *New York Times*, October 17 (1971).

37 "For Athletes, Drug Test is an Easy Opponent," *Los Angeles Times*, 19 January (1984), p.14.

38 N. Wade, "Anabolic Steroids: Doctors Denounce Them, but Athletes Aren't Listening," *Science* 176 (June 1976), p. 1400.

39 http://genderverification.blogspot.kr/.

40 Michael I. Kalinski, "State-Sponsored Research on Creatine Supplements and Blood Doping in elite Soviet Sport," *Perspectives in Biology and Medicine*, vol. 46, no. 3 (2003), pp. 446-447.

41 Terry Tod, "Anabolic Steroids: The Gremlins of Sport," *Journal of Sport History*, vol. 14, No. 1 (1987), p. 97

42 Dag Vidar Hanstad, Andy Smith, Ivan Waddington, "The Establishment of the World Anti-Doping Agency: A Study of the Management of Organizational Change and Unplanned Outcomes," *International Review for the Sociology of Sport*, vol. 43, Issue 3 (2008), pp. 227-249; Irene Mazzoni, Osquel Barroso, Oliver Rabin, "The List of Prohibited Substances and Methods in Sport: Structure and Review Process by the World Anti-Doping Agency," *Journal of Analytical Toxicology*, vol. 35, Issue. 9 (2011), pp. 608-612.

8장

1 Philip D'Agati, *The Cold War and the 1984 Olympic Games: A Soviet American Surrogate War* (New York: Palgrave Macmillan, 2013), p.100.

2 http://www.worldatlas.com/articles/olympic-games-over-the-years-number-of-participating-countries.html

3 Robert S. Edelman, "The Russians Are Not Coming! The Soviet Withdrawal from the Games of the XXIII Olympiad," *The International Journal of the History of Sport,* vol. 32, no. 1 (2015), pp. 9-36.

4 М. Ю. Прозуменщиков, *Большой спорт и большая политика* (Росспен:Москва 2004), p. 193.

5 블라디슬라프 M. 주보크, 김남섭 옮김, 『실패한 제국』 (아카넷, 2016), pp. 324-330.

6 *Extract of the Minutes, 59th Session of the International Olympic Committee*. Moscow - Hotel Sovetskaia, June 5th to June 8th, 1962.

7 "Moscow Session: Speech by Mr. Brezhnev, Chairman of the Presidium of the Supreme Soviet of the USSR," *Olympic Review* 81 (1963), p. 41.

8 Parks, "Red Sport, Red Tape, the Olympic Games," pp. 213-214.

9 International Olympic Committee, *Olympic Charter* (Lausanne, 2015) pp. 74-75.

10 Прозуменщиков, *Большой спорт*, p. 198.

11 *Avery Brundage Collection*, University of Illinois Archives Record Series, Box 194. *Olympic Games Bids,* XXI Olympiad 1976 Moscow, Russia, 1969-70.

12 Ibid.

13 Ibid.

14 *New York Times*, May 13 (1970).

15 Nicholas E. Sarantakes, *Dropping the Torch: Jimmy Carter, the Olympic Boycott, and the Cold War* (Cambridge: Cambridge University Press, 2011), p. 33.

16 Ibid., pp. 35-36.

17 А. Стародуб, *До встречи в Москве* (Москва, 1978), pp. 45-46.

18 *Olympic Charter*, p.14.

19 *New York Times*, 8 April (1970).

20 Стародуб, *До встречи в Москве*, p. 45.

21 International Olympic Committee Vote History, http://www.aldaver.com/votes.html

22 Стародуб, *До встречи в Москве*, p. 46.

23 *New York Times*, 13 May (1970).

24 스타로두브는 몬트리올의 동계 올림픽 유치 시도까지 포함하여 몬트리올의 유 치 시도를 5번이라고 얘기하고 있지만 동계 올림픽까지 포함하면 몬트리올의 시도는 7번이다. 몬트리올은 1932년, 1936년, 1944년, 1956년 동계 올림픽 유 치를 지원한 바 있고 1944년, 1972년, 1976년 하계 올림픽 유치에 나선 바 있다. An Authoritative Review of Olympic Bid Business/ GamesBids.com. http://www. gamesbids.com/eng/past.html.

25 Стародуб, *До встречи в Москве*, p. 47.

26 Sarantakes, *Dropping the Torch*, p. 40.

27 Baruch Hazan, *Olympic Sports and Propaganda Games. Moscow 1980* (London: Transaction Books, 1982), p. 72.

28 "Moscow invites the Olympic Games," *Sport in the USSR*, October 1971, translation in Avery Brundage Collection, Box 149.

29 Parks, "Verbal gymnastics," in *East Plays West: Sport and the Cold War*, p. 34.

30 Suan Brownell, "'Sport and Politics don't Mix': China's Relationship with the IOC during the Cold War," in *East Plays West: Sport and the Cold War*, p. 265.

31 Parks, "Red Sport, Red Tape, the Olympic Games," p. 241.

32 Aleen Guttmann, *The Olympics: A History of the Modern Games* (Urbana, Illinois: University of Illinois Press, 2002), p. 142.

33 Parks, "Red Sport, Red Tape, the Olympic Games," p. 241.

34 Т. Ю. Конова, М. Ю. Прозуменщиков сос. *Пять Колец: Под кремлевскими звездами. Документальная хроника олимпиады-80 в Москве* (МФД:Москва, 2011), p. 29.

35 Прозуменщиков, *Большой спорт*, p. 203.

36 *Документальная хроника олимпиады-80 в Москве*, p. 25.

37 *Документальная хроника олимпиады-80 в Москве*, pp. 25-26.

38 "Excellent Facilities for Everyone," interview with Lord Killanin, *Moscow News*, no. 34 (1973), p. 15.

39 Parks, "Red Sport, Red Tape, the Olympic Games," pp. 253-254.

40 Ibid., pp. 256-257.

41 Christopher Booker, *The Games War: A Moscow Journal* (London and Boston: Faber and Faber, 1981), p. 22.

42 Philip D'Agati, *The Cold War and the 1984 Olympic Games: A Soviet-American Surrogate War* (New York: Palgrave Macmillan, 2013), pp. 86-87.

43 Ibid. pp.88-89.

44 *Official Report of the Games of the XXII Olympiad*, vol. 2 "Organization," part 1, p.

72. http://www.la84foundation.org/5va/reports_frmst.htm.

45 *Документальная хроника олимпиады-80 в Москве*, раздел 1, 〈Мы строили строили ...〉, p. 36.

46 Ibid., pp. 39-42.

47 *The New York Times*, July 21 (1976).

48 "A U.S. Boycott of the Moscow Olympics," *U.S. News and World Report*, August 28 (1978).

49 Sigmund Loland, "Coubertin's Ideology of Olympism from the Perspective of the History of Ideas," *Olympika: The International Journal of Olympic Studies*, vol. 4 (1995), pp. 49-78.

50 Umberto Tulli, "Bringing Human Rights In: The Campaign against the 1980 Moscow Olympic Games and the Origins of the Nexus between Human Rights and the Olympic Games," *The International Journal of the History of Sport*, vol. 33 (2016), pp. 2029-2030.

51 Library of Congress, *Herblock's History − Political Cartoons from the Crash to the Millenium*. https://www.loc.gov/exhibits/herblocks-history/one.html.

52 Parks, "Red Sport, Red Tape, the Olympic Games," pp. 375-376.

53 Ibid.

54 Стародуб, *До встречи в Москве*, pp. 152-154.

55 "Interviews with Foreign Journalists," *Sport in the USSR* (no. 8, 1979), p. 7.

56 Evelyn Mertin, "The Soviet Union and the Olympic Games of 1980 and 1984: Explaining the Boycott to their Own People," *in East Plays West*, pp. 240-241.

57 1924년부터 1992년까지 하계올림픽과 동계올림픽 개최 연도는 동일했다. 1994년 네덜란드 릴레함메르 동계올림픽을 하계올림픽이 끝난 뒤 2년 후 개최함에 따라 하계올림픽 개최 이후 2년 후 동계올림픽 개최 원칙이 확립되었다.

58 *Документальная хроника олимпиады-80 в Москве*, pp. 540-541.

59 *Los Angeles Times*, March 26-27 (1989).

60 *The Washington Post*, April 4 (1980).

61 Sarantakes, *Dropping the Torch*, pp. 183-184.

62 Ibid., pp. 192-193.

63 Adam Epstein, *Sports Law* (New York: Delmar, 2003), pp. 201-201.

64 *Документальная хроника олимпиады-80 в Москве*, pp. 600-601.

65 Ibid., pp. 608-609.

66 D'Agati, The *Cold War and the 1984 Olympic Games*, p. 101.

67 Edelman, "The Russians Are Not Coming!," pp. 9-36.

68 Alfred E. Senn, Power, *Politics, and the Olympic Games: A History of Power Brokers, Events, and Controversies that Shaped the Games* (Champaign, IL. : Human Kinetics, 1999), pp. 201-201.

69 John E. Findling and Kimberly D. Pelle, *Historical Dictionary of the Modern Olympic Movement* (California: Greenwood Publishing Group. 1996), p. 182.

70 *The New York Times*, September 30 (1988).

에필로그

1 에릭 홉스봄 외 지음, 박지향·장문석 옮김, 『만들어진 전통』, (휴머니스트, 2004), pp. 556-557.

참고문헌

1차사료

Ежемесячный статистический бюллетень.

ГАРФ(러시아국립문서보관소), фонд 1565, опись 12,

ГАРФ, фонд А-482, опись 11, дело 58.

Зигмунд, А. А. *Физикультура и быт* (Москва, 1925).

Ивановский, Б. А. *Половая жизнь и физикультура* (Москва, 1928).

Известия,

Известия физической культуры.

Итин, А. Г. *Физикультура и Комсомол* (Москва, 1925).

_____. *Союзы и ближайшие задачи физкультуры* (Москва, 1926).

Народное образование в СССР: Сборник документов 1917-1973 гг., (Москва, 1973).

Народное просвещение.

Конова, Т. Ю. и М. Ю. Прозуменщиков сос. *Пять Колец: Под кремлевскими звездами. Документальная хроника олимпиады-80 в Москве* (МФД:Москва, 2011).

Красное студенчество

Красный спорт

Култура и жизнь,

Московская правда

Луначарский, А. *Мысли о спорте* (Москва, 1930).

Памяти Петра Францевича Лесгафта (Петербург, 1912).

Правда,

Предмет, задачи и значение курса для профессиональной подготовки специалиста по физической культуре. 7-1. Организационно-управленческие основы советской системы физического воспитания, различные направления ее развития в 1920-1930-е годы.

РГАЭ(러시아 경제 국립문서보관소), Ф. 7486, оп. 37, д. 65.

РЦХДНИ (러시아 현대사 문서보관소 및 연구센터), фонд 147, опись 1.

РЦХДНИ, фонд 142, опись 1.

Семашко, Н. А. *Пути советской физикультуры* (Москва,1926).

Спартакиада

Советский спорт

Стахановцы-физкультурники (Москва, 1936).

Физкультактивист

Физкультура и спорт

Физическая культура

Чуднов, И. Г. ред., *Основные постановления приказы и инструкции по вопросам сов-
  етской физической культуры и спорта 1917-1957* (Москва, 1957).

Avery Brundage Collection, University of Illinois Archives Record Series.

Comité International Olympique, Medical Commission. *Fonds list*. Overview of the content
  of the archives concerning the history, missions and activities of the IOC Medical
  Commission from 1936 to 1995, p2/7.

Daily Mirror.

Extract of the minutes, 59th Session of the International Olympic Committee. Moscow -
  Hotel Sovetskaia, June 5th to June 8th, 1962.

Final Report of the President's Commission on Olympic Sports, vol. 1, Washington, DC:
  US government Printing Office (1977).

Hoover Institution Archives, Poster Collection,

Library of Congress, *Herblock's History – Political Cartoons from the Crash to the
  Millenium*.

Life

Los Angeles Times

Moscow News

New York Times

Olympic Charter

Olympic Review

Official Report of the Games of the XXII Olympiad, vol. 2 "Organization," part 1

Saturday Evening Post

Sport in the USSR

Sports Illustrated

The Olympian

The Times (London)

Tribune

U.S. News and World Report

Washington Post

2차사료(러시아어)

Авселрод, С. Л. *Физическая культура и спорт в СССР* (Москва: Физкультура и спорт, 1954).

Алешин, Владимир. *Больше чем футбол* (Москва: Ценрполиграф, 2013).

Единая всесоюзная спортивная классификация, 1969-1972,

Гуское, С. И. ред. *Спорт и перестройка* (Москва: ВНИИФК, 1988).

Кученко, Олег сос., *Сто лет росийскому футболу* (Москва, 1997).

Макарцев, Н. А. *Страницы истории советского спорта* (Москва, 1967).

Прозуменщиков, М. Ю. *Большой спорт и большая политика* (Росспен:Москва 2004).

Романов, Николай. *Трудные дороги к олимпу* (Москва:Физкультура и спорт, 1987)

Самоуков, Ф. И. *История физической культуры* (Москва, 1956).

_____, В. В. Столбов и Н. И. Тороров (ред.), *Физическая культура и спорт в СССР* (Москва, 1967).

_____, и В. В. Столбов. *Очерки по истории физической културы* (Москва: Физкультура и спорт, 1967).

Сафразьян, Н. Л. *Борьба КПСС за строительство вышей школы* (Москва, 1977).

Смирнова, Т. М. "История разработки и проведения в жизнь первого совецкого устава высшей школы," Н. П. Ерошкина ред., *Государственное руководство высшей школой в дореволюционной России и в СССР* (Москва, 1979), pp. 6-38.

Сталин, И. В. "Речи на I всесоюзном совещании Стахановцев," *Сочинения 1[XIV] 1934-40,* ed. by Robert H. McNeal (Stanford, Calif: Hoover Institution, 1967).

Старовоитова, З. *Полпред здоровья* (Москва, 1969).

Стародуб, А. *До встречи в Москве* (Москва, 1978).

Старостин, Николай. *Футболь сквозь годы* (Москва: Советская Россия, 1989).

Столбов, В. В. и И. Г. Чудинов, *История физической культуры* (Москва: Физкультура и спорт, 1962).

Теория и практика физической культуры (Москва, 1968).

Федюкин, *Великий Октябрь и интеллигенция: Из истории вовлечения статой интеллигенции в строительство социализма* (Москва: Наука, 1972).

2차사료(영어)

Bakhtin, M. M. *Rabelais and His World*, translated by Helen Iswolsky (Cambridge, Mass.: MIT Press, 1968).

Ball, Alan M. *Russia's Last Capitalists: The Nepmen, 1921-1929* (Berkeley: University of California Press, 1987).

Bauer, Raymond A., Alex Inkeles and Clyde Kluckhohn, *How the Soviet System Works: Cultural, Psychological, and Social Themes* (Cambridge, MA.: Harvard University Press, 1956);

_____ and Alex Inkeles, *The Soviet Citizen. Daily Life in a Totalitarian Society* (Cambridge, MA.: Harvard University Press, 1961).

Beamish, Rob & Ian Ritchie, "The Spectre of Steroids: Nazi Propaganda, Cold War Anxiety and Patriarchal Paternalism," *The International Journal of the History of Sport*, vol. 25, no. 5(2005), pp. 777-795.

Biggart, John. "Bukharin and the Origins of the "Proletarian Culture" Debate," *Soviet Studies*, vol. 39, issue 2 (1987), pp. 224-246

Bonnell, Victoria E. *Iconography of Power: Soviet Political Posters under Lenin and Stalin* (Berkeley: University of California Press, 1997).

Booker, Christopher. *The Games War: A Moscow Journal* (London and Boston: Faber and Faber, 1981).

Canning, Kathleen. "The Body as Method? Reflections on the Place of the Body in Gender History," *Gender & History*, vol. 11, no. 3 (1999), pp. 499-513.

Cantelon, H. and R. Hollands, ed., *Leisure, Sport and Working Class Cultures: Theory and History* (Toronto, Ont., 1988).

Carr, E. H. *The Bolshevik Revolution 1917-1923*, Vol. 3 (London: McMillan, 1985).

Caute, David. *The Dancer Defects: The Supremacy for Cultural Supremacy during the Cold War* (Oxford: Oxford University Press, 2003).

Chapman, Janet G. "Real Wages in the Soviet Union 1928-1952," *Review of Economics and Statistics*, vol. 36, no. 2 (1954), pp. 134-156.

Chase, William J. *Workers, Society, and the Soviet State: Labour and Life in Moscow 1918-1929* (Urbana and Chicage, University of Illinois Press, 1987).

Chong, Alan and Jana Valencic eds., *The Image, the State and the International Relations* (London: LSE, 2001).

Clark, Katerina. *The Soviet Novel: History as Ritual* (Bloomington, IN: Indiana University Press, 2000).

Cliff, Tony. *State Capitalism in Russia* (Surrey: Pluto Press, 1974).

D'Agati, Philip. *The Cold War and the 1984 Olympic Games: A Soviet American Surrogate War* (New York: Palgrave Macmillan, 2013),

Daniels, Robert V. "The Soviet Succession: Lenin and Stalin," *The Russian Review*, vol. 12, no. 3 (1953), pp. 153-172.

Deutscher, Issac. *Soviet Trade Unions: Their Place in Soviet Labour Policy* (Connecticut: Heperion Press, 1973).

_____. *Stalin: A Political Biography* (London: Oxford University Press, 1967).

Dewar, Margaret. *Labour Policy in the USSR 1917-1928* (London: Oxford University Press, 1956).

Dunning, Eric. *Sport Matters: Sociological Studies of Sport, Violence and Civilization* (New York: Routledge, 1999).

Edelman, Robert. *Spartak Moscow: A History of the People's Team in the Workers' State* (Ithaca: Cornell University Press, 2012).

_____. *Serious Fun: A History of Spectator Sports in the USSR* (New York: OxFord University Press, 1993).

_____. "A Small Way of Saying "No": Moscow Working Men, Spartak Soccer, and the Communist Party, 1900-1945," *American Historical Review* (November, 2002), pp. 1441-1474.

_____. "The Russians Are Not Coming! The Soviet Withdrawal from the Games of the XXIII Olympiad," *The International Journal of the History of Sport*, vol. 32, no. 1 (2015), pp. 9-36.

Eklof, Ben, John Bushnell and Larissa Zakharova ed., *Russia's Great Reform 1865-1881* (Indiana: Indiana University Press, 1994).

Elias, Norbert and Eric Dunning. *The Quest for Excitement: Sport and Leisure in the Civilizing Process* (Oxford, 1986). 송해룡 옮김, 『스포츠와 문명화: 즐거움에 대한 탐구』(성균관대학교 출판부, 2014).

Epstein, Adam. *Sports Law* (New York: Delmar, 2003).

Erikson, Kai T. *Wayward Puritans: A Study in the Psychology of Deviance* (New York: John Wiley and Sons, 1966).

Filtzer, Donald. *Soviet Workers and Stalinist Industrialization: The formation of Modern Soviet Production Relation, 1928-1941* (New York: Routledge, 2002).

Findling, John E. and Kimberley D. Pelle ed., *Encyclopedia of the Modern Olympic*

Movement (Connecticut: Greenwodd Press, 2004).

_____ and Kimberly D. Pelle, *Historical Dictionary of the Modern Olympic Movement* (California: Greenwood Publishing Group. 1996).

Fiske, John. "Bodies of Knowledge, Panopticism and Spectatorship," unpublished paper at the 1991 NASSS Conference, Milwaukee (1991), pp.11-20.

Fitzpatrick, Sheila. *Education and Social Mobility in the Soviet Union 1921-1934* (Cambridge: Cambride University Press, 2002).

_____. *The Commissariat of Enlightenment: Soviet Organization of Education and the Arts under Lunacharsky, October 1917-1921* (Cambridge: Cambridge University Press, 1970).

_____ ed., *The Cultural Front: Power and Culture in Revolutionary Russia* (Ithaca: Cornell University Press, 1992).

_____. *Stalinism: New Directions* (New York: Routledge, 1999).

_____. *Everyday Stalinism: Ordinary Life in Extraordinary Times* (Oxford: Oxford University Press, 1999).

Friedman, Norman. *The Fifty-Year War: Conflict and Strategy in Cold War* (Maryland: Naval Institute Press, 2007).

Geyer, Michael and Sehila Fitzpatrick ed., *Beyond Totalitarianism: Stalinism and Nazism Compared* (Cambridge: Cambridge University Press, 2008).

Gill, Graeme. *Symbols and Legitimacy in Soviet Politics* (Cambridge: Cambridge University Press, 2011).

Gleaves, John. "A Global History of Doping in Sport: Drugs, Nationalism and Politics," *The International Journal of the History of Sport*, vol. 3, no. 8 (2014), pp. 815-819.

Goldman, Wendy Z. *Women at the Gates: Gender and Industry in Stalin's Russia* (Cambridge: Cambridge University Press, 2002).

Gorsuch, Anne E. "Soviet Youth and the Politics of Popular Culture during NEP," *Social History*, vol. 17, no. 2(1992), pp. 189-198.

_____. *Youth in Revolutionary Russia: Enthusiasts, Bohemians, Delinquents* (Bloomington: Indiana University Press, 2000).

Gounot, André. "Sport of Political Organizations? Structures and Characteristics of the Red Sport International, 1921-1937," *Journal of Sport History*, vol. 28, no. 1(2001), pp. 23-39.

Grant, Susan. *Physical Culture and Sport in Soviet Society: Propaganda, Acculturation, and Transformation in the 1920s and 1930s* (Routledge: New York, 2013).

Griswold, Robert L. "'Russian Blonde in Space': Soviet Women in the American Imagination, 1950-1965," *Journal of Social History*, vol. 45, no. 4 (2012), pp. 881-907.

Gronow, Jukka. *Caviar with Champagne: Common Luxury and the Ideals of the Good Life in Stalin's Russia* (Oxford, 2003).

Hagen, Mark von. *Soldiers in the Proletarian Dictatorship: The Red Army and the Soviet Socialist State, 1917-1930* (Ithaca and London: Cornell University Press, 1990).

Halfin, Igal. *Red Autobiographies: Initiating the Bolshevik Self* (Baltimore, MD.: University of Washington Press, 2011).

Hans, Nicholas and Sergius Hessen, *Educational Policy in Soviet Russia* (London: P. S. King & Son, 1930).

Hanstad, Dag Vidar and Andy Smith, Ivan Waddington, "The Establishment of the World Anti-Doping Agency: A Study of the Management of Organizational Change and Unplanned Outcomes," *International Review for the Sociology of Sport*, vol. 43, Issue 3 (2008), pp. 227-249.

Harper, Samuel N. *Making Bolsheviks* (Chicago: University of Chicago Press, 1931).

Hayashida, Ronald H. "The Pedagogy of Protest: Russian Progressive Education on the Eve of Revolution," *Slavic and European Education Review*, vol. 2 (1978), pp. 11-30.

_____. "Lenin and the Third Front," *Slavic Review*, vol. 28(1969), pp. 314-324.

Hazan, Baruch. *Olympic Sports and Propaganda Games. Moscow 1980* (London: Transaction Books, 1982).

Hellbeck, Jochen. "Working, Struggling, Becoming: Stalin-Era Autobiographical Texts," *The Russian Review*, vol. 60, no. 3(2001), pp. 340-359.

Herold, Jeffrey. "Sputnik in American Education: A History and Reappraisal," *McGill Journal of Education*, vol. 9, no. 2(1974), pp. 143-161.

Hoberman, John. *Sport and Politics* (Austin: University of Texas Press, 1984).

_____. *Moral Engines* (New York: Free Press, 1992).

Hoffmann, David. "Bodies of Knowledge: Physical Culture and the New Soviet Person," *The National Council for Eurasian and East European Research* (2000), pp. 1-23.

_____. *Peasant Metropolis: Social Identities in Moscow, 1914-1941* (Ithaca: Cornell University Press).

_____. "Was There a "Great Retreat" from Soviet Socialism? Stalinist Culture Reconsidered," *Kritica: Explorations in Russian and Eurasian History*, vol. 5, no. 4(2004), pp. 651-652.

_____. *Cultivating the Masses: Modern State Practices and Soviet Socialism, 1914-1939* (New York: Cornell University Press, 2011).

_____ and Yanni Kotsonis ed., *Russian Modernity: Politics, Knowledge, Practices* (New York: Palgrave Macmillan, 2000).

Holmes, Larry E. *The Kremlin and Schoolhouse: Reforming Education in Soviet Russia, 1917-1931* (Bloomington, IN: Indiana University Press, 1991).

Hunt, Thomas M. "Countering the Soviet Threat in the Olympic Medals Race: The Amateur Sports ACt of 1978 and American Athletics Policy Reform," *The International Journal of the History of Sport*, vol. 26, no. 6 (2007), pp. 796-818.

Jarausch, Konrad H. *The Transformation of Higher Learning 1860-1930* (Chicago: University of Chicago Press, 1983).

Kalinski, Michael I. "State-Sponsored Research on Creatine Supplements and Blood Doping in elite Soviet Sport," *Perspectives in Biology and Medicine*, vol. 46, no. 3 (2003), pp. 446-447.

Katzer, Nikolaus and Sandra Budy, Alexander Kohring, Manfred Zeller eds., *Euphoria and Exhaustion: Modern Sport in Soviet Culture and Society* (New York: Campus Verlag, 2010).

Kemp-Welch, A. ed., *The Ideas of Nikolai Bukharin* (Oxford: Clarendon Press, 1992).

Kenez, Peter. "Liquidating Illiteracy in Revolutionary Russia," *Russian History*, vol. 9, no. 2-3(1982), pp. 173-186.

Kessler, Mario. "Only Nazi Games? Berlin 1936: The Olympic Games between Sports and Politics," *Socialism and Democracy*, vol. 25, no. 2(2011), pp. 125-143.

Keys, Barbara. "Soviet Sport and Transnational Mass Culture in the 1930s," *Journal of Contemporary History*, vol. 38, no. 2(2003), pp. 413-434.

_____. *Globalizing Sport: National Rivalry and International Community in the 1930s* (Cambridge, Mass.: Harvard University Press, 2006).

_____. "The Dictatorship of Sport: Nationalism, Internationalism, and Mass Culture in the 1930s," (Ph. D. diss., Harvard University Press, 2001).

King, Beatrice. *Changing Man: The Education System of the USSR* (New York: Viking Press, 1937).

Koenker, Diane. *Club Red: Vacation Travel and the Soviet Dream* (Ithaca: Cornell University Press, 2013).

_____ and William Rosenberg & Ronald Suny (eds.) *Party, State and Society in the Russian Civil War: Explorations in Social History* (Bloomington, IN: Indiana University Press, 1989).

Konecny, Peter. "Library Hooligans and Others: Law, Order, and Student Culture in Leningrad, 1924-38," *Journal of Social History*, vol. 30, no. 1(1996), pp. 97-128.

Kotkin, Stephen. *Magnetic Mountain: Stalinism as a Civilization* (Berkeley: University of California Press, 1997).

Krüger, Arnd and J. Riordan ed., *The Story of Worker Sport* (Champaigne, IL., 1996).

Kuper, Simon. *Football against the Enemy* (London: Orion, 1994).

Guttmann, Aleen. *The Olympics: A History of the Modern Games* (Urbana, Illinois: University of Illinois Press, 2002).

Landis, Erik-C. "Between Village and Kremlin: Confronting State Food Procurement in Civil War Tambov, 1919-20," *Russian Review*, vol. 63, issue 1 (2004), pp. 70-88.

Lane, Christel. *The Rites of Rulers: Rituals in Industrial Society − The Soviet Case* (Cambridge: Cambridge University Press, 1981).

Lenin, V. I. *Collected Works* (Moscow: Progress Publishers, 1960-72).

_____. *Speeches at Party Congress (1918-1922)* (Moscow: Progress, 1971).

_____. *Lenin: On Culture and Cultural Revolution* (Honolulu, Hawaii: University Press of Pacific, 2001).

Lenoe, Matthew E. "In Defense of Timasheff's Great Retreat," *Kritica: Explorations in Russian and Eurasian History*, vol. 5, no. 4(2004), pp. 721-730.

Lih, Lars T. "Political Testament of Lenin and Bukharin and the Meaning of NEP," *Slavic Review*, vol. 50, no. 2(1991), pp. 241-252.

_____. "Permanent Revolution: A Rejoinder," *Science & Society*, Vol. 77, Issue 3 (2013), pp. 416-427.

Lilge, Frederic. "Lenin and the Politics of Education," *Slavic Review*, vol. 27 (1968), pp. 230-257.

Loland, Sigmund. "Coubertin's Ideology of Olympism from the Perspective of the History of Ideas," *Olympika: The International Journal of Olympic Studies*, vol. 4 (1995), pp. 49-78.

Lunacharskii, A. *On Education: Selected Articles and Speeches* (Moscow: Progress, 1981).

Makoveeva, Irina. "Soviet Sports as a Cultural Phenomenon: Body and/or Intellect," *Studies in Slavic Culture*, vol. 3 (2002), pp. 9-32.

Mally, Lynn. *Culture of the Future: The Proletkult Movement in Revolutionary Russia* (Berkeley: University of California Press, 1990).

Marschik, Matthias. "Between Manipulation and Resistance: Viennese Football in the Nazi

Era," *Journal of Contemporary History*, vol. 34, no. 2 (1999), pp. 215-229.

McClelland, J. C. "Bolshevik Approaches to Higher Education," *Slavic Review*, vol. 30(1971), pp. 818-831.

Marx, Karl. and Friedrich Engles and V. I. Lenin, *Anarchism and Anarchosyndicalism: Selected Writings by Marx, Engles, Lenin* (New York: International Publishers, 1972).

Mazzoni, Irene. and Osquel Barroso, Oliver Rabin, "The List of Prohibited Substances and Methods in Sport: Structure and Review Process by the World Anti-Doping Agency," *Journal of Analytical Toxicology*, vol. 35, Issue. 9 (2011), pp. 608-612.

Mertin, Evelyn. "Presenting Heroes: Athletes as Role Models for the New Soviet Person," *International Journal of the History of Sport*, vol. 26, no. 4(2009), pp. 469-483.

Morton, Henry. *Soviet Sport, Mirror of Soviet Society* (London: Crowell-Collier, 1963).

Murray, Bill. *Football: A History of the World Game* (Aldershot, England: Scolar Press, 1994).

Neuman, Matthias. *The Communist Youth League and the Transformation of the Soviet Union, 1917-1932* (New York: Routledge, 2011).

Newerla, G. "The History of the Discovery and Isolation of the Male Hormone," *New England Journal of Medicine*, vol. 28, no. 2(1943), pp. 39-47.

O'Connor, Timothy E. *The Politics of Soviet Culture. Anatolii Lunacharskii* (Ann Arbor: Michigan: UMI Press, 1983).

O'Mahony, Mike. *Sport in the USSR: Physical Culture-Visual Culture* (London: Reaction Books, 2006).

Parks, Jenifer. "Red Sport, Red Tape: The Olympic Games, the Soviet Sports Bureaucracy, and the Cold War, 1952-1980" (Ph.D. diss., University North Carolina at Chapel Hill, 2009).

Peppard, Victor and J. Riordan, eds., *Playing Politics: Soviet Diplomacy to 1992* (Greenwich: Jai Press, 1993).

Perel, C. *Football in the USSR* (Moscow: Foreign Language Publishing House).

Peris, Daniel. *Storming the Heaven: The Soviet League of Militant Godless* (New York: Cornell University, 1998).

Petrone, Karen. *Life Has Become More Joyous, Comrades: Celebrations in the Time of Stalin* (Bloomington, IN: Indiana University Press, 2000).

Pipes, Richard. *Russia under the Bolshevik Regime, 1919-1924* (New York: A. A. Knopf, 1994).

Reid, Susan E. "All Stalin's Women: Gender and Power in Soviet Art of the 1930s," *Slavic*

Review, vol. 57, no. 1 (1998), pp. 133-173.

Rider, Toby C. *Cold War Games: Propaganda, the Olympics, and U.S. Foreign Policy* (Chicago: University Of Illinois Press, 2016).

Riordan, James. *Sport in Soviet Society: Development of Sport and Physical Education in Russia and the USSR* (London: Cambridge University Press, 1977).

_____ and Pierre Arnaud, *Sport and International Politics: Impact of Fascism and Communism* (London: Chapman & Hall, 1988).

_____. "The Strange Story of Nikolai Starostin, Football and Lavrentii Beria," *Europe-Asis Studies*, vol. 46, no. 4(1994), pp. 681-690.

_____. "The Rise and Fall of Soviet Olympic Champions," *Olympika: The International Journal of Olympic Studies*, Vol. 2 (1993), pp. 25-44.

_____. "Rewriting Soviet Sports History," *Journal of Sports History*, vol. 20, no. 3(1993), pp. 247-258.

Rojek, Chris. *Capitalism and Leisure Theory* (London: Travistock Publication, 1985).

Rowley, Alison. "Sport in the Service of the State: Image of Physical Culture and Soviet Women, 1917-1941," *International Journal of the History of Sport*, vol. 23, no. 8 (2006), pp. 1314-1340.

Russell, Sylvia. "The Philosophy of Education of Anatoli Vasil'evich Lunacharskii, Commissar of Education, 1917-1929," (unpublished Ph.D. dissertation, Indiana University, 1970).

Sarantakes, Nicholas E. *Dropping the Torch: Jimmy Carter, the Olympic Boycott, and the Cold War* (Cambridge: Cambridge University Press, 2011).

Senn, Alfred E. *Power, Politics, and the Olympic Games: A History of Power Brokers, Events, and Controversies that Shaped the Games* (Champaign, IL. : Human Kinetics, 1999).

Service, Robert. *A History of Twentieth Century Russia* (Cambridge, Mass.: Harvard University Press, 1998).

Shaw, Calire. "A Fairground for "Building the New Man": Gorky Park as a Site of Soviet Acculturation," *Urban History*, vol. 38, issue 2 (2011), pp. 324-344.

Siegelbaum, Lewis H. *Stakhanovism and the Politics of Productivity in the USSR, 1935-1941* (Cambridge: Cambridge University Press, 1990).

Steinberg, David A. "The Workers' Sport Internationals 1920-28," *Journal of Contemporary History*, vol. 13, no. 2 (1978), pp. 233-251.

Steeves, Kathleen A. and others, "Transforming American Educational Identity after Sputnik," *Educational History Journal*, vol. 36, no. 1-2 (2009), pp. 71-87.

Stites, Richard. *Revolutionary Dreams: Utopian Vision and Experimental Life in the Russian Revolution* (New York: Oxford University Press, 1989).

Sugden, J. and A. Tomlinson eds. *Hosts and Champions – Soccer Cultures, National Identities and the USA World Cup* (Aldershot: Ashgate, 1994).

Taranovski, Thedore ed., *Reform in Modern Russian History: Progress or Cycle* (Cambridge: Cambridge University Press, 1995).

Taylor, Rogan. *Football and Its Fans: Supporters and Their Relations with the Game, 1885-1985* (Leicester, England: Leicester University Press, 1992).

Thomas, Damion Lamar. "Is it Really Ever Just a Game?" *Journal of Sport and Social Issues* 29(3) (Aug. 2005), pp. 360-364.

Tirado, Isabel A. *Young Guard!: The Communist Youth League, Petrograd 1917-1920* (Connecticut: Greenwood Press, 1988).

Trumbour, Robert. "Epilogue– Cathedrals of Sport: Reflections on the Past, Present and Future," *The International Journal of the History of Sport*, vol. 25, no. 11 (2008), pp. 1583-1590.

Tucker, Robert C. *Stalin in Power: The Revolution from Above, 1918-1941* (New York: Norton & Company, 1990).

Tulli, Umberto. "Bringing Human Rights In: The Campaign against the 1980 Moscow Olympic Games and the Origins of the Nexus between Human Rights and the Olympic Games," *The International Journal of the History of Sport*, vol. 33 (2016), pp. 2026-2045.

Tumblety, Joan. "Rethinking the Fascist Aesthetic: Mass Gymnastics, Political Spectacle and the Stadium in 1930s France," *European History Quarterly*, vol. 43, no. 4 (2013), pp. 707-730.

Tupitsyn, Margarita. *The Soviet Photograph 1924-1937* (Thomson-Shore: Michigan, 1996).

Yesalis, Charles E. and Michael S. Bahrke, "History of Doping in Sport," *International Sports Studies*, vol. 24, no. 1 (2002), pp. 42-76.

Young, T. R. "The Sociology of Sport: Structural Marxist and Cultural Marxist Approaches," *Sociological Perspectives*, vol. 29, no. 1(1986), pp. 3-28.

Youngblood, Denise J. *Movies for the Masses: Popular Cinema and Soviet Society in the 1920s* (Cambridge: Cambridge University Press, 1993).

Wagg, Stephen and David L. Andrews ed., *East Plays West: Sport and the Cold War* (London: Routledge, 2007).

Wakefield, Wanda Ellen. "Out in the Cold: Sliding Sports amd the Amateur Sports Act of

1978," *The International Journal of the History of Sport*, vol. 24, no. 6 (2007), pp. 776-795.

Walicki, Andrzej. *A History of Russian Thought: From the Enlightenment to Marxism* (Stanford: Stanford University Press, 1979).

Wallenchinsky, David. *The Complete Book of the Olympics* (New York: Penguin Books, 1984).

Wartenweiler, David. *Civil Society and Academic Debate in Russia 1905-1914* (Oxford: Clarendon Press, 1999).

Weber, Eugen "Gymnastics and Sports in fin-de-Siecle France: Opium of the Classes," *The American Historical Review*, vol. 76, no. 1(1971), pp. 70-98.

Wilson, W. and E. Derse eds., *Doping in elite Sport: The Politics of Drugs in the Olympic Movement* (Champaign, IL; Human Kinetics Publishers, 2001).

Wood, Elizabeth. *The Baba and the Comrade: Gender and Politics in Revolutionary Russia* (Bloomington: Indiana University Press, 1997).

Wünshe, Isabel "Homo Sovieticus: The Athletic Motif in the Design of the Dynamo Metro Station," *Studies in the Decorative Arts*, vol. 7, no. 2 (2000), pp. 65-90.

우리말 자료

권헌익 지음, 이한중 옮김, 『또 하나의 냉전: 인류학으로 본 냉전의 역사』 (민음사, 2013).

김영준, 「스포츠 소비자의 개념과 유형」, 『한국스포츠행정 · 경영학회지』 제3권, 2호 (1990), pp. 149-161.

김정욱, 「19세기 말 스포츠로서 미국 복싱의 발전과 탈계급적 남성성의 형성」, 『미국사연구』 33집(2011), pp. 31-77.

랴자놉스키, 니콜라스 V., 마크 D. 스타인버그, 조호연 옮김, 『러시아의 역사』 하권 (까치, 2011).

박원용, 「일상생활의 영역에서 바라본 1920년대 러시아 농촌에서의 신 여성형 창조」, 『여성학연구』 23권(2013), pp. 75-101.

_____, 「집단기억의 강화, 왜곡, 은폐: 1920-1930년대 러시아의 시각이미지를 중심으로」, 『서양사론』 96호(2008), pp. 87-113.

_____, 「사회주의 붕괴 이후 스탈린주의 해석의 동향」, 『역사문화연구』 16집 (2002년), pp. 181-212.

_____, 「사회주의 러시아의 생산관리 체제변화: 삼두체제에서 일인경영 체제로의 전

환」, 『서양사론』 82호(2004년), pp. 119-144.

_____, 「'소비에트 인간형'의 창조: 네프기 '신체문화' 정책을 중심으로」, 『러시아연구』 16권(2006), pp. 213-243.

_____, 「1930년대 러시아 스포츠 관람문화: 축구를 중심으로」, 『역사와 경계』 92권 (2014), pp. 403-437.

백원담, 이남주 외, 『'냉전' 아시아의 탄생 - 신중국과 한국전쟁』 (문화과학사, 2013).

빌링턴, 제임스. 류한수 옮김, 『이콘과 도끼 1- 해석 위주의 러시아 문화사』 (한국문화사, 2015).

월터스, 수잔나 D. 김현미 외 옮김, 『이미지와 현실 사이의 여성들』 (서울: 또하나의문화, 1999).

주보크, 블라디슬라프 M. 김남섭 옮김, 『실패한 제국』 (아카넷, 2016).

홀, M. Ann. 이혜숙·황의룡 옮김. 『페미니즘, 그리고 스포츠신체』 (성신여자대학교출판부, 2007).

홉스봄, 에릭. 외 지음, 박지향·장문석 옮김, 『만들어진 전통』, (휴머니스트, 2004).

찾아보기

소비에트 러시아의 신체문화와 스포츠

초판 1쇄 발행 2019년 2월 28일
2쇄 발행 2019년 12월 12일

지은이 박원용
펴낸이 강수걸
편집장 권경옥
편집 박정은 이은주 윤은미 강나래
디자인 권문경 조은비
펴낸곳 산지니
등록 2005년 2월 7일 제333-3370002510002005000001호
주소 부산시 해운대구 수영강변대로 140 BCC 613호
전화 051-504-7070 | 팩스 051-507-7543
홈페이지 www.sanzinibook.com
전자우편 sanzini@sanzinibook.com
블로그 http://sanzinibook.tistory.com

ISBN   978-89-6545-581-3 93920